La Triste Historia de la Mujer en Occidente

Matrimonio, Religión, Moralidad Sexual y Ansiedades de Género

Segunda Edición

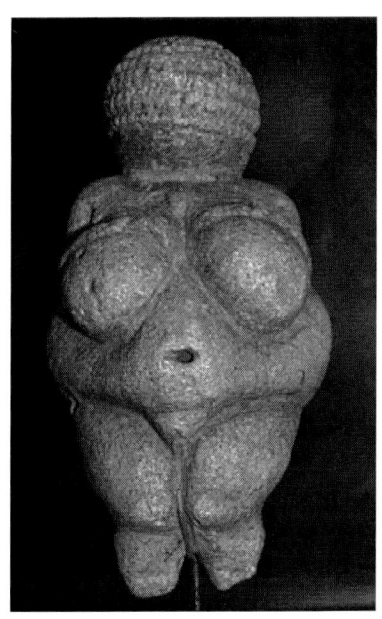

Carlos A. Garibaldi

MMXXI

Imágenes de la Tapa:

Figura 2:   *Venus de Willendorf* (28000-25000 AC),
Naturhistorisches Museum, Viena

Figura 92:   *Mujer Gorda* (circa 1990) por Fernando Botero,
Mölndal

ISBN: 978-1-66786-293-4

El texto tiene © Carlos A. Garibaldi (2020)

Segunda Edición (2022)

A las mujeres en mi vida.

La Triste Historia de la Mujer en Occidente

Matrimonio, Religión, Moralidad Sexual y Ansiedades de Género

Prefacio...9

1. Nómada y Recolectora 18

2. De Agraria a Civilizada.....................................38

3. Mesopotámica 58

4. Egipcia...75

5. Minoica vs. Micénica 88

6. Espartana vs. Ateniense.................................100

7. De Etrusca a Romana 139

8. Hebrea 172

9. De Cristiana a Medieval..................................188

10. Humanista y Renacentista 222

11. De Reformada a Barroca................................249

12. De Ilustrada a Revolucionaria........................280

13. De Industrial a Victoriana 304

14. Liberada..338

15. ¿Igualada?..368

Epílogo 387

Bibliografía y Fuentes 394

Lista de Imágenes..399

Detalle del Contenido

Prefacio
¿Por qué me interesa el tema? - Dedicatoria y agradecimientos

1. Nómada y Recolectora
El origen del género humano - Cómo llegaron «Adán y Eva» al Edén - Cuando andábamos en banda - Las mejores bandas no discriminaban - ¿Cazadores y recolectoras? - Dadoras de vida - La prehistoria del sexo

2. De Agraria a Civilizada
La revolución agraria - La revolución urbana - Políticos, impuestos, números y lenguaje escrito - Sin religión organizada no hubiera surgido la civilización - Normas y leyes - Matrimonio y familia - La moralidad sexual

3. Mesopotámica
La situación de la mujer - Matrimonio y familia - La religión y la mujer - La moralidad sexual

4. Egipcia
La situación de la mujer - Matrimonio y familia - La religión y la mujer - La moralidad sexual

5. Minoica vs. Micénica
En la Creta minoica - La situación de la mujer minoica - En la Grecia micénica y heroica - La situación de la mujer micénica

6. Espartana vs. Ateniense
En Esparta - La situación de la mujer espartana - En la Atenas clásica - La situación de la mujer ateniense - Mujeres griegas - Matrimonio y familia - La religión y la mujer - La moralidad sexual - Espiando a la sexualidad por la mirilla del arte

7. De Etrusca a Romana
En Etruria - La situación de la mujer etrusca - En Roma - La situación de la mujer romana - Mujeres romanas - Matrimonio y familia - La religión y la mujer - La moralidad sexual

8. Hebrea
Los judíos - La situación de la mujer - Matrimonio y familia - La religión y la mujer - La moralidad sexual

9. De Cristiana a Medieval
El despertar cristiano en Roma - La conquista cristiana del Imperio y sus consecuencias - Mujeres de la Antigüedad Tardía - Cae el Imperio y llega la Edad Media - La situación de la mujer - Mujeres de la Edad Media - Matrimonio y familia - La religión y la mujer - La moralidad sexual

10. Humanista y Renacentista
El trasfondo del Renacimiento - El humanismo - La situación de la mujer - Mujeres del Renacimiento - Matrimonio y familia - La religión y la mujer - La moralidad sexual - Espiando a la sexualidad por la mirilla del arte

11. De Reformada a Barroca
Reforma, Contrarreforma y el fin del humanismo - Mujeres de la Reforma - El Barroco - La situación de la mujer - Matrimonio y familia - La moralidad sexual - Espiando a la sexualidad por la mirilla del arte

12. De Ilustrada a Revolucionaria
Ilustración y razón - Mujeres despóticas, pero ilustradas – Revolución - La situación de la mujer - Mujeres revolucionarias - Las proto-feministas - La moralidad sexual - Espiando a la sexualidad por la mirilla del arte

13. De Industrial a Victoriana

La revolución industrial - Imperio y era victoriana - La situación de la mujer - Mujeres de la era victoriana - Las feministas - La moralidad sexual - Espiando a la sexualidad por la mirilla del arte

14. Liberada

Los cambios del siglo XX - Algunas mujeres notables del siglo pasado - La Primera Oleada Feminista - La Segunda Oleada Feminista - La Tercera Oleada Feminista - La «pequeña» liberación doméstica - Espiando a la sexualidad por la mirilla del arte

15. ¿Igualada?

Hoy: la Cuarta Oleada Feminista - La «igualdad» de la mujer - La equidad en el trabajo y en la política - El feminismo «radical» - Las punteras del siglo XXI - ¿Llegará el fin del sexismo?

Epílogo

Recapitulando - ¿Qué es el feminismo? - Hacia el fin de la discriminación

Prefacio

Parece que nuestra cultura occidental ha tenido milenios de práctica silenciando a las mujeres. Vamos a ver cómo y por qué.

¿Por qué me interesa el tema?

Cuando me tomé el atrevimiento de escribir una *Introducción a la Historia del Arte de Occidente* intenté dotarla de un contexto histórico, político, cultural, filosófico y religioso, porque no puede comprenderse bien el arte sin entender la sociedad y la cultura en que se origina. Me llamó la atención la evolución de la representación y de los roles de las figuras femeninas a medida que cambiaban esos contextos. Pero más poderosamente, me llamó la atención la baja proporción de artistas que quedaron inmortalizadas en la memoria colectiva. Pudo ser por misoginia consciente o inconsciente de críticos, compradores e historiadores o la resultante de la falta de oportunidades de dedicarse a las artes, pero no hay razón ni evidencia de que pueda atribuirse a desigualdad de talento. El tema me intrigó porque, en el contexto de nuestro tiempo, no le encuentro mayor racionalidad.

Ese fenómeno no es exclusivo del arte (después de todo, una actividad accesible a cualquiera, independientemente de su género) sino que parece ser general. La mujer ha sido siempre la mitad de la humanidad, pero ocupa la sexta parte del texto de la historia que se enseña aún hoy en los colegios secundarios y representa un siete por ciento de los personajes bíblicos. Aún hoy, ocupa un cuarto de los puestos gerenciales, incluyendo menos del 6% de los de CEOs, y la cuarta parte del espacio político, incluyendo el 10% de las jefaturas de Estado. Quisiera entender, hurgando ahora en la historia, qué sucedió con la mujer.

Heródoto (484-425 AC) bautizó «*Las Historias*» (*ἱστορίαι*, investigaciones) a su *relato* de hechos pasados. Es considerado «el padre de la historia», porque fue el primero en abordar lo acontecido en el pasado metódica y analíticamente, y reconstruirlo en una narrativa historiográfica. Al estudiar la cultura persa y compararla con la suya, concluyó que «*la costumbre reina*» en la conducta del ser humano. Es decir que la *nomos* (ley, cultura, costumbre) domina la *physis* (las leyes del cosmos, la naturaleza). Esa es una conclusión sorprendentemente profunda para su era, diríamos hasta moderna. Sin saberlo, además de la historia, Heródoto habría inventado la sociología.

Parafraseando a Max Weber, el ser humano es un animal suspendido y envuelto en telarañas de significancia que él mismo teje. Esa envoltura es la cultura. Estudiarla, es intentar interpretar el significado de los procesos sociales y de la condición humana. En la definición de Edward Tylor (pionero de la antropología, 1871), «*Cultura … es un todo complejo que incluye conocimiento, creencias, artes, moral, leyes, costumbres y cualesquiera otras capacidades y hábitos adquiridos por los seres humanos como miembros de una sociedad*». Es decir, afirmó que la cultura es adquirida y no innata, y es mayormente *relativa* al lugar y al tiempo.

Como componente cultural, la inequidad de género ¿es o fue «ley natural» o parte inherente de la naturaleza humana? ¿Siempre fue igual? ¿Qué factores produjeron cambios? ¿Cómo influyó la religión organizada? ¿Qué es el feminismo? ¿Es «de izquierda» o es «occidental y cristiano»?

Pretendo entonces hurgar, quizás otra vez atrevidamente, en esa historia de la mujer. Haremos juntos esta exploración desde la prehistoria hasta nuestros días. Por razones de conocimiento, de relevancia histórica al feminismo y de espacio, seré eurocéntrico y me enfocaré en Occidente, pero incluyendo a sus raíces culturales del Medio Oriente y del norte de África.

Observaremos las culturas más notables que nutrieron a la nuestra de ideologías sociales, religiosas y de moralidad sexual. Como punto de partida, veremos la condición de la mujer cazadora-recolectora y los cambios sísmicos que le produjeron las revoluciones agraria y urbana. Una vez ya dentro de la historia, la visitaremos en Mesopotamia, Egipto, Grecia micénica y minoica, Esparta y Atenas clásicas, Etruria, Roma y Palestina antiguas. A continuación, asentados ya en Occidente, exploraremos los cambios en la condición de la mujer provocados por procesos sociales «bisagra», como el triunfo cristiano y posterior caída de Roma, la Edad Media, el Renacimiento, la Reforma y la Contrarreforma, la Ilustración, la Revolución Francesa, la Revolución Industrial, la Era Victoriana, y la explosión progresista de nuestras últimas doce décadas.

Por lo general, analizaremos en cada viñeta histórica el matrimonio y la familia, su contexto religioso y la moralidad sexual. Frecuentemente, también espiaremos a la sexualidad de esas épocas a través de la mirilla del arte; cómo representaban los artistas hombres a las mujeres y cómo se representaban a sí mismas.

Señalaremos en cada etapa a varias mujeres notables, creativas, asertivas, combativas y muchas, sin saberlo, pioneras del feminismo, desde la princesa y sacerdotisa sumeria Enheduanna, el primer autor literario conocido de hace cuarenta y tres siglos, hasta nuestros días.

Seamos conscientes de que nos va a ser difícil sintetizar una actitud perfectamente consistente respecto de la mujer dentro de cada cultura histórica. A diferencia del vertiginoso devenir cultural actual, las culturas antiguas duraron siglos o hasta milenios, pero es evidente que aun así los patrones sociales y morales cambiaban con el tiempo. Sobre todo, como dijo

Durant, porque *«las naciones nacen estoicas y mueren epicúreas; al nacer las acompaña la religión y en su lecho de muerte, la filosofía».*

Haremos lo mejor posible para destilar patrones paralelos, contrastes, continuidades y cambios, aunque sea simplificando y sacando conclusiones groseras. Sería algo así como dibujar un detalle topográfico mirando la comarca, pero volando a miles de metros de altura. De todos modos, quizá nos ayude a entender por qué, hasta muy recientemente, el sometimiento de la mujer occidental parece haber sido casi constante y, frecuentemente, casi absoluto.

Con perdón de Manrique, llegaremos a la conclusión que *cualquier tiempo pasado fue peor*. La mujer en Occidente debió esperar hasta el siglo XX para que su situación empezara a mejorar gradualmente desde nuestra perspectiva (pero a velocidad sideral en su contexto histórico), ganando primero el acceso irrestricto a la educación universitaria y al trabajo profesional, luego al voto, al divorcio, a la patria potestad, a tomar sus propias decisiones con respecto a su procreación, y a que se comenzara a generalizar el repudio social a la violencia de género y a su explotación sexual. La mujer nunca fue tan libre como hoy. El progreso, sobre todo durante las últimas décadas, ha sido dramático, con las cuestiones de género y sexualidad ocupando hoy un primer plano en la conciencia colectiva.

Sin embargo, a pesar de todo y lastimosamente, en pleno siglo XXI todavía le queda camino por recorrer. Aún vivimos en un «mundo de hombres», donde la mayoría de los líderes políticos y económicos lo son, o hay benévolas (o quizá hipócritas) cuotas de «acción afirmativa» que deben ser llenadas por mujeres y otras «minorías», hoy patrocinadas por los directorios corporativos y cuerpos legislativos. Los hombres suelen ser aún hoy las cabezas de familia. Las mujeres ganan menos porque tienen menores oportunidades y opciones.

Aquellas que quieran descollar en su carrera profesional quizá tengan que sacrificar gajos de su maternidad, porque se pretende que ellas se adapten al trabajo de los hombres en vez de adaptar el trabajo a ellas. Peor aún, todavía existen estúpidos que las acosan, cobardes que les pegan e infrahumanos que las violan.

Hagamos una salvedad obvia sobre la subjetividad que indefectiblemente empañará nuestra lente: «historia» es el *relato* de los eventos que sucedieron y cómo sucedieron; no sabemos si refleja fehacientemente la realidad, porque el relato y el mito son como hermanos. Como no podemos volver a observar el pasado porque lo que ocurrió ya pasó, el relato es lo único que nos queda. Además de estar constituido por escasos retazos de evidencia interpolados con especulación, está inevitablemente sesgado por los paradigmas, juicios de valor e ideologías de sus autores. Mucho de la historia es entonces especulación teñida de prejuicios; Heródoto mismo fue sesgado hacia su Atenas en su relato y mucho de lo que describió resulta sospechoso. Es decir, quien escribe el relato puede ser honesto y esforzarse en ser imparcial, pero la objetividad pura no existe; *la historia nunca es neutral*.

Lamentablemente vamos a tener que basarnos mayormente en el relato de hombres y debo confesar que yo también lo soy. Pero prometo, en cuanto me sea posible, ser lo más objetivo y neutral en cuanto a ideologías religiosas o de género. Ineludiblemente y aunque haya tratado de quitármela, llevo una mochila formativa (católica y seguramente machista) que me fue impuesta desde mi temprana edad; como diría Ortega y Gasset, soy un producto de mis circunstancias, de mi lugar y mi tiempo. Haré lo posible por evitar que entorpezca con su peso la marcha de lo que quiero comunicar. Trataré también de evitar eufemismos «políticamente correctos» y clichés feministas.

Voy a entrar inevitablemente entonces en un terreno controversial y es posible que lastime sensibilidades religiosas, viole correcciones políticas u ofenda otras subjetividades. Desde ya, ofrezco mis disculpas.

No intento demostrar la superioridad del hombre ni de la mujer, ni patrocinar una ideología de género. Mi objetivo no es vender mis paradigmas, sino relatar para tratar de entender y aprender. Sí, dije aprender. Aclaro que no soy ni antropólogo ni sociólogo; todo lo contrario, mi alter ego es un humilde ingeniero especializado en tecnología y en finanzas. Pero soy aficionado a la historia, y como hijo nostálgico del humanismo secular de la Ilustración, un ávido enamorado de tratar de comprender la condición humana.

Con esto, hago evidente que este trabajo no tiene pretensiones académicas; eso demandaría especialización y trayectoria específica de mi parte y una investigación mucho más extensa y exhaustiva de la literatura al respecto[1]. Pretende ser introductorio e informativo, y solamente requiere de la lectora una buena dosis de curiosidad al respecto

Veremos, entre otras cosas, que hay una estrecha relación entre la religión de una cultura y la condición de sus mujeres. La religión puede ser o el reflejo cultural, o la causa o directriz de las actitudes hacia el sexo y la mujer. Cuando hable de ese telón de fondo religioso, voy a usar el término «mito», pero no en sentido peyorativo sino literal (justamente, *mythos* quiere decir relato). Cuando diga «mito egipcio» o «mito judeocristiano», por ejemplo, me referiré a los respectivos relatos de esas tradiciones religiosas.

Observaremos también que, muchas veces, la actitud hacia la mujer trasciende a las religiones particulares, porque las que afectaron a nuestra tradición occidental están estrechamente vinculadas por mitos comunes pretéritos o por sincretismos

---

[1] Como vivo en los Estados Unidos, a la gran mayoría de la bibliografía citada la obtuve publicada en la lengua inglesa, e ignoro si todas esas publicaciones estarían disponibles también en castellano.

posteriores debidos al comercio o a la conquista. Son como ramas que se separan y se vuelven a injertar, tejiendo así un cerco de *diversidad uniforme* (válgame el oxímoron).

También debemos ser conscientes del sesgo inherente a juzgar al pasado con los valores y estándares actuales, sin tener en cuenta el relativismo moral del lugar y la época. Quizá las mujeres no se sintieron oprimidas hasta el pasado reciente, porque esa era la norma. Similarmente, la institución de la esclavitud no fue cuestionada (por Moisés, Jesús o la Iglesia) hasta hace recién un par de siglos, y la Inquisición fue «santa» y manifiesta, no una policía secreta. Con un estándar moral hoy mucho más alto, estas dos prácticas nos parecen absolutamente inaceptables.

Es decir, nuestros ancestros, si bien eran ciertamente menos morales que nosotros, no eran inmorales sino normales para sus eras. Como dice Steven Pinker, conocer la historia es como conocer a nuestros bisabuelos; podemos haber heredado en parte sus características, pero no somos iguales a ellos. El estudio de la historia social nos sirve entonces para entenderlos, y, ya que estamos, entendernos. A mí me ayuda a descubrir mis propias idiosincrasias, racionales o no tanto.

Dedicatoria y agradecimientos

Dedico entonces este esfuerzo a las mujeres que marcaron, marcan y marcarán mi vida: mi increíble esposa Cecilia; mis abuelas Beatriz Elena (1905-1981) y Celina (1896-1983); mi tía abuela Josefa, mi madre Beatriz Adriana (1931-2019); mis tías María Alba, Zulema y Susana; mi madrina Raquel; mi suegra Leonor; mi hermana Adriana; mis primas Graciela, Susana, Norma, María y las dos Silvias; mis cuñadas María José, Pía, Felicitas, Ana, Eugenia, Claudia, Natalia y Magda; mis sobrinas Felicitas, Lucía, Magdalena, Rosario, Remedios, Jacinta, Juanita y Lourdes; mis muchas amigas, mis hijas María Eugenia,

Constanza y Sofía; mis nueras Reya y Caroline; y mis (hasta ahora) seis nietas y también futuras grandes mujeres: Francesca, Amélie, Isadora, Belén, Rose y Eloísa.

Hago mención especial de mi abuela materna Beatriz Elena («Buba») Buisel, una humilde heroína silenciosa de la equidad sexual. Fue un maravilloso ejemplar del crisol argentino, combinando sangres y culturas inmigrantes francesa e italiana, con la estirpe colonial criolla.

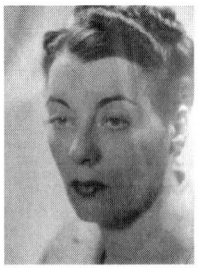

Hija menor de una familia numerosa, fue la primera de su familia en ir a la universidad, recibiéndose de odontóloga en 1927. Para lograrlo tuvo que luchar con los prejuicios de sus hermanos mayores y de la sociedad de la época; las señoritas «serias» se recibían de maestras en la Escuela Normal de nivel secundario, y luego se casaban. A las que pretendían seguir una profesión como mi abuela, se las tildaba de *«chica de facultad»*, un eufemismo de que su moral estaba seguramente comprometida.

Divorciada y con una hija, trabajó de odontóloga, administradora universitaria, docente secundaria de ciencias biológicas y actriz de reparto. Lectora curiosa y voraz, podía hablar informadamente de casi cualquier tema con gran amplitud de criterio y, sobre todo, sabía escuchar sin juzgar.

Inteligente y pragmática, presidió (como también después mi madre) la Asociación de Amigos de la Obra del Buen Pastor. Asociadas a monjitas benedictinas admirables y a un buen sacerdote, se dedicaban a rehabilitar prostitutas; la conversión religiosa era una herramienta útil de redención social, como lo es para la rehabilitación de los alcohólicos. De niño, recuerdo haber pasado fiestas de fin de año en la cárcel, compartiendo la mesa con mi familia y con prostitutas. Desde entonces, siempre asocié la prostitución no con la libido, sino con una inaceptable y trágica forma de explotación.

Mi abuela, en su faceta de actriz, era también amiga de talentosos homosexuales del ambiente teatral que frecuentaban su casa. Me enseñó también a conocerlos, respetarlos y, sobre todo, aceptarlos. También le agradezco esa enseñanza de vida. Fue una mujer adelantada a su tiempo. Tengo ya catorce nietos, y todavía la extraño.

Agradezco en el recuerdo a mis profesores de historia de secundaria en el Colegio Guadalupe de Buenos Aires, Oscar Traversaro y Enrique Gené, porque la hicieron interesante. No nos obligaban a memorizar linealmente eventos, fechas y biografías de personajes famosos, sino que los conectaban con su contexto geográfico, filosófico, religioso, político, social, y artístico.

Estoy en deuda también con mi increíblemente culta hermana Adriana por sus perspectivas, comentarios, críticas y aportes. Agradezco además a la traductora argentina Ana María Padró por sus correcciones de lenguaje, dolorosamente necesarias luego de mis más de tres décadas viviendo y trabajando por fuera de mi idioma natal.

1. Nómada y Recolectora

> *«La idea de que en la prehistoria el hombre se la pasaría cazando para proveer a su esposa e hijos, que dependían exclusivamente de su habilidad cazadora para sobrevivir, es simplemente una proyección hacia el pasado de las normas maritales de los 1950»*
>
> Stephanie Coontz

El origen del género humano

El género humano (*Homo*) apareció hace unos 2,5 millones de años (25 mil siglos), cuando surgió el *Homo habilis*, que aprendió a usar herramientas. A partir de él brotaron también puntos muertos evolutivos como el *Homo rudolfensis* y el recientemente descubierto *Homo naledi* en Sudáfrica. Pasaron siete mil siglos más y hace unos 1,8 millones de años apareció primero el *Homo ergaster* y luego el *Homo erectus*, quien al caminar aún más erguido liberó sus manos para usar y construir herramientas más sofisticadas. Inquieto y aventurero, comenzó a explorar y a emigrar. El *Homo erectus* marca la línea arbitraria que en biología delimita lo humano de lo animal; fue el primer homínido en construir herramientas complejas, colaborar en equipo, hacer fuego, asar la carne, armar campamentos y cuidar de los débiles y de los enfermos.

Caminar erguidos trajo ventajas y desventajas. Amplió nuestro campo visual como cazadores para detectar presas y depredadores, pero nos hizo más conspicuos. Por un lado, nos quitó velocidad, pero por el otro, al darle mayor libertad al torso nos hizo más certeros al arrojar proyectiles (somos la única especie que sabe matar a la distancia), lo que parece haber sido el motor primordial de esa adaptación. Al liberar nuestras manos de la marcha las hizo mucho más útiles, dotándolas de mejores sistemas neuromusculares para habilidades motrices finas, fomentando así el desarrollo de una mayor y mejor industria de armas y herramientas.

La domesticación del fuego por nuestro ancestral *Homo erectus* habilitó aún más nuestro rápido progreso cognitivo. Nos permitió preservar más tiempo la comida mediante su cocción. Cocinar hizo masticables y más rápidamente digeribles a muchos alimentos. No solo mejoramos la dieta, sino que evitamos así parásitos e infecciones bacterianas. Facilitar la ingesta y la digestión achicó nuestra dentadura y acortó nuestro tracto intestinal. Una de las probables causas de ese crecimiento fue también el pasar de ser vegetarianos a omnívoros, agregando carne a la dieta, con sus aminoácidos esenciales (aunque se me ofendan los veganos).

Pudimos pasar menos tiempo comiendo y digiriendo, gastando entonces más energía en otras actividades. Estos cambios en la alimentación y en el metabolismo liberaron un superávit de energía digestiva para el desarrollo y el funcionamiento del cerebro. Un cerebro mayor nos dio flexibilidad adaptativa y un comportamiento social colaborativo y complejo, la capacidad de relacionarnos con mayor número de individuos.

Caminar erguidos también facilitó la comunicación mediante la caída de la laringe, la adaptación de los pulmones, el diafragma, la garganta, el paladar y la lengua, lo que desde hace unos 1,6 millones de años posibilitó una comunicación emocional más sofisticada. Entramos así en un ciclo virtuoso de adaptaciones evolutivas que se retroalimentaban, reforzaban y aceleraban.

Tanta sinapsis nueva contribuyó a aumentar el tamaño del cerebro y, por lo tanto, de la cabeza, dificultando así el parto. Hemos desarrollado un cerebro 6-8 veces más grande que el de los otros animales en proporción al peso total y es un consumidor insaciable de energía. El volumen del cerebro pasó entonces de 440 a 900 cm^3 entre 3,2 y 1,5 millones de años atrás, y a los 1.400 cm^3 actuales hace trescientos mil años. Mientras que el cerebro de un chimpancé alcanza su madurez en tres años, el nuestro se sigue desarrollando por diecisiete años más.

Lamentablemente, el caminar erguidos también tuvo sus costos. Cambió la carga y, por ende, la forma de las caderas. Cambió entonces la orientación del canal de parto, complicado aún más por el creciente tamaño de la cabeza de los bebes. El parto se hizo muy doloroso (por culpa de Eva, dice el *Génesis*) y se acortó el período de gestación, dando lugar a recién nacidos completamente dependientes e indefensos (mientras que un potrillo se para y comienza a caminar al ratito). Parimos bebes con el cerebro sin terminar de formarse, porque no podemos permitir que sus cabezas se sigan desarrollando en el útero. Por ejemplo, el cerebro de un chimpancé neonato ya pesa el 42% del de un adulto y el de un bebé humano recién nacido solamente el 29%; necesita dieciocho meses para ponerse a la par y fusionar sus suturas craneales. Pero engendrar bebes indefensos también sirvió para incentivar una mayor participación paterna en su cuidado.

Al margen, el fantástico invento de llevar al infante envuelto y *colgado a la espalda* hizo maravillas por nuestra evolución, el crecimiento de la masa cerebral y el desarrollo del lenguaje. El estar colgado y sentir el ritmo de marcha de la madre replica lo que el bebé sentía en el vientre protector y lo calma, enfocando su energía en observar a su alrededor y favoreciendo su desarrollo cognitivo. Además, cargar con ese peso estimulaba la calcificación y demoraba la osteoporosis de la madre.

Un benigno cambio climático alentó al *Homo erectus* a invadir el Medio Oriente, llegando hasta Europa, China e Indonesia, donde siguió evolucionando independientemente de sus hermanos que se quedaron en África. Así surgieron separadamente varias subespecies humanas.

Cómo llegaron «Adán y Eva» al Edén

Los *Homo sapiens* evolucionamos en el «Cuerno de África», probablemente a orillas del Lago Turkana entre Kenia y Etiopía, recién hace unos 200-300 mil años.

Hace 90-160 mil años que nos volvimos anatómicamente modernos, los *Homo sapiens,* la única subespecie *Sapiens* sobreviviente, prácticamente indiferenciables de un negro africano de hoy. Observamos la reconstrucción de Stephen Oppenheimer a partir de un cráneo femenino representativo (Figura 1). Bañada, depilada, peluqueada y trajeada como una oficial de justicia, una de nuestras antepasadas de hace mil siglos no nos llamaría fisonómicamente la atención en el metro (aunque quizá moriría abrumada por la sobrecarga sensorial).

Hace unos 70-100 mil años desarrollamos «culturas» cuando el *Homo sapiens* experimentó una *revolución cognitiva* (o si prefieren Dios le insufló el *«alma»* – lo *inspiró*, es decir, le sopló por la nariz como dice el *Genesis*), se volvió consciente de su propia existencia y mortalidad, e inventó el lenguaje sintáctico. No sabemos exactamente cuándo comenzaron el pensamiento simbólico, abstracto y el lenguaje sintáctico (*«sin lenguaje no hay razonamiento, y sin razonamiento, no hay lenguaje»* – Max Müller), pero se supone que esa revolución cognitiva pudo suceder hace unos 80 mil años.

Un bebé nacido entonces y uno nacido hoy serían idénticos. Tienen el mismo *hardware* y sistema operativo. Lo diferente es el *software* que le cargamos después, en dos mundos muy distintos. Es decir, si trasplantamos un bebe de hoy a hace ochocientos siglos, crecería cavernícola; si robáramos un bebe de esa época y lo criáramos en la nuestra, crecería adicto a la *tablet*.

Comenzamos a emigrar desde el Cuerno de África hace 60 a 100 mil años. Por ese afán de aventura nuestra especie fue invadiendo todo el planeta. Inquieto, innovador y no adverso al riesgo, el *Sapiens* al emigrar desplazó a sus subespecies humanas hermanas, sincrónicas y competidoras, como el *Homo neanderthalensis* en la región mediterránea y al *Homo denisovanis* en Asia Central. Ambos fueron extinguidos hace unos 40-35 mil años, pero no sin antes copular con ellos; por ejemplo, todos lo genéticamente europeos tenemos hasta un 4% de ADN de *Neanderthal*.

Nuestra entrada en escena marca el Antropoceno. Desde entonces, le ha cambiado la cara al planeta por el dominio avasallante de una sola subespecie humana: la nuestra.

Cuando andábamos en banda

Fuimos merodeadores nómadas hasta el descubrimiento de la agricultura mediante la domesticación de plantas y animales recién hace unos 12.000 años en Medio Oriente y unos 8.000 en Europa. Antes, cazábamos y recolectábamos alimentos y otros suministros necesarios.

Los cazadores-recolectores vivían «de camping» y subsistían alimentándose con presas de caza, pesca, frutas, vegetales, nueces, semillas y miel. Trasladaban su campamento regularmente cuando habían consumido los recursos del lugar.

Era una vida relativamente afluente con una dieta variada y sana (todo silvestre y «orgánico»), y había pocas enfermedades contagiosas, porque no vivían apiñados en una choza entre deshechos humanos y con animales domésticos. Salvo accidentes e infecciones, la expectativa de vida no debía ser inferior, o quizá fuera superior a la del humano agrario hasta el siglo XIX.

La estructura social era comunal e igualitaria. Como había que mudarse de campamento con frecuencia, los enseres eran solo los más esenciales y que se pudieran acarrear. La virtual ausencia de propiedad de las cosas creaba un sistema sin estratificación social ni inequidad económica. El prestigio y el liderazgo eran asignados a la habilidad para la caza o para la recolección. Pero *prestigio* y *liderazgo* no implican *poder político*.

Nuestros ancestros nos dejaron muy poca documentación arqueológica y paleontológica y, obviamente, no dejaron documentación escrita y menos, literatura y estudios sociológicos. Por ese motivo se suele extrapolar o proyectar su comportamiento a partir del de las últimas bandas de cazadores-recolectores mesolíticos que aún quedaban en nuestra era, que fueron estudiadas por la antropología social incipiente del siglo XIX y lo siguen siendo por la moderna. Pero, lamentablemente, muchas veces esos informes etnográficos pueden estar contaminados por contactos previos entre los sujetos de estudio con otras sociedades.

Tampoco podemos tomar como modelo la conducta social de bandas (o tropas) actuales de nuestros parientes chimpancés, bonobos (chimpancés pigmeos) o gorilas, notoriamente jerárquicos como muchas especies superiores, porque nosotros logramos evolucionar exitosamente y ellos no. Los chimpancés, por ejemplo, viven en sociedades pequeñas y dominadas por machos muy agresivos y con jerarquías muy claras. Por esta razón no interactúan con una diversidad de adultos en sus vidas, lo que afecta la permanencia y transmisión de cualquier tecnología que descubran al azar, por prueba y error o hasta con algún grado de capacidad cognitiva que aún no comprendamos del todo.

Un primo nuestro chimpancé no arriesgaría su vida por ayudar a un chimpancé extraño a huir de una fiera, porque su concepto de *identidad* no se refiere a su especie o a su región geográfica, sino a su banda. Esto sigue, según Richard Dawkins, un imperativo evolutivo. Somos el contenedor de nuestros genes, capaces de sacrificarnos por quienes los comparten, porque lo importante es que se perpetúen. Es decir, no hay demasiado altruismo en sacrificarse por un hijo o un hermano, eso parece ser lo natural. El nepotismo es más natural que la meritocracia, como dijo Adam Bellow.

Las bandas de humanos cazadores-recolectores tienen un paradigma similar. El lazo de *identidad* se resume entonces en el vínculo que otorga la *familiaridad*, por vivir rodeado toda la vida de parientes y amigos cercanos. Suelen estar compuestas por entre veinte y cincuenta individuos que se conocen muy bien entre sí. No suelen superar los 150 individuos (el número de Dunbar), el máximo que pueden llegar a conocerse muy bien y a establecer una *organización simple* efectiva en un grupo *cohesivo*.

Este curioso número de Dunbar está relacionado biológicamente con el tamaño relativo que otorga la capacidad máxima de procesamiento a nuestro neocórtex (isocórtex o neopalio), la parte del cerebro que se ocupa de funciones más complicadas como la percepción sensorial, la cognición, el razonamiento espacial, la generación de comandos motores y el lenguaje, para establecer relaciones interpersonales estables. No es un número mágico o fijo, sino que indica un orden de magnitud, aunque sea bastante preciso.

Cuando una banda alcanza ese número, se suele dividir en dos bandas políticamente independientes, quizá débilmente asociadas en un clan. Para que un grupo humano supere el número de Dunbar manteniendo la cohesión social, hace falta una argamasa social y cultural, que no aparecerá hasta el sedentarismo agrario.

Las mejores bandas no discriminaban

Se ha observado un fenómeno curioso:
- Si son solamente los hombres los que toman las decisiones, el grupo tiende a ser menor y a estar conformado por hermanos, con sus mujeres en la periferia
- Si las mujeres deciden a la par de los hombres, el rango del grupo se expande y no está necesaria o exclusivamente vinculado por lazos sanguíneos cercanos. Eso favorece la diversidad genética y permite el intercambio de información con más individuos, por ende, una mayor innovación tecnológica.

Las ventajas evolutivas de la equidad sexual, al expandirse el rango de la red social, parecen haber sido: la creación vínculos más fuertes dentro de parejas mayormente monogámicas (durante su duración), una mayor cooperación entre el padre y la madre en el cuidado de los hijos indefensos, una cooperación más eficaz en la caza y en la recolección entre los miembros de la banda, una mayor innovación tecnológica, una mejor constitución genética y salud, y hasta el facilitar el desarrollo del lenguaje y de la inteligencia social.

Los hombres y las mujeres de las bandas más exitosas tendrían entonces igual peso en la toma de decisiones colectivas en cuanto a qué territorios explotar, y ellas decidirían con quién procrear. Es decir, la imagen del «picapiedra» con una maza en el hombro arrastrando a su compañera de los pelos a la cueva, es un producto de historieta, no antropológico.

De ser así, eso echaría por tierra la vieja teoría de que la equidad sexual es un invento moderno que va contra la «ley *natural»*. Aclaro que por «ley natural» no me refiero al dictado de divinidad alguna, sino lógicamente a *lo que observablemente ocurre en la naturaleza*. Desde que nos civilizamos, nos creamos un ambiente artificial y abandonamos lo natural y sus leyes, por definición.

¿Cazadores y recolectoras?

En esa sociedad primitiva había sí diferenciación de *roles*, que no es lo mismo que *inequidad* política de género. Los hombres *generalmente* cazaban y las mujeres *generalmente* recolectaban, lo que tampoco significa que ninguna mujer cazara o que ningún hombre recolectara. Es más, normalmente la recolección aportaba más calorías a la alimentación que la caza (normalmente en una relación de 70/30) y era efectuada por hombres y mujeres. La carne era un lujoso y esporádico suplemento.

Esta discriminación laboral iba más allá de las diferencias en cuanto a tamaño y fortaleza física entre el hombre y la mujer, y de la necesidad de la mujer de transitar embarazos, amamantar y acarrear infantes. Pero es posible que, fuera de las cargas reproductivas y maternales periódicas, las diferencias en fortaleza física fueran ambientales o culturales, y que las mujeres primitivas hayan sido tan fuertes, aguerridas y recias como sus hombres.

Volviendo al trabajo, podía haber trabajos «masculinos» en una sociedad que fueran «femeninos» en otra. Podríamos *generalizarlo* así:

- Los hombres *generalmente* cazaban o atrapaban animales grandes y pequeños, peces y aves, construían refugios y canoas, y trabajaban la piedra, la madera, huesos, cuernos y conchas para hacer utensilios y herramientas. La caza mayor implicaba largas distancias y ausencias, no aptas para mujeres embarazadas o con infantes. El trabajo de los hombres para conseguir carne, si bien espectacular, era esporádico, riesgoso y poco confiable respecto de obtener un resultado exitoso

- Las mujeres *generalmente* juntaban agua y leña, recogían huevos, hongos, mamíferos y reptiles pequeños, insectos, vegetales, frutas, nueces y semillas[2], cocinaban y confeccionaban prendas, utensilios, herramientas y adornos. El trabajo de las mujeres para conseguir alimento era regular y confiable como fuente, ya que no era tan peligroso y se trataba de alimentos que no eran rápidamente perecederos y que hubiera que preservar. La mayoría de las actividades de las mujeres se desarrollaban en el campamento o cerca de este, podían ser interrumpidas para atender a los hijos y luego reiniciadas.

Era más probable entonces que los hombres colaboraran o encararan tareas «femeninas» y menos probable que las mujeres encararan tareas «masculinas», pero podía ocurrir.

Los hombres afrontaban tareas más peligrosas porque eran *biológicamente menos valiosos* (más descartables) que las mujeres. Las mujeres eran más necesarias para la preservación de la especie porque son las dueñas monopólicas de la procreación. En general, entonces, no era buena idea exponerlas al peligro. Pero podría ocurrir que fueran valiosas y dignas de preservación y protección durante el embarazo y la lactancia, pero no tanto antes o después, y ser libres de participar en la caza.

Hay dos estrategias reproductivas entre los organismos: «*r*» la de gran cantidad de hijos en camadas numerosas y poca inversión en cada uno (la mayoría morirá, es un juego de números, generalmente de las especies inferiores); y «*K*» la de

---

[2] Cuando esa amiga insoportablemente saludable les haga alarde de seguir la «Paleodieta», pregúntenle cómo prepara las lagartijas, los escarabajos, las hormigas, las termitas y las larvas.

poca cantidad de hijos, generalmente de a uno y con alta inversión maternal. Esa es la nuestra.

La teoría de la evolución predice que tanto los hombres como las mujeres tratarían de maximizar su éxito procreativo. La selección natural habría tendido entonces a favorecer estrategias reproductivas masculinas que enfatizaban la copulación y femeninas que enfatizaban la inversión maternal. Hombres y mujeres debían invertir recursos muy diferentes para engendrar y mantener a sus hijos; intuitivamente, equilibraban el costo/beneficio de maximizar su capacidad reproductiva según su género:

– La mujer obtenía mayor beneficio de su inversión porque tenía la certeza de que ese hijo era suyo. Tenía pocas oportunidades reproductivas no exentas de costo y riesgo, por lo que era selectiva en aceptar a un compañero apto. Cada óvulo es valioso porque la mujer los produce en una ventana de fertilidad de unos treinta años, que en nuestra cultura actual se reduce a unos 15-20 años efectivos de reproducción

– El hombre, en cambio, no tenía la certeza absoluta de su paternidad[3]. Tenía muchísimas oportunidades reproductivas a bajo costo y riesgo (más bien, siempre ha sido un gusto), pero debía demostrar su aptitud para poder reproducirse. El imperativo genético del hombre lo llevaría a la promiscuidad, pero eso se ha morigerado por pautas culturales y porque es la mujer la que selecciona quién o quiénes serán los padres de su puñado de hijos.

---

[3]   Los chimpancés bonobos, en cambio, practican la promiscuidad absoluta, lo que implica la incertidumbre casi total respecto de la paternidad, lo que paradójicamente aumenta el grado de cooperación del grupo para nutrir y proteger colectivamente a todos los infantes, porque cualquiera podría ser el propio. Pero nosotros evolucionamos y ellos no.

En consecuencia, la mujer asumiría la ocupación menos estresante y peligrosa de la recolección, que asegurara las calorías básicas para ella, sus hijos y hasta para su hombre, liberando a este para tomar un mayor riesgo personal y de fracaso para complementar o suplementar esa dieta con una mayor variedad nutritiva.

Más aún, la imagen de ser un cazador apto y exitoso mejoraría el estatus del hombre en la competencia sexual. La selección sexual no se basa entonces solamente en el atractivo físico (como la simetría armónica que denota salud genética), sino en la *confiabilidad* como proveedor y como partícipe del cuidado de los hijos durante su desarrollo extrauterino, etapa de gran vulnerabilidad.

Otra discutida y últimamente desprestigiada (por «patriarcal») teoría de la división laboral entre los sexos, que me permito citar igual, se basaría en la supuesta posesión determinística de habilidades cognitivas ligeramente diferentes entre hombres y mujeres. El hombre tendría *en promedio* una mayor *orientación* espacial para rotar y evaluar la horizontalidad y la verticalidad, lo que le facilitaría ir tras el rastro de la presa (por eso nos negamos a pedir direcciones cuando manejamos) y de acertarle mejor con su proyectil. La mujer, en cambio, tendría *en promedio* una mejor *memoria* espacial para recordar los lugares de mayor rendimiento de la recolección, para un esfuerzo dado de energía y tiempo. Hablé de *promedios*. Imaginemos dos curvas de distribución con forma de campana que no se superponen del todo, sino que sus medias están algo desfasadas. Es decir, habría, no obstante, muchas mujeres con mejor orientación espacial que muchos hombres, y viceversa respecto de la memoria espacial.

Lo que es indudable, es que hubo naturalmente una diferencia de *roles*, pero no parece haber habido una diferencia de *derechos*. En una sociedad simple de banda, no existía prácticamente la propiedad de bienes ni *en general* una jerarquía social como la de la etapa tribal, más allá del liderazgo ad hoc necesario para organizarse en la caza y la defensa, que, por la agresividad innata y la aptitud física natural, era *en general* cosa de hombres. Pero dejando eso de lado, era una sociedad igualitaria en cuanto a las posesiones, y es muy probable que lo fuera políticamente respecto al género y a la toma de decisiones. No hay indicios ni patriarcales ni matriarcales.

No hay evidencia suficiente entonces ni en bandas aún prístinas (sin haberse corrompido sus dinámicas sociales silvestres por contacto con sociedades más avanzadas) del presente, ni basada en la lógica, de que las mujeres hayan sido *generalmente* objetos de posesión personal, explotadas, confinadas, o privadas de sus hijos si se separaban, etc., en las sociedades de cazadores-recolectoras.

No habiendo jerarquías ni propiedad de tierras o de personas, no se conciben tampoco en esas proto-sociedades las obsesiones por la virginidad, la circuncisión femenina para que el placer sexual no las pierda, la castidad, la fidelidad exclusiva y la existencia de obstáculos para la separación y la tenencia de los hijos, que aparecieron con la sociedad agraria. Si una mujer se sentía maltratada, mal provista, desatendida o desprotegida por su pareja, era libre de buscarse un hombre mejor, igual de primario, pero quizá más hábil y hasta más atractivo.

Por supuesto que seguramente hubo excepciones, porque la cultura prehistórica no fue uniforme; basta que aparezca una cultura para que comiencen las variaciones y los cambios. Anatomía no es destino, nuestra conducta está atada también a la cultura y a las expectativas sociales. Es decir, triunfamos espectacularmente como especie, justamente porque nos rebelamos contra el determinismo biológico darwiniano.

Por ejemplo, se ha observado cierta correlación entre la equidad entre los sexos y el volumen relativo de comida producida por hombres y por mujeres. Los *inuit* del Ártico solo obtienen su alimentación de la caza y de la pesca; como estas son realizadas exclusivamente por los hombres, esto les da un poder jerárquico de dominación sobre sus mujeres. Ellas se dedican a cocinar y a confeccionar ropa de las pieles y los cueros. Si bien la ropa es valiosa y necesaria en ese ambiente de frío extremo, es prioritario conseguir comida en ese medio estéril a los vegetales y muy hostil. No hay qué recolectar.

Las mujeres pasan a ser entonces propiedad de los hombres, quienes las usan como moneda de cambio en negociaciones o las prestan como agasajo a sus visitantes, sin interesarles la opinión o los deseos de las afectadas. Una excepción curiosa a ese sometimiento es que algunas mujeres esquimales pueden ser *chamanes*, sanadoras físicas y espirituales, operadoras de canales de comunicación entre la banda y las fuerzas naturales y sobrenaturales, lo que las empodera significativamente.

Los ¡*kung* del Kalahari, los *hazda* de Tanzania y los pigmeos *mbuti* del Congo, en el otro extremo del espectro, viven en tal abundancia animal y vegetal, que se equilibran perfectamente las fuentes de caza y de recolección.

Los mbuti, como el trabajo de los hombres y de las mujeres tiene el mismo valor, no tienen siquiera palabras para diferenciar el género entre ancianos, adultos o niños (ellos sí que usan un «lenguaje inclusivo»); solamente hay distinción verbal cuando se trata de una *madre*. Hay poca especialización laboral, y hombres y mujeres comparten la caza y las tareas domésticas. Más aún, son las mujeres las que reparan la choza y las que eligen a sus parejas. Es decir, hasta podría interpretarse que existe una leve o parcial supremacía política femenina. Pero podemos sugerir que, *en general*, en las bandas prehistóricas privaba la equidad.

Dadoras de vida

Como ya dijimos, la diferenciación laboral por la hipótesis que guste, no es lo mismo que la inequidad sexual y el sometimiento de la mujer. Por el contrario, el hecho que fueran capaces de engendrar vida debía parecer algo casi mágico para la mentalidad de los hombres primitivos. Nuestro arte más pretérito tiene como tema la fertilidad femenina, resaltando sus atributos reproductivos y maternales: la vulva, los pechos llenos, el vientre expandido, las caderas anchas, los muslos y las nalgas fuertes.

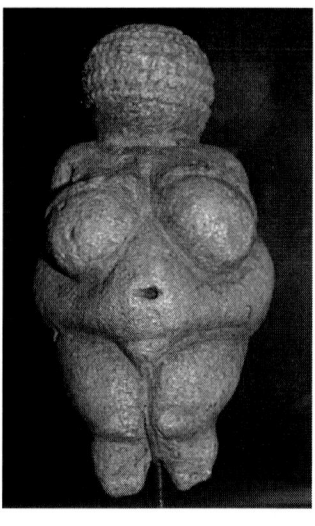

La Venus de Willendorf (Figura 2), de hace unos trescientos siglos, posiblemente fuera objeto de culto religioso, porque ese tipo de estatuilla suele encontrarse en lo que aparentan ser altares y está frecuentemente rodeada de huesos animales calcinados, sugiriendo que se le harían sacrificios. Las imágenes son pequeñas, por lo que probablemente fueran sostenidas en las manos durante los rituales. Eso también las hacía fácil de transportar.

Hay quienes la interpretan como un seguro indicador de una cultura matriarcal, pero pensemos qué pasaría si arqueólogos del futuro lejano descubrieran una vieja revista *Playboy*; ¿es matriarcal esa obsesión con la voluptuosidad femenina?

Ese culto a la robustez (implicando fecundidad) como el patrón de belleza femenina, perduró entre nosotros hasta no hace mucho. Llama la atención porque en esa época las mujeres eran en general delgadas y musculosas debido a la alimentación balanceada y el estilo de vida nómada, que demandaba intensidad física para la caza, la recolección y la migración. Eso, y el hecho que no tuvieran rostro, indicaría que quizá no se tratara de representaciones de mujeres reales, sino que eran representaciones abstractas, íconos proto-religiosos y seguramente de la fertilidad.

El humano primitivo, nómada, recolector y cazador, pre-agrario es usualmente *animista*, se comunica directamente con los seres vivientes (las plantas y los animales tienen personalidades y sentimientos). También se comunica con los espíritus de la naturaleza de la que forma parte, o recurre a la sabiduría y elocuencia del *chamán,* un proto-sacerdote, hechicero, brujo, curandero y botanista experto en hongos y hierbas que curan o que provocan éxtasis. Pero fuera de eso, el humano primitivo no tiene ni necesita una religión organizada más allá del culto a sus ancestros y unos ritos muy básicos; es muy dudoso que haya evolucionado hasta el concepto de la existencia de dioses.

Pero si los hubo en estas primitivas sociedades, sería más probable entonces que los primeros dioses hayan sido diosas, como la *diosa madre* de los sumerios y *Gaia* para los griegos, la diosa primigenia que personifica a la *madre tierra* y es fuente toda vida y esposa de *Urano* (los cielos).

Esto tampoco implica necesariamente que las mujeres tuvieran un rol superior o matriarcal. Los arqueólogos y antropólogos de dentro de milenios observarán la proliferación de plácidas imágenes de una majestuosa mujer coronada y vestida como una reina, junto a la imagen de un varón casi desnudo siendo cruelmente torturado, y quizá se apresurarán a concluir, muy equivocadamente, por cierto, que la Iglesia católica apostólica romana era matriarcal, sometía a los hombres a tormentos inimaginables y estaba encabezada por papisas.

La prehistoria del sexo

Reproductivamente hablando, el sexo es el camino a una forma de inmortalidad. La capacidad de transmitir nuestros genes transciende nuestra aún inevitable e irreversible decadencia entrópica, muerte y corrupción.

El ser humano se diferencia de los animales en que come cuando no tiene hambre, bebe cuando no tiene sed y, como solo lo hace un puñado de animales superiores, copula en cualquier período (no precisa entrar en celo) sin tener urgencia por procrear. El sexo como función exclusivamente reproductiva es cosa de animales inferiores.

Al evolucionar el *Sapiens*, el acto de copulación adquirió un sentido más holístico y forjó un vínculo afectivo mucho más profundo. El sexo es transcendente en sí mismo; nos abre la puerta a una experiencia distinta de «estar vivo»: el éxtasis adictivo que nos da el orgasmo, la producción de dopamina cuando hay atracción y de oxitocina cuando hay apego emocional en la contemplación mutua a los ojos, enfocada y relajada. Es más, el orgasmo masculino es biológicamente necesario para la concepción, mientras que el femenino no lo es; es un logro cultural; no sorprende entonces que sea difícil alcanzarlo. Catalizado por el lenguaje, el sexo se hizo aún más profundo, estimulando el amor y el erotismo (y facilitando la decepción; somos la única especie que finge orgasmos).

De alguna manera, la selección de pareja, más allá de la aptitud para procrear y proveer, ayudó a nuestra evolución y diferenciación respecto del resto del reino animal. Esa connotación sensual y emocional es lo que conecta la biología con la cultura.

Darwin notó que nuestra pérdida de pelaje corporal no parece tener un sentido evolutivo para la supervivencia y postuló que esa selección debe haber sido sexual; de alguna manera, el ideal cultural de belleza y atracción pasó a preferir el cuerpo más lampiño. En efecto, muchos de los sorprendentes cambios evolutivos humanos tienen que ver con la selección sexual[4].

La fortaleza física tuvo que competir entonces con nuevos patrones de atracción, como la astucia, el ingenio o la habilidad artesanal, la capacidad de proveer, la buena voz en el canto, la habilidad en el baile, la simpatía, la capacidad de hacer reír a la mujer, la actitud y la postura viril, la ternura, etc. Las facciones y proporciones corporales armónicas siempre fueron un indicio inconsciente de una buena salud reproductiva. Pero los forzudos más feos o menos talentosos, inteligentes o simpáticos, incapaces de seducir, debían recurrir a la violación, o intentar afirmar su insegura virilidad mediante la dominación de su pareja.

La frontalidad erguida también nos trajo la conciencia erótica del cuerpo y nos llevó al uso de ropa y de maquillaje, lo que diferenció de entrada a los géneros y sirvió para aplacar modestamente, o bien para resaltar, el atractivo sexual. Esa frontalidad también agrandó el pene y quitó el vello a los senos, para exhibirnos mutuamente como atractivos por nuestra capacidad procreativa o nutritiva. Nos invitó también a hacer el amor de frente, mirándonos y besándonos, y el acto sexual se hizo entonces más táctil y prolongado, más allá de lo estrictamente necesario para procrear. El sexo entonces se volvió independiente de la procreación, una fuente de placer y de vínculo emocional. El orgasmo dejó de ser así el soborno evolutivo para el acto puramente reproductivo.

Una mujer en una banda de nómadas que migraba regularmente podía acarrear en sus brazos o llevar colgado a un solo infante, quien debía poder caminar con cierta soltura antes

---

[4]   Notarán, por ejemplo, que hoy los varones «millennials» se depilan también todo su cuerpo, ya casi no se ven hombres peludos como gorilas en las playas, y que las mujeres hace décadas que luchan por eliminar totalmente el vello púbico. Los patrones de belleza cambian rápidamente.

de tener hermanos. Pronto, y desde entonces, se tomó conciencia de la capacidad de espaciar los partos naturalmente, por métodos descubiertos por prueba y error, como extender la lactancia, la abstinencia, el aborto, o el infanticidio.

El espaciamiento «natural» entre hijos tendería ser de dos-tres años. De cualquier manera, eso no funcionaba del todo y fue necesaria la cooperación de la banda entera para cuidar colectivamente a los infantes y niños, lo que fortaleció los vínculos sociales aún más. Los partos sucesivos y seguidos tenderían entonces a ser accidentales, y serían en realidad un producto «artificial» de la vida ya sedentaria de la sociedad agrícola, por su alta demanda de mano de obra y de su reemplazo por la alta mortandad infantil que provocaría la cercanía de tantos cuerpos humanos y de animales.

Como veremos, la homofobia es también un producto cultural. Como ocurre con varias especies superiores, desde siempre existieron la masturbación, la sodomía y la homosexualidad, tanto entre animales superiores, como entre hombres y entre mujeres. Entre otros juguetes sexuales hallados del mesolítico y dignos de un *sex shop*, como bastones fálicos, se han encontrado también los doble-fálicos, y a un ángulo conveniente para parejas lesbianas. No incluyo esas imágenes, pero, créanme que el arte prehistórico era muy explícito, porque se requiere una cultura bastante compleja para imponer tabúes y prohibiciones.

Lo que sí parece haber sido universalmente tabú desde tiempo inmemorial y previo a la sociedad agraria, son la pedofilia, el incesto[5], la necrofilia y el bestialismo; eso sí es

---

[5] Por ejemplo, el tabú contra el incesto puede ser más evolutivo e instintivo que social, debido a su peligrosidad genética. Por ejemplo, en muchos *kibutz* de Israel se usaba un sistema social colectivista donde los hijos vivían juntos, separados de sus padres. Es decir, niños y niñas no emparentados se criaban como hermanos desde la primera infancia, y se conocían entonces íntimamente. En un estudio de 125 jóvenes criados

antinatural. Resalto que la homosexualidad es «natural» simplemente porque ocurre en la naturaleza; lo que sería «antinatural» entonces, es su discriminación.

*

En conclusión, la diferenciación de roles es quizá una condición necesaria pero no suficiente para que exista la inequidad sexual. La equidad sexual a pesar de la diferenciación de roles puede haber sido uno de los grandes saltos evolutivos que nos diferenciaron y separaron del rumbo de nuestros primos simios.

Allanó el camino hacia el próximo gran salto evolutivo: la cooperación entre grupos crecientes de individuos, lo que facilitó la génesis de la agricultura y de la civilización que paradójicamente, eliminaron dicha equidad sexual. La inequidad sexual es, entonces, una corrupción de lo natural.

---

juntos en un Kibutz, no se formó ni una sola pareja matrimonial, y la incidencia de relaciones sexuales entre adolescentes fue menor a la normal, hasta dentro de grupos religiosos. Como reza el viejo dicho, «la familiaridad genera desprecio» y, a veces, uno no puede entender cómo una persona extraña pero aparentemente normal, pudo elegir casarse con su hermana o hermano.

2.   De Agraria a Civilizada

> *«Si arrojamos a la Madre Naturaleza por la ventana,*
> *vuelve a entrar por la puerta, con una hoz»*
>
> Masanobu Fukuoka

La revolución agraria

La primera revolución agrícola y pastoril, o Neolítica, parece haber ocurrido en varios puntos geográficos; la evidencia arqueológica de plantas domesticadas más antiguas data de unos 12.000-12.500 años (unas quinientas generaciones solamente). Se sitúa su origen donde se domesticó el trigo y también donde comenzó la vida pastoril con cabras y ovejas domesticadas: la *«Fértil Medialuna»*, un arco que se extendía desde Egipto, pasando por Israel, Palestina, Jordania, el Líbano, Siria, el sur de Turquía, y la Mesopotamia, hasta Irán.

El foco original agrario se sitúa estimativamente en el centro y sur de la meseta de Anatolia, hoy Turquía. El lugar donde se han encontrado las espigas de trigo «domesticadas» (las silvestres son mucho más pequeñas) más antiguas fue en las colinas de Karaçadağ, a 20 km del primer templo conocido, el de Gobëkli Tepe (9500 AC). Fuente estable de alimentos y religión, esta no es una gran coincidencia.

Más que «revolución» fue una transición gradual en gran escala de muchas culturas que pasaron de ser mayormente cazadoras-recolectoras, quizá ya con pequeñas huertas atendidas por las mujeres (botanistas especializadas en la recolección), a concentrar el suministro de alimentos en cultivos y rebaños estables y más extensos, atendidos por hombres. Domesticar plantas derivó en domesticar también animales para el consumo y como bestias de trabajo y de carga.

Hay varias teorías que intentan explicar esta innovación, que van desde la extinción gradual de la megafauna debido al crecimiento demográfico de los cazadores-recolectores (matarían, por ejemplo, mamuts y megaterios más rápido de los que estos lograban reproducirse, hasta forzar su desaparición), a la estabilización del clima benigno para las plantas y los animales del final de la era glacial en el Holoceno.

La nueva dependencia de dicha concentración de fuentes alimenticias renovables exigió adoptar una vida sedentaria, creando la obligación de nutrir y cuidar los cultivos y rebaños. Ese sedentarismo brindaba la oportunidad de observar, experimentar y seleccionar artificialmente los atributos deseados en las plantas y los animales, domesticándolos. Mejoraron así la productividad y la eficiencia nutritiva en otro ciclo virtuoso de adaptación empírica. Por ejemplo, si vuelvo a sembrar los granos de las plantas que dan espigas más grandes, aumenta la probabilidad de cosecharlas; y si cruzo al carnero más grande, es más probable que su progenie rinda más carne, etc. Los cultivos y los rebaños eran nutridos y protegidos de malezas, plagas, alimañas y depredadores. La duda es, entonces, quién domesticó a quién …

¿Cómo se domesticaron los animales? Probablemente, por ejemplo, una banda explotaba una manada de ovejas silvestres cercanas, cazándolas. Para no agotar esa fuente, eventualmente se percataron de que convenía cazar primero a los animales viejos y débiles, preservando entonces a las madres y a los jóvenes. También, que había que proteger a la manada de otros depredadores como lobos, leones y bandas competidoras. La consecuencia lógica podría haber sido mantenerlas cercadas dentro de un cañadón, más fácil de defender y con menor gasto energético. Los carneros más agresivos e indomables eran matados primero. Con el tiempo, la manada se volvió así más robusta, más dócil y menos curiosa, es decir, domesticada.

Los animales machos que exhibían un comportamiento homosexual eran inútiles para la manada y probablemente se los carneara también primero. Como la naturaleza homosexual se transfiere genéticamente a pesar de que los individuos homosexuales no procreen o procreen mucho menos, el índice de homosexualidad suele ser una constante. Pero la inutilidad de dichos animales para la manada, al proyectarse a los humanos, pudo haber sido el punto inicial del tabú de la homofobia.

El no tener que andar migrando con todas las pertenencias a cuestas también facilitó que se pudieran inventar, diseñar, construir y poseer más herramientas, artefactos, enseres, útiles, ropa, adornos y objetos personales, y desarrollar mejor la alfarería para almacenar los alimentos cosechados. En vez de acampar construyendo refugios precarios, se pudo construir casas rectangulares o circulares permanentes y más duraderas para resguardar el acopio de alimentos, animales y enseres. Apareció entonces la vivienda familiar y su terreno aledaño para cultivar, lo que demandaba una considerable inversión de trabajo. La unidad de producción se volvió así la unidad familiar y la de propiedad. Con la propiedad surgió la inequidad económica. La riqueza y la pobreza eran medidas comparativas y relativas a la posesión, por ejemplo, de superficie cultivada, de cabezas de ganado, o de artefactos con valor simbólico o interpersonal (adornos de lapislázuli, vestimenta distintiva, etc.). Esa relación de riqueza acumulada se tradujo en rango social o estatus, una nueva forma de prestigio, pero que también otorgaba poder.

Además de la inequidad económica, con la propiedad nació la esclavitud. La propiedad demandaba trabajo manual intensivo. La fuente económica de mano de obra eran la esposa y los hijos, pero a veces el esfuerzo familiar era insuficiente. Había también que defenderse de agresores o saquear recursos de pueblos más débiles, y los esclavos eran un trofeo de guerra que servía también de mano de obra agrícola. La esclavitud fue una triste mejora sobre la costumbre de matar a todos los enemigos, o sacrificarlos a los dioses y, frecuentemente, comérselos.

El superávit de alimentos y la falta de nomadismo detonaron una explosión demográfica. Tener pares extras de brazos en la familia ayudaba a trabajar los campos, pero a la vez había más bocas que alimentar. Vivir en condiciones insalubres por la densidad y la proximidad entre humanos y animales disparó la mortandad infantil; solamente uno de cada tres nacidos llegaría a la adultez. Así y todo, la tasa de nacimientos era superior a dichos efectos tristemente equilibrantes.

El ser humano no ama tanto a la sociedad como teme a la soledad, como dijo Durant. Por supuesto, al multiplicarse los grupos humanos por encima del nivel de Dunbar, devinieron gradualmente estructuras sociales compuestas cada vez por más individuos que requerían una mayor complejidad para mantener la cohesión: tribu, aldea, pueblo, y finalmente ciudad-estado, dominio, nación... Las formas gradualmente más complejas fueron tendiendo hacia la civilización, que implica una socialización más radical del individuo, desarrollo urbano, estratificación en jerarquías políticas y sociales, centralización política, perfeccionamiento de los elementos simbólicos de comunicación y documentación (los números y la escritura), especialización del trabajo, impuestos, moralidad y religión.

La revolución urbana

Sin una fuente de alimentos mayormente estable y confiable no habría civilización. Civilización viene de *civitas*: ciudad, un milagro de interdependencia, cooperación y especialización. La civilización significó nuestro divorcio final del mundo natural, forzándonos a un estilo de vida muy disonante con nuestra naturaleza, porque fuimos cazadores y recolectores nómadas como un 95% de nuestra existencia como especie. La revolución urbana surgió también en el Medio Oriente hace más de ocho mil años, en los albores de la Edad del Bronce. Es decir, vivimos unos largos milenios de agricultura y de pastoreo, organizados socialmente como tribu o caudillaje, sin que evolucionaran ni la civilización, ni el Estado.

Se suelen reconocer cuatro fases principales en esa evolución: *banda-clan*, *tribu*, *caudillaje* y *nación-Estado*. Dijimos que la evolución de la agricultura fue gradual; de recolectar lo que se encontrara, a la huerta temporaria del seminómada, hasta alcanzar el sedentarismo del cultivo y el pastoreo intensivos; de la misma manera, no hay un salto de la banda a la civilización y al Estado, sino una progresión. Hay entonces un continuo que no es evolutivo de manera determinística (no toda banda evoluciona a Estado). Veamos esa evolución y las respectivas características (Tabla I).

El Estado es un concepto artificial, porque la naturaleza del ser humano es ser rebelde y anarquista. Para evolucionar en esa dirección se precisaba ya una *cooperación flexible* (volitiva, no instintiva o genéticamente codificada e inalterable, como la de las hormigas y abejas) y una *organización compleja*, para adoptar reglas de conducta, cavar canales de riego, levantar murallas defensivas y luchar en la guerra codo a codo y solidariamente junto a otros individuos con quienes no estábamos tan familiarizados.

Necesitábamos de algo abstracto e intangible que fomentara el nivel de cooperación necesario para convivir en grandes números y trabajar para el bien y la defensa común.

Tabla I

	Banda	Tribu	Caudillaje	Estado
Modalidad	Nómada, campamentos	Seminómada, campamentos estables, siguiendo las estaciones o por agotamiento de recursos	Sedentario, aldeas	Sedentario, ciudades
Sustento	Caza + Recolección	Caza + Recolección + Huertas	Agricultura y Pastoreo	Agricultura, Pastoreo y Comercio Exterior
Liderazgo	Circunstancial elegido según la actividad (en la caza, lidera el mejor cazador)	Elegido consensualmente por mérito. El jefe debe probarse constantemente	Legitimado por herencia, porque aparece la propiedad.	Absoluto, hereditario y autoridad reforzada por fuerza militar (guardia o ejército). Puede combinar poder militar, judicial y religioso
Relación Económica	Reciprocidad, material o simbólica (subsiste atávicamente en nuestro intercambio de regalos)	Reciprocidad, material o simbólica. Trueque: Prod A <=> Prod B	Redistribución, el jefe recibe tributo para sufragar los gastos comunes y redistribuye a los necesitados, por su generosidad. Hay que defender el territorio y capturar esclavos para mano de obra. Mercado incipiente con trueque: Prod A <=> Prod B	Redistribución, pero ya con fuerte economía de mercado (moneda de cambio, contabilidad). Tributos altos para solventar la burocracia. Mayor población requiere aumento de recursos económicos por conquista militar Economía de Mercado: Prod A <=> Moneda <=> Prod B

	Banda	Tribu	Caudillaje	Estado
Especializa-ción Laboral	Cazar o recolectar, muy baja especialización (todos saben hacer todo)	El jefe es especialista, incipiente especialización (hortelanos, alfareros)	Alta: jefe y sus lugartenientes, guerreros, agricultores, pastores, artesanos, mercaderes, etc.	Muy alta: militares, jueces, artesanos, mercaderes, ingenieros, médicos, educadores, recaudadores de impuestos, etc.
Religión	Animista, Chaman (dedicación de parcial de tiempo)	Animista y proto-Teista, dominado por diosas. Chaman especializado y con dedicación exclusiva	Teísta, dominado por dioses masculinos, sacerdotes profesionales, reglas morales por tradición oral	Panteón complejo. Frecuentemente hay un Rey-Alto Sacerdote y una intrincada burocracia clerical. Codificación de leyes familiares y de propiedad
Equidad Social	Absoluta, todos tienen lo mismo y valen lo mismo	Absoluta, pero el jefe se distingue con ornamentos. Hay deferencia a los ancianos	General, el jefe recibe respeto especial, mejores adornos, ninguna cabeza sobre la suya, etc.	El rey recibe respeto reverencial. Alta estratificación entre nobles, comunes y parias, debido a la acumulación de riqueza
Equidad de Género	Diferencia de roles, pero con equidad política	Diferencia de roles, pero con equidad política	Comienza el patriarcado, con sometimiento de la mujer	Fuerte patriarcado, y salvo excepciones, gradualmente se alcanzó un alto grado de sometimiento de la mujer

Ese «algo» que brinda cohesión, es un «contrato social», la aceptación colectiva de lo que Harari llama *mitos intersubjetivos*, consensuados; la argamasa de la *identidad* (siempre diferenciante o contraria, nosotros vs. ellos, y ellos son siempre inferiores a nosotros).

La identidad se basa en la etnia, la lengua, las costumbres, y también en construcciones del imaginario colectivo como el concepto de tribu o nación, los códigos o las reglas escritas y no escritas de moralidad, conducta y convivencia, la jerarquía de la autoridad, la estratigrafía social y la religión organizada, que usualmente se ocupa de dotar de autoridad divina a todas esas otras construcciones sociales.

Políticos, impuestos, números y lenguaje escrito

La propiedad de la tierra y el intercambio de sus productos excedentes (más allá de la agricultura de subsistencia) demandó la invención de las medidas, las pesas y métodos de numeración. El superávit comunal de alimentos debía ser administrado. Además, una población creciente no podía gobernarse efectivamente mediante el consenso general; la toma de decisiones debía recaer en un grupo reducido de personas.

Política viene de *polis*, que significa comunidad. Nació porque surgió la necesidad de establecer una estructura formal con autoridad, un *poder* que coordinara las obras públicas, condujera la milicia para la defensa, la conquista o la captura de esclavos, y una justicia para equilibrar los intereses en conflicto y resolver pleitos interpersonales o de propiedad. Muy frecuentemente, el general pasó a ser el rey y el juez.

La propiedad privada de casas, tierras y animales conllevó una nueva problemática: quiénes de los hijos los heredarían y, entonces, cómo garantizar que esos hijos fueran los propios. El mismo principio de propiedad alejó el poder del mérito y lo volvió hereditario.

La autoridad cívico-militar debía definir la recaudación necesaria de impuestos para financiar las obras comunes y para mantener a quienes no trabajaban la tierra, pero ofrecían servicios políticos, judiciales, administrativos, civiles, educativos, sanitarios, militares y religiosos a la comunidad.

La cooperación social compleja entre grupos crecientes de humanos que se especializaban y podían intercambiar sus productos excedentes no podía depender ya de nuestra volátil memoria y presunta honradez. Era preciso registrar cantidades, contratos y valuar los distintos bienes de intercambio para el comercio. Se inventó así en Sumer la escritura cuneiforme hace unos 5.400 años. Comenzó como un método de medición y contabilidad. Eventualmente, demostró su utilidad para documentar eventos y decretos, para facilitar el registro para la recaudación de impuestos y, finalmente, para preservar la expresión de ideas y de emociones.

Al igual que el lenguaje gramatical no escrito, el método de comercio por trueque (un reflejo quizá de nuestro natural sesgo de reciprocidad) tendría también unos ochenta mil años. Era eficaz dentro o entre bandas, tribus y caudillajes, pero obviamente hubiera hecho infructuoso el intercambio de bienes en mayor escala. Para la civilización era necesario un medio más fluido de intercambio. Hace más de cinco mil años se inventó en Sumeria el *shekel*, proto-moneda en forma de unidad de peso de un *commodity*; equivalía a unos 160 granos de cebada. En Lidia (Anatolia occidental) hace menos de tres mil años se inventó el dinero encarnado en monedas de oro y de plata. Era más durable y sencillo que contar granos de cebada, y era necesario para pagar a los mercenarios cuando la milicia ciudadana no resultaba suficiente para la defensa.

Aparte de las fuentes confiables de alimentos, agua y suministros, la política, los impuestos, los números, el lenguaje escrito y el dinero como medio de intercambio, faltaba un ingrediente más para fraguar la argamasa social: la religión organizada.

Sin religión organizada no hubiera surgido la civilización

Como componente de la identidad, la religión resultó ser un ingrediente indispensable para la cohesión social necesaria para la civilización. Durante los largos milenios agrarios que eventualmente derivaron en la civilización, los ritos se fueron haciendo gradualmente más complejos y las creencias, también.

Con el avance del patriarcado, las «diosas madres» originales, concebidas por intuición debido a la urgencia de la fecundidad, fueron siendo gradualmente reemplazadas por dioses paternales y barbudos que, salvo excepciones, acumularon harenes de esposas y concubinas. La robusta *diosa madre* de la fertilidad fue degradada a ser la subalterna diosa del trigo, o la diosa del amor y del erotismo.

Los mitos o relatos ancestrales servían para armar un sistema que pareciera coherente y ayudara a justificar o aceptar lo *místico*, lo misterioso. Esos mitos devinieron en muchas religiones en artículos de fe, en dogmas que debían ser homogeneizados y ordenados para construir una estructura paradigmática que guiara la conducta personal y el ritual que complacieran a los dioses. Los ritos, sacrificios y plegarias también debían ser organizados y estandarizados. Así nació la religión *organizada*. El mito es al rito, como la música al ballet.

El humano agrario y civilizado es generalmente *teísta*, cree en dioses que son protagonistas activos en su historia. Los dioses del teísmo no son ya simples espíritus de la tierra, son de apariencia y conducta antropomórficas; en su protagonismo e interacción con el hombre saben ser misericordiosos y también implacables, pueden ser benevolentes y también severos, celosos y vengativos, aman y castigan; son como nosotros. Hacen pactos implícitos o alianzas explícitas con el hombre, y lo «elijen» como el centro y objeto de la creación entera, para su dominio y usufructo (*Génesis* 1:28).

Entonces desde su nuevo punto de perspectiva, ya alcanzado el tope de la cadena alimenticia, el ser humano ya *no se sintió más parte del dominio natural*, sino superior al mismo. La civilización requiere cultura, y la cultura es a la naturaleza como el orden es al caos. No aceptamos el caos de la naturaleza, la transformamos y la ordenamos; p. ej., cocinamos los alimentos que nos brinda y cubrimos nuestros cuerpos por pudor.

El humano no dialogaba más entonces con sus ahora inferiores naturales: el ciervo, el bosque, el volcán y la lluvia; sino con sus superiores, los dioses que todo lo controlan. Ese diálogo/negociación con los dioses (plegaria y sacrificio propiciatorio a cambio de benevolencia) precisaba de un especialista, intérprete, intermediario, negociador, canal, mago: el *sacerdote* (dotado de lo sacer, lo sagrado). Estaba encargado de interpretar para el resto lo *místico*, que significa misterioso, secreto, lo escondido u obscuro al conocimiento y la comprensión humana.

Con esa alianza humanos-dioses nació la religión, ingrediente indispensable de la argamasa subjetiva que habilitó la civilización. Si bien en la guerra el poder se concentra en el rey, en la paz la autoridad se concentra en el sacerdote (no sorprendentemente, un «padre»). Frecuentemente, esa nueva autoridad civil, militar y religiosa se encarnó en una sola persona: el rey-sacerdote.

Normas y leyes

Ninguna sociedad puede subsistir sin orden y no hay orden sin reglas, que pueden ser convenciones, costumbres, pautas morales, tabúes y leyes:

- Las *convenciones* son formas de conducta que se descubren como beneficiosas para el grupo
- Las *costumbres* son convenciones que son aceptadas por generaciones sucesivas a través de prueba, error y eliminación
- Las *pautas morales* son aquellas costumbres que se consideran vitales para el bienestar del grupo y su desarrollo
- Los *tabúes* son conductas moralmente inaceptables, por una razón no siempre explícitamente justificada, sino basada en prejuicios. Un objeto favorito de tabú fue la mujer como fuente y origen del mal (no solamente en el mito judeocristiano) y fuente de impureza durante su menstruación
- Las *pautas morales* y los *tabúes* son a menudo los precursores de las *leyes*.

Las *«costumbres de los ancestros»* fueron siendo adoptadas y adaptadas por selección natural, por prueba y error a lo largo de muchas generaciones, condensando convenciones que fueron colectivamente beneficiosas. De tanto repetirse se volvieron «naturales» y violarlas provocaría sentimientos de incómoda disonancia, de vergüenza o de culpa. Así, por la fuerza de la compulsión social se desarrollaron la conciencia y el sentido moral, lo que para Darwin es la característica más llamativa que nos diferencia de los animales.

Para su funcionamiento, esa construcción social requería armonía y cooperación, para lo que se requería acotar la libertad individual. Sin la resignación del individuo al todo social, no habría civilización. El hombre no es gentil, obediente, disciplinado y casto por naturaleza. La moral nos es impuesta por nuestros padres desde la infancia, reemplazando al instinto que nos preparaba para la lucha por la supervivencia en una vida mucho menos compleja. Esos impulsos atávicos (angurria, crueldad, violencia, sexo sin bretes, etc.), que eran virtudes para la supervivencia y la perpetuación de la especie en el entorno primitivo, fueron transformados en vicios para permitir la inserción del individuo en un cuerpo social complejo.

Las pautas morales devinieron de mitos intersubjetivos y parecían empíricamente razonables, pero se hicieron legítimas e indiscutibles cuando, por sanción celestial, se convirtieron en «*la voluntad de los dioses*». Como es muy difícil imponer la moral con la razón, como lo haría un filósofo, es mucho más efectivo imponerla por el temor al castigo o el deseo del premio divino, con mitos, portentos y tabúes, como lo hace el sacerdote. La religión controlaba entonces a la moral a través del mito y del tabú. Ambos daban estructura celestial a las normas de conducta y a la compulsión por obedecerlas.

Para evitar la ira y fomentar la benevolencia de los dioses, había que hacer algunas cosas y dejar de hacer otras. Eso se aprendió por prueba y error. Nació así la legislación religiosa, muchas veces indiscernible de la moral, la civil y la sanitaria. Por ejemplo, si el robo, el asesinato o el adulterio ofenden a los dioses, o generan una violencia que perjudica al bien común (o porque perjudican al bien común, seguramente ofenden a los dioses), prohibámoslos y castiguemos a los infractores. Si comer bivalvos provocó una gran intoxicación general, quedan prohibidos por los dioses y son tabú. Así, ley y mito trabajaban juntos; las normas religiosas confluyeron con las legales y hasta con las prácticas sanitarias (lavarse las manos y los pies, comer con la mano derecha y limpiarse la cola con la izquierda, no comer carne de cerdo, etc.)[6].

Las pautas morales-religiosas se cristalizaron en las leyes, que se ocupaban fundamentalmente de la propiedad, los

---

[6] La higiene nos fue inculcada por la religión, no por la medicina. Hasta en la era victoriana los médicos «científicos» pasaban de atender infectados o de disecar cadáveres, a atender parturientas sin lavarse antes las manos. El sacerdote hace milenios que se las lavaba, por respeto a lo sagrado.

conflictos interpersonales y de la familia, incluyendo el matrimonio y la reglamentación del sexo.

Cuando el adoctrinamiento fracasaba, se usaba la compulsión por la espada para lograr la obediencia, la dócil coherencia conformista que era imprescindible. Entonces, sin un gobierno autocrático y sin una religión organizada, muy probablemente no hubiéramos evolucionado a la civilización.

Matrimonio y familia

En la pareja cazador-recolectora la importancia del hombre para la procreación había sido incidental y la de la mujer fundamental, y hasta podían llegar a vivir segregados los machos y las hembras de la banda; pero eso cambiaría con la agricultura. Pudo ser entonces que la primera bestia que la mujer domesticara fuera el varón, quien de ser un agente independiente o esporádico de reproducción se volvió un proveedor de genes y sustento con presencia permanente en la vivienda familiar. Al domesticar la paternidad, se domesticaron también el sexo y la maternidad. Las mujeres podían ahora tener un hijo por año y, habiendo leche animal a mano[7], los destetaban más temprano, eliminando esa modesta ayuda anticonceptiva.

Al tomar el hombre el control de la producción de alimentos y crecer en importancia la propiedad y el fruto de la agricultura, le fue usurpando el poder a la mujer. Como el trabajo agrario requiere gran fortaleza y resistencia física, la mujer, quien había sido la botanista recolectora experta, fue desplazada de la fuente de producción agrícola por el hombre. El arreo de rodeo de ganados a lugares de pastura también se volvió una actividad masculina, no tan apta para mujeres ahora

---

[7]   Muchos aún hoy tienen intolerancia a la lactosa de esa leche sustituta; han sido relativamente pocas generaciones para lograr la necesaria mutación adaptativa.

muy frecuentemente embarazadas. Con más hijos que alimentar y controlar, la mujer se ocupó del hogar y de las tareas de producción que eran factibles en la misma. Así fuimos alejándonos de la equidad de género que había caracterizado al balance de la provisión alimenticia entre el cazador y la recolectora.

Como dijo Durant, la propiedad y la guerra son los padres del Estado. Y la propiedad, el poder y la religión, desde siempre asociadas, cooperaron en el sometimiento de la mujer. Como la mujer controlaba la sucesión legítima, ella misma debía ser controlada.

Con la agricultura apareció la vivienda familiar permanente y la propiedad privada, alienable y fungible de tierra y de animales, que pronto se extendió a la propiedad alienable e inalienable de personas. Además de la inequidad económica y de la esclavitud, se institucionalizó también la inequidad de género. Nacieron entonces, como hermanos, la esclavitud y el matrimonio. Desde los albores de la civilización, el matrimonio ha sido un reflejo del orden social, una fuerza civilizadora. Pero comenzó, al igual que la esclavitud, como una expresión de las leyes de propiedad.

Según la escala jerárquica de Maslow, las necesidades fundamentales del ser humano son: agua, comida, sueño, refugio, y sexo. Para garantizar el suministro de comida en la propiedad agraria era necesario procrear hijos, pero también era necesario el sexo como vínculo emocional. Así nació la primera institución y célula social fundamental, la familia, el oasis para la satisfacción de las necesidades básicas del ser humano.

El matrimonio es entonces la resultante de la victoria de la convención social sobre la instintiva satisfacción erótica del hombre, y es otro pilar indispensable de la civilización. Son muy raras las sociedades sin matrimonio, y suele haber eslabones evolutivos que van desde la promiscuidad animal hasta la sociedad civilizada. Puede ser monógamo o polígamo.

Es discutible si la monogamia es natural o artificial, ya que fue la norma en las primeras civilizaciones en Sumeria y Egipto, pero no sabemos a ciencia cierta si en la norma de las sociedades pre-agrarias existía la monogamia permanente, la solo ocasional alrededor de un hijo en particular, o la promiscuidad generalizada. Es muy improbable que los cazadores-recolectoras practicaran la monogamia permanente, ya que esta perdería su sentido en una situación de comunión de recursos.

Es más, a varias sociedades primitivas la monogamia que implica el monopolio mutuo hombre-mujer, les podía parecer antinatural y hasta inmoral. Esos instintos atávicos perduraron quizá entre nosotros en el adulterio sistemático u oportunista, en los festivales de licencia sexual temporal como los carnavales (el abandono transitorio de las reglas sexuales permitía impregnar a las esposas de hombres estériles, para el bien común), o en el *jus primae noctis* (derecho de pernada) de los señores feudales.

La poligamia estable también parece ser un producto de la civilización. Es clasificada como poliginia (un hombre con varias esposas) o, muy raramente, poliandria (una mujer con varios hombres). Generalmente ocurre la poliginia cuando hay un serio desequilibrio entre el número de hombres y mujeres (por culpa de la guerra, por ejemplo[8]) y las mujeres célibes quedan desamparadas o pueden resultar intolerables para el cuerpo social debido a la alta mortalidad infantil.

El sentido romántico del matrimonio es un estándar muy reciente. Se requiere un alto sentido moral que acote el deseo

---

[8]   Por ejemplo, en la Guerra de la Triple Alianza (Brasil, Argentina y Uruguay contra Paraguay), la gran mayoría (casi dos tercios) de los varones paraguayos murió en combate o fue asesinada por los vencedores a posteriori. Hasta hoy perdura un fuerte machismo y una notoria poliginia informal. La situación de la mujer en un sistema de poliginia difiere muy poco de la esclavitud.

carnal y el atávico imperativo reproductivo del hombre, y también se requiere una cierta seguridad económica. Las sociedades más primitivas eran muy pobres como para darse el lujo del romanticismo (un invento burgués, viene de la nostalgia por la «romanza» medieval) y los matrimonios eran usualmente de conveniencia por acuerdos políticos o comerciales interfamiliares, sin preguntarle su opinión a los novios.

La altísima mortandad infantil que nos asoló hasta entrado el siglo XX cambiaba también la relación entre padres e hijos. Era común ni darles nombre hasta que se probara que eran viables, pasados algunos días. Por ejemplo, en tribus actuales con una mortalidad infantil cercana al 50%, las madres se resignan a esa desgracia ya usual y, en general, no lloran la muerte de esos bebés como las lloraríamos nosotros. Eso no significa que no sufran, solamente que son eventos ya asumidos como parte normal de la existencia. El romanticismo de la maternidad, como el «amor a primera vista» entre madre e hijo, sería una construcción burguesa, más cultural que instintiva.

Hijos e hijas vivían bajo el techo paterno aun de casados, hasta que lograran los medios para construir sus propias viviendas, fundando así sus propias «casas».

La moralidad sexual

Como dijimos, con la civilización vino la propiedad, y con ella se sumaron tomados de las manos el matrimonio y la esclavitud. La propiedad alienable y fungible de enseres, tierra y animales, se extendió entonces a la propiedad alienable o inalienable de personas[9].

---

[9]   Dice el décimo mandamiento judeocristiano: «*No codiciarás la casa de tu prójimo, ni desearás su mujer, ni su siervo, ni su sierva, ni su buey, ni su asno, ni ninguna cosa de las que sean de él*» (*Éxodo* 20:17).

La propiedad, que con tanto esfuerzo uno había creado, debía ser transmitida a los hijos, y esos hijos debían ser legítimos. La madre tiene más y mejor información de quién pudo ser el padre, que el padre. Aún hoy día, un 4% de los hijos son criados por hombres que ni sospechan no ser los padres biológicos. Y antes de la prueba del ADN, la maternidad era siempre un hecho, mientras que la paternidad era una expresión de fe.

En tanto que en las sociedades primitivas se valora la fertilidad y se le teme a la esterilidad, con la cultura agraria y propietaria nacieron las obsesiones por la virginidad y la castidad, que se subieron también al podio de virtudes femeninas junto con la fertilidad. Ninguna sociedad en la historia ha insistido en la castidad premarital masculina, y el término «virgen» es originalmente femenino, en exclusividad.

La mujer debía pasar entonces de virgen a casta, virtuosa, y fiel, para ser confiable en dar las mayores garantías de legitimidad. El celo sexual se debe a que la mujer era concebida como propiedad del hombre. La modestia sexual femenina es también entonces un producto patriarcal, y se originó inicialmente con el tabú de que la mujer es impura al menstruar. Originalmente, la vestimenta modesta era solo para las mujeres casadas, como signo de su posesión exclusiva por sus maridos y el fin de la necesidad de publicitar su sexualidad.

Divorciarse y liberar así a la esposa equivalía a perder una esclava. El varón, en cambio, se sentía libre para buscar solaz por fuera de su casa, mientras que a la mujer se le exigía castidad prematrimonial y fidelidad matrimonial absolutas. Nacieron así el patriarcado, el doble estándar y la prostitución.

Para el agricultor, tener muchos hijos era indispensable, porque era necesaria la mano de obra para trabajar los campos y para reemplazar la alta mortandad infantil y de adultos. Esta se debía a accidentes laborales, guerras, rudimentarias condiciones sanitarias y la extrema proximidad con animales domésticos;

estos compartían la vivienda campesina con la familia, por lo que bacterias y virus propios de esas especies pudieron mutar y saltar a sus nuevos anfitriones; de allí la devoción a la fertilidad. La mujer se rebeló silenciosamente contra esta peligrosa carga (el alto riesgo compuesto de morir tras una serie de frecuentes embarazos y partos), e inventó el ocasional rechazo sexual hacia el hombre, la contracepción mediante la lactancia extendida o el uso de ungüentos, el aborto y el infanticidio.

Los patrones de lo que es moral o inmoral ciertamente cambian con los tiempos. El filicidio o «exposición» (abandono a su suerte) del hijo indeseado o deforme, hoy horrorosa, fue la norma durante toda la Antigüedad, o sea, la mayor parte de la historia. La homosexualidad no era un problema en la sociedad pre-agraria, tampoco en Grecia y en sociedades asiáticas actuales que reconocen el «tercer género».

La esclavitud solo comenzó a ser moralmente aberrante a partir del siglo XIX. No hay comentario alguno condenándola, o siquiera cuestionándola, en las *Escrituras* (ni en los *Diez Mandamientos* de Moisés, ni de boca de Jesús), y la Iglesia la aprobó durante el Renacimiento a cambio de que sirviera para la conversión de los paganos africanos; de hecho, se le otorgó un aura de misión santa. Ésos fueron los principales argumentos morales de los esclavistas contra el abolicionismo (si Dios no la condena, no puede estar mal).

No podemos concluir, sin embargo, que la moralidad no tenga valor porque se trate de un producto relativo al lugar y el tiempo; así lo pensaba Anatole France: «*La moralidad es la suma de los prejuicios de la comunidad*». La moralidad sí tiene valor como regulador de la convivencia y en su fuerza conformista; es parte del indispensable sacrificio de la libertad individual por el bien colectivo. Es lógico que cambie con el tiempo y las circunstancias, porque no es «natural».

*

De manera similar al lenguaje escrito, que cubre quizá los últimos 5.400 años de los por lo menos 80.000 de la revolución cognitiva que desarrolló el lenguaje gramatical (menos de un 7%), la inequidad sexual sería entonces un fenómeno también relativamente reciente, ya que surgió de la revolución agraria que sacó al hombre y a la mujer de su hábitat natural y los forzó a un contexto social artificial. Ese nuevo contexto de 12.000 años como máximo, representaría el último 5% de la travesía de 250.000 años del Sapiens (si arrancamos desde allí) en nuestra Tierra. Es decir, podría haber habido equidad sexual durante al menos 95% de nuestra existencia como especie.

Veamos cuándo, dónde y cómo ocurrió la inequidad, esa corrupción antinatural de la relación entre los sexos. Una vez pintado el trasfondo prehistórico y la génesis de la civilización, y por ende del matrimonio, la familia y la moralidad sexual, empecemos analizando, ya en la historia, la condición de la mujer en la región donde habría surgido primero la civilización, la Mesopotamia.

3. Mesopotámica

Tras este trasfondo para relatar la evolución de nuestra especie, las culturas de cazadores-recolectoras, los orígenes de la agricultura y más tarde los de la civilización, entramos finalmente a la historia.

Seamos conscientes de que se escribe usando como fuentes escasos fragmentos de escritos sobrevivientes (objetivos o no) y retazos de evidencias arqueológicas. Por ejemplo, sobrevivieron relativamente pocas piezas pictóricas y esculturales originales, un 1% de la literatura y solo cuarenta fragmentos de piezas musicales de los 4.000 años de la Antigüedad.

Ya que estamos, la «Antigüedad» es un concepto difuso, relativo y elástico. Para Julio César, parte de *nuestra* Antigüedad, las pirámides de Guiza eran un enigma de *su* Antigüedad, porque ya tenían casi veintiséis siglos de existencia.

En los casi cuarenta siglos de *nuestra* Antigüedad pueden haber existido muchísimas culturas que se perdieron porque no hemos hallado aún sus rastros. Desconocemos obviamente entonces sus estructuras políticas, culturales, artísticas, religiosas y, por supuesto, sus relaciones de género.

La primera civilización notable «occidental» (conocida) en la Fértil Medialuna fue mesopotámica. Culturalmente, los occidentales le debemos algo más a la Mesopotamia que a Egipto; la cultura mesopotámica nutrió separadamente a nuestras tradiciones hebreas y helenísticas, las que eventualmente se reencontraron y fusionaron en el cristianismo que conquistó al Imperio romano.

La primera civilización mesopotámica parece haber sido la sumeria, que abarca aproximadamente los años 3500-2370 AC. Esta fue seguida por la acadia, la babilónica anterior, la hitita, la asiria y la babilónica posterior, culminando esta última en el 539 AC cuando la Mesopotamia fue totalmente conquistada por Persia. Son casi treinta siglos para generalizar y, además, hay diferenciaciones entre el norte y el sur de esa región. Aceptemos, sin embargo, que reinaba una relativa continuidad y consistencia en las costumbres, porque los cambios sociales eran muy lentos y no vertiginosos como en nuestra era. Por razones de espacio, adoptaremos entonces una descripción tan sintética como representativa, aunque no sea precisa para un tiempo y lugar determinados.

Afortunadamente, las civilizaciones mesopotámicas, al igual que la egipcia, dejaron amplios rastros documentales en tabletas y estelas, por lo que los arqueólogos y antropólogos tienen más datos y necesitan especular e interpolar menos. Incluyen códigos de leyes y normas de conducta respecto de la propiedad y la familia.

Una de las premisas de la civilización es el respeto a la ley codificada que reemplaza a la costumbre. Se han descubierto los códigos de Urukagina (siglo XXIV AC), Ur-Nammu (2100 AC) y el de Hammurabi (1754 AC). El de Hammurabi en

Babilonia es al menos un milenio anterior al *Decálogo* de Moisés, y mucho más focalizado y completo[10].

La situación de la mujer

La mujer mesopotámica, si bien subordinada al hombre, gozaba de una relativa libertad personal y no estaba recluida en su casa. Hasta podía dedicarse al comercio o el trabajo, previo permiso de su marido.

Las mujeres urbanas trabajadoras se dedicaban mayormente, como cuentapropistas o como obreras, a fabricar perfumes, pociones mágicas o medicinales, textiles o cerveza (una ocupación exclusivamente femenina), a ser modistas, sastres, vendedoras de vino (artículo de lujo, solo para nobles y ricos) o taberneras. Como desde siempre, podían trabajar de prostitutas. Ofrecían sus servicios asomadas a sus ventanas (como hoy en la zona roja de Ámsterdam), en las tabernas o en los templos.

Una porción significativa de los escribas eran mujeres, usualmente hijas de escribas, lo que indica que habían sido educadas y podían leer y escribir profesionalmente. Componían poemas, oraciones, lamentos y canciones de cuna. Otras escribas eran secretarias de princesas.

Había también parteras (todas), médicas[11] (muy pocas), adivinadoras, músicas, acróbatas y bailarinas. Las mujeres podían llegar a ser propietarias por compra, herencia o regalo

---

[10] Los cuatro primeros Mandamientos de la Biblia (en su forma original, *Éxodo* 20:1-17) se refieren más al ego de Yahvé, un dios celoso, que a reglas de conducta.

[11] Hablando de medicina, los pacientes con fiebre, mal pulso, decoloración de la piel o mal color en la orina, eran prudentemente segregados para evitar contagios; ya se había establecido esa correlación.

real. Podían hablar, entablar demandas y defenderse en la corte de justicia.

Matrimonio y familia

La familia era patriarcal. La familia nuclear se llamaba «casa» (hogar y familia eran un mismo concepto) y el hombre debía «construir su casa» tomando una esposa. Por eso, nos «casamos». La novia no se casaba con el novio como individuo, sino con su «casa».

El matrimonio era monogámico hasta entre los mismos dioses. Había matrimonios felices; un proverbio sumerio se refería al marido orgulloso porque su mujer le había dado ocho hijos y todavía estaba dispuesta a hacer el amor.

La novia aristocrática era apenas púber o pre púber y el novio era por lo menos diez años mayor. La mujer era «novia» hasta tener su primer hijo, cuando la ascendían a «esposa»; es decir, la procreación era el objetivo y era esencial para la estabilidad de la pareja.

Aunque las costumbres variaban según los lugares y los tiempos, el proceso matrimonial constaba generalmente de seis etapas: el compromiso, el pago a los esposos de parte de ambas familias (la dote a cargo de la de la novia y el precio de la novia, a cargo de la del novio), una ceremonia, la mudanza de la novia a la casa de su suegro, la consumación y el nacimiento de un hijo o hija que completaba su oficialización como esposa.

La consumación podía ocurrir también en la casa del padre de la novia, antes de la mudanza a la del padre del novio. Se llamaba eufemísticamente entonces «la visita a la casa del suegro»; el esposo se quedaba hospedado un tiempo prudencial para lograr fecundarla.

La novia *lucía velo* y, obviamente, dada la importancia de las sucesiones hereditarias, en caso de ser una aristócrata debía ser virgen, lo que dada su tierna edad era lo más probable. Como a través de casi toda la historia, una manera de asegurar la virginidad y, por ende, la legitimidad del primogénito, fue casarse con una chica apenas entrada en la pubertad. Si la niña era aún pre púber, se esperaba el tiempo prudencial y necesario para la consumación.

No obstante, los mejores amigos del novio tenían la obligación de vigilarla durante el noviazgo, de protegerla de todo peligro y eran responsables de su castidad. Tras la consumación exhibirían orgullosos la mítica sábana manchada de sangre, como prueba de que habían cumplido con su deber de amigos leales.

La dote de la novia y el equivalente del novio consistían en anillos de plata, enseres domésticos, muebles (incluyendo un especial lecho nupcial a ser usado en el siempre muy importante ritual de la consumación), textiles, joyas, esclavos y hasta tierras. De morir el padre de la novia antes de casarse esta, sus hermanos varones debían hacerse cargo de la dote. Esta se pagaba en cuotas hasta el nacimiento exitoso del primer hijo, momento en que se completaban los pagos al cementarse así el matrimonio. Los pagos eran directamente a los novios y no a sus familias, pero debía mantenerse una buena parte ahorrada para poder mantener a la viuda, o bien para devolverla en caso de divorcio. El marido administraba en nombre de la pareja los bienes así recaudados. Pero un pago tan importante diluiría el patrimonio familiar, contra lo que se empleaban varias estrategias: casarse entre primos, si se quedaba viuda casarla con un cuñado, o casar a la niña con un viudo bastante mayor en edad, pero que aún pudiera fecundarla.

Más allá de la firma del contrato prematrimonial que definía las dotes, la ceremonia ritual ante las familias como testigos, probablemente incluía la recitación del acuerdo verbal e incluía acciones simbólicas, como *el novio retirando el velo del rostro de la novia*, y las declaraciones públicas *«eres mi esposa»* y *«eres mi esposo».* La familia del novio pagaba la comida y la cerveza de la fiesta, que podía durar varios días. Pero ya en el período babilónico previo a la conquista persa, el contrato por escrito entre la gente importante, era de rigor. Pero el principal ritual matrimonial, era el de la consumación.

Similarmente, para divorciarse bastaba decirse públicamente *«no eres mi esposa»* y *«no eres mi esposo».* Sin embargo, el divorcio implicaba un estigma y era inusual. Generalmente era iniciado por el hombre, pero este debía devolver la dote. Si la mujer le había dado hijos varones era muy difícil repudiar a la esposa, y abandonarla desataría un castigo social ejemplarizante. Si la mujer iniciaba el divorcio su virtud era severamente cuestionada e investigada. Si tenía hijos varones, estos quedaban con la familia del padre. Si no era hallada culpable de adulterio, la mujer conservaba todas sus posesiones, un beneficio del que no gozaron las mujeres británicas victorianas en el siglo XIX de nuestra era.

La función principal de la mujer era tener hijos, preferentemente varones. Como la propiedad se transmitía de forma patrilineal, la gente importante requería testigos del parto. La huella del pie del recién nacido se imprimía en una tableta de arcilla que testigos sellaban garantizando su legitimidad.

Si la esposa era estéril o si estaba incapacitada por alguna enfermedad, el hombre podía tomar una esposa adicional (usualmente una cuñada) o una concubina elegida por la esposa, o de lo contrario podían adoptar. La concubina era subordinada de la esposa y si esta finalmente lograba concebir, los hijos de la concubina no heredaban. Una concubina podía ser adoptada por la esposa, convertirse en su «hermana» y ser invitada a ascender así a segunda esposa (ser cuñada del hombre, la habilitaba). Una esclava podía ser concubina; pero como los hijos debían ser legítimos, una prostituta obviamente no podía serlo, por poner en duda la credibilidad de la legitimidad.

Las esposas usaban velo. Las concubinas podían usarlo si eran ascendidas a esposa. Las prostitutas tenían prohibido usar velo, y si eran sorprendidas usándolo, recibían cincuenta azotes y les volcaban un balde de alquitrán en sus cabezas; no había que confundir los roles.

Para ayudarlas a concebir, los médicos le prescribían a la mujer estéril un collar de veintiún piedritas atadas con hilo de lino. Las embarazadas eran cuidadas y protegidas con pociones de hierbas, amuletos, ritos y encantamientos. Si la mujer embarazada sufría nauseas o dolores, se embebía un trozo de lana en una mezcla de hierbas, aceite y cerveza y se lo introducía en su vagina dos veces al día. Había días favorables y desfavorables para que la mujer embarazada pudiera tener relaciones con su marido, también prescriptos por el médico.

Durante el parto, la mujer mordía un trozo de corteza de árbol mientras le masajeaban el vientre con aceite y le rodaban una madera mágica bajo la espalda. La acompañaban parteras y las mujeres de su familia, recitándole la poesía de la diosa que tenía partos sin dolor como si nada, acompañada de oraciones a la *diosa madre*, señora de los dioses.

No sorprendentemente, eran comunes la muerte en el parto y la mortandad infantil. Usualmente llegaban a la pubertad algo más de la mitad de los concebidos. Los bebes muertos eran colocados en jarras en forma de seno femenino y enterrados bajo el piso de la sala de estar del hogar. Los bebes sobrevivientes recibían su nombre días después de nacer, tras haberse comprobado su viabilidad (otra constante en varias culturas posteriores). Los que presentaban malformaciones eran considerados un mal augurio de los dioses y eran arrojados al río.

Se trataba de calmar a los bebés lo más posible para que no lloraran, porque su llanto irritaba sobremanera a los dioses y eso los incitaba a dañar a la gente. En caso de desear espaciarlos, los infantes se amamantaban durante dos o tres años para aprovechar ese modesto efecto anticonceptivo. Los bebés dormían en una canasta y se los llevaba colgados en la espalda durante el día.

Las viudas y los huérfanos estaban protegidos por el Estado. La viuda se emancipaba y podía administrar los bienes familiares que, salvo los propios, eran propiedad de sus hijos varones. El suegro podía insistir judicialmente en que la viuda fuera asignada a uno de los hermanos del difunto (soltero y mayor de edad) para que, como dijimos, la dote se quedara en la familia. Si la viuda se volvía a casar con un no familiar, perdía la potestad sobre sus hijos y debía retirarse sin posesión alguna de la casa, *«dejando su ropa en un banquito»*.

Los hijos varones mantenían a sus padres en su vejez, realizaban sus ritos funerarios y eran los herederos absolutos, o a veces mayoritarios, de los bienes (las hijas podían heredar algo). Al morir el padre, su autoridad de jefe de familia era heredada por su hijo varón mayor, con la obligación de administrar las propiedades comunes de la familia. Si el hijo mayor era aún menor de edad, la madre ejercía la regencia y le era conferida «autoridad paterna» por el tiempo que fuera necesario.

Los esclavos domésticos eran capturados en excursiones a las montañas, o bien eran compatriotas que no podían pagar sus deudas. Una familia pudiente tenía unos diez esclavos. Se les alentaba a casarse entre sí, pero sus hijos pertenecían también al amo, quien los podía vender. Si un esclavo o una esclava se casaba con una persona libre, sus hijos eran libres.

La expectativa de vida era de unos 40 años, pero esa cifra está sesgada por la altísima mortandad infantil, porque no era inusual vivir hasta los 70 años, había casos de 90, y la madre de un rey llegó a los 104.

La persona agonizante era colocada en un lecho especial, con una silla al lado para que allí se sentara su alma. Las oraciones fúnebres se dirigían a su presencia en la silla. Los muertos eran lavados, sus bocas cerradas, eran ungidos con aceites y perfumes y vestidos con ropa limpia, y en el caso de mujeres, se las adornaba con cosméticos, joyas, y el sello cilíndrico de su marido.

Los hombres eran enterrados con el cilindro de su esposa. Ese sello es mencionado bíblicamente en *Salomón* 8:6 («*Ponme como un sello sobre tu corazón… porque el amor es fuerte como la muerte, y la pasión es dura como una tumba*»). Como los muertos viajaban al *más allá*, les dejaban también en la tumba alimentos y sandalias.

Pasado el entierro, continuaba una serie de ofrendas funerarias a cargo del hijo mayor varón. Los ancestros eran visitados periódicamente y sus espíritus eran alimentados mediante tubos que iban desde la superficie hasta la tumba; les vertían aceite, cerveza y miel.

La religión y la mujer

El mito creacional sumerio ilustra la confusa herencia que dejaron a los hebreos: ocurre en seis períodos y el ser humano fue creado del barro mezclado con la sangre del dios. El ser humano había nacido satisfecho y feliz, pero en uso de su libre albedrío había ofendido a los dioses, que lo castigaron con una *gran inundación*, de la que *sobrevivió un solo hombre*, Tagtug, quien construyó un arca y la llenó con parejas de todos los animales. Pero al descender las aguas, Tagtug y su esposa perdieron su salud y su longevidad (podrían haber vivido eternamente) al *comer del fruto del árbol prohibido, tentados por un dragón*.

Se les rendía culto a los muertos, pero no se comprendía el porqué de la muerte. Gilgamesh, en su épica de autor desconocido (circa 2100 AC), interpreta a la muerte de su camarada y amigo Enkidu como un castigo divino por su arrogancia, concepto de *hybris* (soberbia, desmesura) y *nemesis* (castigo) que heredarían los griegos. Por eso se obsesiona con buscar su propia inmortalidad hasta que, derrotado, acepta la inevitabilidad de la muerte y espera ser recordado, no por sus gestas heroicas sino por sus buenas obras (un antecedente también de la *«vida bien vivida»* que Platón pone en boca de Sócrates). La muerte había sido creada entonces por los dioses para evitar la superpoblación y si eso no bastaba, la complementaban mandando enfermedades, infertilidad, abortos espontáneos y ordenando que las sacerdotisas no tuvieran hijos.

Al contrario de los egipcios, no les preocupaba el tema de la inmortalidad personal. Las recompensas eran en esta tierra. Para los sumerios, si bien existía un *más allá*, no existía para ellos el concepto de paraíso vs. infierno. Las plegarias y los sacrificios eran para mejorar su situación en este mundo. El *Sheol* de los hebreos es tomado del *Kur* de los sumerios, un lugar de sombras en las entrañas de la tierra.

No había solución de continuidad entre religión y magia, entre plegarias y encantamientos (y es debatible que eso haya cambiado mucho hasta en nuestra era). Por la obsesión con la fertilidad, varios hechizos y rituales eran para estimular la potencia viril y consistían en vívidas descripciones de poses y técnicas sexuales, deseos y fantasías, para animar la libido del marido, porque la procreación era fundamental para la religiosidad.

Había también *ángeles protectores personales*, así como *exorcismos* para expulsar los malos espíritus de una persona y transferirlos a una muñeca, que era arrojada al río. Y en los templos las personas sacrificaban en su lugar chivos o corderos, para aplacar a los dioses.

Era un politeísmo muy entusiasta y para la época babilónica ya sumaban como 65 mil deidades. Cada ciudad, pueblo y aldea tenía su deidad patrona, como *Marduk* en Babilonia. Las divinidades sumerias originales eran antropomórficas y responsables del orden natural y del social.

La familia celestial era compleja, múltiple y jerarquizada en escalafones, como correspondía a la organización política de una civilización.

La diosa primordial, la *diosa madre* de todos los dioses, era *Nammu*. *Nammu* dio a luz a *Ki* o *Ninhursag,* diosa de la fertilidad y «madre dolorosa» quien, como nuestra Virgen María, intercedía por los humanos frente a dioses más severos. *Ki* era la madre de los dioses que controlaban la naturaleza. La importancia de la fertilidad de la mujer era tal que la máxima jerarquía divina era femenina. Con la evolución hacia el patriarcado, *Nammu* y *Ki,* si bien eran diosas creacionales, pasaron a ser menos activas en la vida de los seres humanos. En Babilonia hasta les quitaron ese rol fundacional.

Para la vida diaria había una segunda línea de dioses, el equipo ejecutivo del panteón que controlaba a la naturaleza: el hermano de *Ki, Anu* (el CEO, dios del cielo, *Ansar* para los acadios, *Ashur* para los asirios), y el hijo de *Ki* con su hermano *Anu, Enlil* (del viento). *Nammu* tuvo también un hijo/nieto con su hijo *Anu, Enki* (del agua dulce, la cultura humana y la sabiduría, *Ea* para los acadios y babilonios).

Bajo esa *trinidad* había otro panteón de diosas y dioses subalternos con funciones patronales (como las tienen muchos santos católicos), que controlaban las actividades humanas: la agricultura, la ganadería, la alfarería, la guerra, el amor, la sabiduría, etc. Estaba también *Ulu* (dios del sol y la justicia, *Shamash* en Babilonia), *Nanna* (diosa de la luna), *Ninurta* (diosa de la agricultura, la caza y la guerra), *Baal* (el dios de la tierra) devenido en *Marduk* («toro hijo del sol»), e *Innana* (diosa del amor y la guerra, *Ishtar* en Babilonia). Como suele suceder cuando hay demasiados dioses, surgió el henoteísmo nacionalista. Por ejemplo, *Marduk*, quizás una apropiación de *Baal*, se volvió para los babilonios el superior a todos los dioses, al igual que el *Yahvé* original de los hebreos.

El sacerdocio era un oficio para ambos géneros, y eran mediadores entre la humanidad y las fuerzas cósmicas y terrenales. Las sacerdotisas generalmente tenían que ser vírgenes y nunca debían tener hijos. Eran el escalafón superior del servicio en los templos, asistidas por sirvientes, guardias y esclavos. El personal era extremadamente numeroso y vivía en un barrio especial, cerca del templo.

Varias sacerdotisas convivían separadas en un claustro, algunas en clausura, pero otras no porque se dedicaban al comercio, eran escribas o se dedicaban a estudiar. Al amanecer y al anochecer, las sacerdotisas oraban por el bienestar de sus familias a los dioses y diosas. Las principales familias trataban de colocar a una de sus hijas como alta sacerdotisa, pagando una dote muy considerable.

Las altas sacerdotisas eran subalternas directas del rey-sumo sacerdote. En el año nuevo, el rey-sumo sacerdote tenía ritualmente relaciones sexuales simbólicas (parece que no físicas) con una de las altas sacerdotisas, para recrear la unión sexual del dios *Dumuzid/Tammuz* (dios de los pastos y los pastores) y la diosa *Inanna/Ishtar*, que así fertilizaban la naturaleza para que las palmeras dieran dátiles y las ovejas corderos.

La alta sacerdotisa más antigua conocida fue **Enheduanna** (Figura 3), la princesa hija del rey-sumo sacerdote Sargón de Acadia (forjador del primer imperio por conquista de la historia) y su esposa la reina Tahslultum (2300 AC).

Era la alta sacerdotisa de *Inanna/Ishtar* (diosa de la guerra, el amor y la sexualidad, patrona de las tabernas y las prostitutas; en esta última actividad la representaban vestida como una prostituta o simbólicamente en forma de vulva), y de *Nanna* (la luna). *Ishtar* y *Nanna* eran las diosas activas de mayor jerarquía.

Enheduanna fue el primer autor literario conocido de la historia, autora de poemas e himnos, como *la Exaltación de Inanna*: … «*Señora de los cielos, … luz resplandeciente, … lucero de la mañana, … reina de reinas, … de sagrado corazón, … luz de la luna …*», no muy diferentes de las letanías lauretanas a la Virgen María. Recalco que *la primera obra literaria de autor conocido fue hecha por una mujer.*

Dumuzid/Tammuz (el dios pastor, «el ungido»), hijo de *Ea*, es mencionado en la *Biblia* en *Ezequiel* (8:14). En algunas interpretaciones, *Tammuz* era hijo y no esposo de *Innana/Ishtar*, aunque era común en las religiones de la Antigüedad que el edípico hijo de una diosa se convirtiera luego en su esposo. *Tammuz, asesinado, descendía al mundo de los muertos arrastrado por demonios en septiembre y resucitaba en marzo*, marcando el otoño y la primavera del hemisferio norte. *Ishtar* descendía a buscarlo para resucitarlo y faltando ella en la tierra, las plantas dejaban de crecer. Los mesopotámicos festejaban ambas fiestas, con sombrío recogimiento la primera (ungían la imagen del dios con aceites) y con exuberante alegría la segunda.

El himno a *Ishtar* y *Tammuz* tenía un extremadamente gráfico sentido erótico para asegurar la fertilidad del reino: «*… derrama tu amor dentro mí … ¿quién usará su arado en mi vulva, mi campo húmedo?… haz tu leche espesa y dulce para que la beba, lléname de tu queso con miel*». Ciertamente, hay religiones más aburridas. Otros versos parecen haber servido de inspiración para los libros bíblicos de *Proverbios*, de *Job*, el *Eclesiastés* y el *Cantar de los Cantares* de Salomón.

Curiosamente, el templo de *Ishtar* tenía sacerdotisas que practicaban la prostitución para fomentar la fertilidad de los campos (y para recaudar fondos). Entre el personal del templo había también prostitutos homosexuales eunucos (literalmente, «los sin barba») y travestis, que bailaban y eran el entretenimiento de los oficios religiosos. Es decir, las prácticas homosexuales no eran tan tabú.

Aclaro que los templos con prostitutas fueron comunes en toda Asia occidental, en la Mesopotamia, Siria, Fenicia, Lidia y Frigia (Anatolia) y Chipre, menos en Israel. La «prostitución sagrada» de Babilonia fue abolida recién por el cristianizado emperador romano Constantino en el 325 DC.

Las esclavas del templo no podían ser prostitutas, solamente las mujeres libres. Es decir, ser prostituta era mejor que ser esclava. Las sacerdotisas consagradas al dios *Adad* o *Haddad* podían casarse y tener hijos. Las únicas mujeres que podían conservar sus dotes y heredar de su padre eran las sacerdotisas del dios *Marduk*. Está claro entonces que no todas las órdenes sacerdotales tenían las mismas reglas.

La moralidad sexual

Resulta evidente que la religiosidad no estaba enfocada en la moralidad sexual y que esta era muy liberal, lo que provocaba escándalo entre nuestros ancestros monoteístas; los piadosos hebreos se referían a Babilonia como «la ramera». Según relató Heródoto, estaba también la curiosa costumbre de que las mujeres de cualquier orden social cumplieran el ritual, una vez en su vida, de ir al templo para copular con un extraño. Esas mujeres no eran prostitutas, pero competían con ellas en los templos durante el cumplimiento de dicho curioso precepto.

Utilizaban como métodos anticonceptivos la lactancia extendida y el sexo anal y, salvo las excepciones mencionadas, era obligatorio para las sacerdotisas «castas» usar el método anal si tenían relaciones, porque el útero sacerdotal era sagrado y debían permanecer técnicamente vírgenes. Esa sacerdotisa podía casarse con un hombre, pero no tener relaciones vaginales, por lo que podía elegirle una concubina a su marido para que él pudiera tener hijos. Algunas tenían relaciones vaginales igualmente, y confiaban en hierbas y encantamientos para evitar el embarazo. Como no podían ser madres, si ocurría un accidente los médicos les practicaban un aborto; se ha encontrado una tableta explicando el procedimiento.

De llegar a nacer el bebé de una sacerdotisa debía ser abandonado a su suerte en la calle, normalmente para ser devorado por los perros[12]. La manera más fácil de adoptar era entonces estar atentos cerca del templo y levantar a los bebés del suelo antes de que los vieran los perros (parecería que el embarazo sacerdotal no era muy inusual). La repulsiva, para nosotros, práctica del filicidio mediante la «exposición» de hijos indeseados fue, como veremos, una constante cultural durante toda la Antigüedad, menos entre los egipcios y los hebreos.

La manera más fácil de adoptar era entonces estar atentos cerca del templo y levantar a los bebés del suelo antes de que los vieran los perros (parecería que el embarazo sacerdotal no era muy inusual). También se pagaba a parejas pobres para que tuvieran hijos y los entregaran al nacer.

A la mujer noble o de familia terrateniente se le exigía virginidad prematrimonial, pero no así a la mujer común, ya que no habría una propiedad importante para legar a los descendientes. Eso sí, una vez casadas a todas se les exigía fidelidad, excepto por la mencionada y curiosa licencia religiosa.

La ley consideraba variadas circunstancias como potencialmente causantes de la falta de castidad de una esposa, por ejemplo, si había sido violada o se había dejado seducir, para determinar la culpabilidad o la inocencia de ambas partes. La mujer encontrada culpable de adulterio podía ser ahogada en el río, empujada de lo alto de una torre o muralla o empalada. Si

---

[12]   El relato de Moisés rescatado del rio en una canasta es un plagio del mito del rey Sargón de Acadia, cuya madre, como era sacerdotisa, lo tuvo que abandonar en una cesta impermeabilizada a su suerte y en secreto.

su marido era benévolo se le perdonaba la vida, pero se la echaba a la calle desnuda. El hombre culpable de adulterio pagaba una multa, pero no era ejecutado, y era común que los hombres casados frecuentaran concubinas y prostitutas.

La violación, como flagrante atentado a la propiedad y a la legitimidad de los hijos, era castigada con la muerte en el caso de una novia (agravado si era virgen) o esposa, y con monedas de plata en el caso de una esclava, aunque fuera virgen.

La prostitución no era en absoluto degradante (salvo la prohibición del uso del velo, para distinguirlas) y, como dijimos, existía la forma sagrada de prostitución en los templos.

*

En conclusión, y como ya lo habíamos dicho, en la sociedad agraria y la civilización temprana la propiedad, el poder y la religión conspiraron a favor del sometimiento de la mujer. Sin embargo, la mujer mesopotámica mantuvo un relativo grado de libertad comparada con las de civilizaciones posteriores, especialmente la griega y la judeocristiana. Si bien su rol principal era tener hijos, la estructura era patrilineal y la mujer estaba subordinada, las mujeres podían ser sacerdotisas y excepcionalmente propietarias, trabajar profesionalmente, representarse a sí mismas ante la justicia, y las viudas podían ejercer funciones patrimoniales en nombre de la familia.

El matrimonio era usualmente monógamo y no era fácil para el hombre repudiar a su mujer. Aunque el objetivo era la estabilidad familiar, se honraba al amor romántico en poemas y canciones. El panteón tenía diosas poderosas como *Ishtar* y el alto sacerdocio estaba abierto a las mujeres, tanto para diosas como para dioses; eran subalternas solamente al rey-sumo sacerdote. Las sacerdotisas estudiaban, escribían y trabajaban. Pero tal liberalidad relativa se acabó bajo el régimen marcial y brutal y de los asirios hacia el siglo XV AC.

Viajemos a la otra gran cuna agrícola, Egipto, donde la condición de la mujer era aún mucho más liberal y, a pesar de ser también una civilización agraria, no había tanta obsesión con la virginidad prematrimonial.

4.   Egipcia

> «*No le abras tu corazón a tu esposa / lo que le digas saldrá a la calle.*
> *Haz que tu esposa vea tus propiedades / pero no se las entregues.*
> *No le entregues la comida para todo el año / lo que hace contigo hoy lo hará mañana con otro.*
> *No te regocijes en la belleza de tu esposa / su corazón es de su amante...*»
>
> La Instrucción de Ptah-Hotep (el primer filósofo conocido, siglo XXVIII AC)

La civilización del Antiguo Egipto fue otro foco temprano. No sabemos si su agricultura cerealera surgió autóctonamente, o si fue importada de la Mesopotamia o de Anatolia, con las que había una comunicación relativamente fácil. Tampoco sabemos si la escritura jeroglífica egipcia se inventó independientemente de la cuneiforme mesopotámica o si fue por difusión cultural.

Nació a las márgenes del Nilo, que inundaba y fertilizaba una angosta franja habitable rodeada de un desierto implacable, un oasis angosto de casi mil kilómetros de largo. Mientras que las inundaciones mesopotámicas eran impredecibles y frecuentemente catastróficas, las del Nilo eran regulares, regulables, esenciales y bienvenidas.

Egipto ha contribuido a nuestra civilización con sus matemáticas, un calendario solar de 365 días, agrimensura, arquitectura, ingeniería, sistemas de riego, innovaciones náuticas, tecnología del vidrio, medicina y el primer tratado internacional de paz documentado con los hititas (arios en Anatolia).

Partiendo del 3050 AC, esta increíble civilización duró más de treinta siglos, por lo que también es difícil generalizar y sintetizar las costumbres que obviamente, cambiaban en alguna medida con cada dinastía. Pero como los cambios en la Antigüedad eran muy lentos (no con el vértigo de nuestra era), como hicimos con la Mesopotamia, resaltaremos los denominadores comunes.

La situación de la mujer

Las mujeres en Egipto gozaban de una situación envidiable en comparación con las de las civilizaciones mesopotámicas y mediterráneas que fueron sus contemporáneas. Es más, la mujer de Egipto gozaba hace unos cinco mil años de unas condiciones de equidad de género que la mujer de Occidente no tuvo hasta bien avanzado nuestro siglo XX y que hasta para las mujeres en varios países de *hoy* pueden parecer una entelequia: *plenos derechos*; las diferencias eran producto de la clase social, no del género.

No sorprendentemente Heródoto, proveniente de la fuertemente misógina cultura griega, consideró a Egipto un país trastocado, un reino del revés, porque el río fluía de sur norte y porque sus mujeres estaban liberadas. Esta última característica sorprendió también a los romanos, acostumbrados a la *patria potestas* absoluta del *paterfamilias*, con derecho de vida o muerte sobre su esposa. Quizá el carácter, la inteligencia y la independencia de Cleopatra sedujeron a Julio César y a Marco Antonio, tanto como su belleza.

La mujer egipcia era legalmente capaz de gobernar todos los aspectos de su vida sin supervisión o aprobación masculina, paternal o conyugal. Podía transitar libremente, comprar, vender y administrar propiedades (tierras, ganado, bienes, esclavos, etc.), trabajar fuera del hogar y acumular riqueza, entablar acciones legales y testificar, casarse con quien le pareciera y divorciarse a voluntad, abortar, adoptar niños a su solo nombre y heredar a su marido. Es más, se han encontrado papiros documentando transacciones comerciales entre mujeres. Los bienes de la mujer eran suyos, podía disponer de ellos a su antojo, y hasta podía desheredar a sus hijos. En contraste, una viuda en los EE. UU. todavía en nuestro siglo XIX, no heredaba su casa al morir su marido y quedaba a merced de la benevolencia de sus hijos.

Si bien no de derechos, había una clara separación de roles. El ideal femenino seguía colocando a la mujer dentro del hogar y no trabajando expuesta al rayo del sol como los hombres. Es por eso por lo que en la pictografía egipcia (como en la cretense) se pintaba a las mujeres con piel amarilla y a los hombres con piel rojiza.

Ese ideal doméstico lo podían cumplir las mujeres de clase alta o que pudieran darse el lujo de no trabajar. Sin embargo, si querían podían estudiar para ser escribas, lo que las habilitaba para continuar su educación para el sacerdocio, el magisterio, la medicina y la administración pública.

La profesión médica estaba en efecto abierta a las mujeres y las médicas gozaban de prestigio. En el período helenístico (a partir del siglo IV AC) había una escuela de medicina en Alejandría con alumnos de ambos sexos. Como veremos, a la ateniense Agnodice (o Hagnódica) se le había negado la posibilidad de seguir sus estudios en su ciudad natal; estudió medicina entonces en Alejandría y regresó a Atenas personificando a un hombre para intentar practicar su profesión.

Si era parte del séquito de una mujer importante, la mujer podía ocupar cargos de alta responsabilidad como mayordoma, inspectora y supervisora. Pero, en general, las mujeres no supervisaban a hombres.

La mujer educada podía dedicarse a ser concubina, una especie de *geisha*. Para eso debía ser talentosa en la música, la conversación, la costura y el tejido, la moda, la cultura, el arte y la religión.

Si bien el matrimonio era generalmente monogámico (salvo en caso de esterilidad), el rey gozaba de un régimen marital especial. La reina, como su colaboradora principal, estaba siempre al lado del rey, pero a su sombra. Algunas mujeres ostentaban títulos que hacían referencia a su cercanía al rey: *«mujer noble del rey»*, *«adorno del rey»*, etc. En la VIª Dinastía, una mujer llamada Nebet fue nombrada visir del Sur, una especie de virreina del Alto Egipto, y hubo varias reinas que detentaron el poder, como veremos enseguida.

El matrimonio del rey y de la reina era para toda la vida, pero la selección no se basaba tanto en el afecto como en la idoneidad para el cargo, dado el otro deber de la reina: ser asesora y colaboradora en el gobierno. Ese rol de cuasi cogobierno fue notorio en el caso de las reinas Tiye (1398-38 AC) esposa de Amenhotep III y **Nefertiti** (1370-36 AC), la bella esposa de Akhenaton (Figura 4).

El honor más grande que se le podía conferir a una mujer (usualmente una reina) era el de *«esposa de Dios»*; actuaba entonces como suma sacerdotisa en las ceremonias frente a la estatua de ese dios masculino. El poder de esta posición, inicialmente solo honorífica, fue aumentando con el tiempo hasta que en el período del Nuevo Reino (1570-1069 AC), la esposa de *Amón* o *Atum-Ra* (el sol) equiparaba casi en poder al faraón y gobernaba de facto el Alto Egipto.

La esposa de Dios más famosa fue la faraona **Hatshepsut** (1479-58 AC), uno de los mejores gobernantes de la XVIIIª dinastía. Hatshepsut (Figura 5) fue tan famosa que celosos faraones posteriores borraron su nombre de monumentos, intentando eliminarla así de la memoria colectiva.

Otras faraonas incluyen a Merneith (~3000 AC), Sobeknefru (1807-02), Twosret (1191-90) y por supuesto la ya helenística Cleopatra VII (69-30 AC). En esos casos, la faraona asumía los emblemas masculinos del trono.

La razón de que excepcionalmente hubiera faraonas se debe a que, si el rey no tenía hijos varones u otros parientes cercanos que lo sucedieran, los egipcios preferían ser gobernados por una mujer de sangre real (ergo divina) en vez de por un hombre que no la tuviera; tener sangre real era más importante que tener pene. Es por esa obsesión con la divina pureza de la sangre real que frecuentemente se practicaba la endogamia y hasta el incesto fraternal.

Aparte de la elite, había mujeres que trabajaban fuera de su casa, en sus negocios o como artesanas textiles o de perfumes. Las más pobres trabajaban de sirvientas o aventando granos, aunque no en tareas pesadas como levantar obeliscos o arrastrar piedras, tareas estas exclusivamente masculinas.

Sin embargo, el perfil laboral de las mujeres creaba tensiones machistas. Se han encontrado escritos sobre el respeto debido a la mujer como madre de los hijos, la necesidad de halagarlas, hacerlas felices con obsequios y atenciones, pero resaltando la necesidad de mantenerlas dóciles y en su lugar. Dicha tensión, la aprehensión provocada por esa relativa equidad en el poder, se refleja en la literatura masculina de la era. Abundan las referencias a diosas benévolas, pero que cuando se enojan se vuelven *«grandes madres del terror»* (*Isis*, *Hathor*) y a estereotipos de mujeres mortales como causantes de males (la encantadora malvada, la alocada pero fascinante, la esposa infiel - como en la cita que abre este capítulo) y de venganzas y violencias sin fin contra los hombres. No hay evidencia histórica de violencia de los hombres contra las mujeres.

Matrimonio y familia

De cualquier manera, se referían a la mujer como *«señora de la casa»*, lo que connota la responsabilidad principal de administración de la unidad doméstica, incluyendo la de ir al mercado. Claro que su deber primario era tener hijos, que eran indispensables para mantener el culto funerario de sus progenitores y antepasados.

Notablemente, mientras que se han encontrado numerosos contratos matrimoniales contemporáneos en la Mesopotamia, esos documentos brillan por su ausencia en Egipto; aparecen gradualmente recién a partir del siglo IX AC y son ya abundantes recién en el período helenístico ptolomeico. Sucede que el matrimonio en el antiguo Egipto no requería sanción administrativa ni religiosa alguna (los dioses estaban para otras cosas); bastaba con que la pareja decidiera cohabitar, y lo llamaban «fundar un hogar» o «vivir juntos».

La esterilidad femenina era una causa común de divorcio, aunque era también permisible para el hombre de alta posición conservar a esa esposa y tomar otra. El divorcio era igual de sencillo y la mujer podía iniciarlo. Pero, para evitar futuros malentendidos sobre quién era el dueño de tal cosa, eso se solía documentar frente a testigos.

Hay incontables relieves, pinturas y papiros mostrando a matrimonios comiendo, bailando, bebiendo o trabajando juntos los campos. A pesar de que los egipcios tendían a idealizar a su sociedad, resulta aparente, más allá de la propaganda, que se casaban mayormente por amor y que había matrimonios felices y estables. Su poesía romántica, tanto de autores masculinos o femeninos, tiene resonancias de clichés modernos: *«Nunca estaré lejos de ti / mientras mi mano esté en tu mano / y pasearé contigo / por todos nuestros sitios favoritos»*.

La religión y la mujer

Ma'at era la diosa de la verdad, la justicia, la sabiduría, el orden y la armonía cósmica. Representaba el ideal de moralidad egipcia. Estaba encarnada en la hija del dios *Atum-Ra* con *Hathor* (también hija de *Ra*, y su ojo). El *ma'at* era un concepto abstracto que resume la cosmovisión egipcia, similar de alguna manera a la noción de armonía de los helénicos (*areté*), al *tao* de Laozi, al *kami* del sintoísmo y al ideal de virtud de los judeocristianos.

El *ma'at* debía ser el vector de la conducta del faraón, quien servía de modelo para todos de cómo llevar una vida equilibrada. Ese ideal de equilibrio se aplicaba también a las relaciones entre los sexos. En esa cosmovisión egipcia, el mundo estaba conformado por dualidades incluyendo la de los sexos, que eran diferentes, pero mutuamente imprescindibles y complementarios.

El mito creacional de Heliópolis (el de Memphis toma de creador a *Ptah,* la lengua de *Atum-Ra,* en Tebas fue *Amon-Ra*) cuenta que *Atum-Ra* (el sol), *«aquel que una vez vino a ser»* (parecido en su perfecta simpleza metafísica al *«Yo soy el que soy»* de *Yahvé*), nació de un huevo.

Atum-Ra formó una familia sumamente disfuncional. Primero creó a *Hathor*, su hija. Como *Hathor* se molestó porque no era parte del cuerpo de su padre, él la puso en su frente como un ojo para poder ver su creación. Sus hijos intangibles eran los gemelos *Shu* (dios del aire y de la luz) y *Tefnut* (diosa de la humedad que permite la vida), quienes fueron creados por *Atum-Ra* masturbándose en Iunu (Heliópolis para los griegos). Es decir, *en el Principio, fue el sexo*; de un dios andrógino que combinaba propiedades de ambos sexos nacieron un dios y una diosa; la metáfora es que la creación del mundo cobra sentido con la participación de ambos géneros.

La pareja de gemelos engendró a *Geb* (dios de la tierra, que la sostenía) y *Neith* o *Nut* (diosa del cielo, de la guerra y de la caza). *Geb* y *Nut* tuvieron una relación secreta a escondidas de *Atum-Ra,* de la que nacieron *Osiris*, *Set*, *Isis* y *Neftis*. *Osiris* se casó con *Isis* y *Set* con *Neftis*. *Osiris* tuvo otra relación incestuosa y a la vez adúltera con su seductora hermana y cuñada *Neftis* (la cuidadora de almas en el *más allá*), de la que nació *Anubis* (el dios de los muertos con cabeza de chacal, asociado al embalsamamiento). Celoso, *Set* asesinó a su sobrino *Anubis*.

Los hermanos *Osiris* (dios de la fertilidad y el juez de los muertos) e *Isis* (*madre de Dios* y de faraones) gobernaron el mundo (es decir, Egipto) juntos como reyes y enseñaron a los humanos los preceptos de la civilización, incluyendo el arte de la agricultura, el debido culto a los dioses y la igualdad entre los sexos. Reafirmaron también la endogamia y el incesto faraónico.

El tema de la muerte como un rito de pasaje a la inmortalidad era central en la cultura egipcia. Fue su mayor característica distintiva, luego heredada por el cristianismo. El alma era *ka*, debía seguir siendo alimentada para reencontrarse con el cuerpo en la resurrección. La simbología de la muerte/resurrección, que heredamos los cristianos a través de los hebreos, emulaba los ciclos de vida y muerte provocados por las regulares inundaciones y sequías del Nilo. Es una manifestación más del dualismo creación/destrucción, fertilidad/desierto, bien/mal, y vida/muerte que caracteriza a las religiones originadas en la Fértil Medialuna.

Los egipcios veneraban la naturaleza (un resabio de animismo), y daban a sus deidades formas totémicas zoomórficas, como el toro, el cocodrilo, el halcón, la vaca, el chacal, el escarabajo, la serpiente, el gato, etc. El panteón egipcio estaba poblado de dioses y diosas y, en contraste con las mesopotámicas, todas ellas cumplían obligaciones laborales.

Hathor (vaca), hija y esposa de *Ra* y esposa de *Horus* su hijastro (la endogamia y el incesto no descansaban) había sido enviada al mundo para castigar a la humanidad por sus transgresiones, pero se volvió nuestra amiga luego de emborracharse con cerveza. Era la diosa de la música y la belleza, pero también del amor y la ebriedad. Había entonces una estrecha relación música-alcohol-sexo (creo que como ahora en el ambiente del rock), y varios ritos hathóricos eran de carácter sexual. Las músicas-sacerdotisas de *Hathor* eran también elegidas por su belleza y sensualidad.

Otras diosas eran *Tenenet* (de la cerveza y los embarazos), *Shay* (de las bibliotecas), *Tayet* (de los tejidos) y *Bastet* (del hogar y de los secretos que se guardan entre mujeres). Es innegable entonces el protagonismo femenino en lo divino.

Había especial cariño y piedad hacia *Isis* («*madre de Dios*»), a quien en el solsticio de invierno (nuestro 21 de diciembre) la representaban amamantando a un bebé en sus brazos, concebido milagrosamente: *Horus* (halcón, dios alado, de los cielos). Son llamativos los paralelismos con el relato cristiano. *Osiris*, *Isis* y *Horus* formaban la *trinidad* divina fundamental de la religión egipcia.

Las mujeres cumplían también funciones religiosas, incluyendo las de sacerdotisas y escribas de deidades femeninas. Fueron servidoras del *ka* (culto a los muertos) y de la diosa *Hathor*. Pero, fundamentalmente, se ocupaban de otras funciones imprescindibles para el culto como la música y la danza, la interpretación de los sueños (el portal al *más allá*) y la adivinación del futuro. Se practicaba además la prostitución en los templos dedicados a *Atum-Ra*.

Además, en rituales sexuales, doncellas seleccionadas por su hermosura eran ofrecidas sexualmente a *Osiris* y copulaban con el toro o el macho cabrío que lo encarnaban (*Khnum*). La simbología religiosa sexual es evidente en la *crux ansata* (cruz con un ojal ovalado, la vagina) y en el obelisco (el falo y un puente hacia *Ra*).

La moralidad sexual

La menstruación era vista como una liberación de impurezas. La mujer estaba excusada de trabajar y tenía prohibido entrar a las estancias reservadas del templo durante su período.

La preocupación por la maternidad es notable en la proliferación de papiros médicos de corte ginecológico enfocados en discernir si la mujer era fértil o no, si estaba embarazada y en conocer el sexo del feto. Por ejemplo, para saber si una mujer estaba embarazada, colocaban granos de trigo y cebada en una bolsa con arena y la regaban diariamente con la orina de la mujer. Si ambas semillas brotaban estaba embarazada; si brotaba primero la de cebada significaba varón y la de trigo mujer. Curiosamente, el experimento se repitió en nuestra era y fue estadísticamente observable la mayor correlación del brote con el embarazo (28 casos sobre 40), no así la predicción del sexo. Esta metodología se hizo tan popular que se extendió a otras civilizaciones mediterráneas.

La obsesión procreativa es evidente en los obeliscos (además de falos, puentes hacia *Ra* - el sol), en los exvotos fálicos depositados en el templo de *Hathor*, y en las recetas de ungüentos afrodisíacos para los hombres (abrojo, acacia y miel, hacer una pasta y aplicar en el pene con una venda).

La mujer embarazada quedaba bajo la advocación de la diosa *Tenenet*, y su vientre era ungido con aceites. Era atendida por parteras que la sostenían para que mantuviera la posición de cuclillas sobre una esterilla para facilitar el nacimiento.

Si bien se valoraba la virginidad (por la que se pagaba una dote especial) no era precondición esencial para llegar a la noche nupcial; la experiencia sexual prematrimonial de la mujer no era un tema definitorio. Es más, la mujer podía tomar la iniciativa en el cortejo y son más numerosas las poesías y encendidas cartas de amor escritas por mujeres que por hombres. Empero, se juzgaba negativamente a la mujer que tuviera un affaire con un hombre casado, porque eso atentaba contra la estabilidad familiar; el matrimonio estable implicaba una sociedad estable. No se castigaba al sexo prematrimonial, pero estaba mal visto concebir hijos de padre desconocido.

Había una gran liberalidad sexual, lo que indica que el sexo no era sancionado sino entronizado por la religión. Hay escenas sutilmente sensuales en muchas pinturas que decoran palacios y templos. Sin embargo, el papiro erótico de Turín (1150 AC) es un rollo pornográfico sumamente explícito; se lo encontró en el sitio donde vivían los trabajadores que construyeron la necrópolis del Valle de los Reyes. Probablemente se la prestaban entre ellos, como una revista *Playboy*.

El control de la natalidad y el aborto también estaban disponibles para la mujer soltera o casada. Las mujeres pobres espaciaban los hijos más que las ricas, ya que su mala nutrición hacía que la demanda sobre sus cuerpos fuera mayor. Habían correlacionado la lactancia extendida (tres años) con la menor fertilidad, por la amenorrea. En la tumba de Tutankamón (1327 AC) se encontró un condón de tela con su ADN dentro. En el Papiro Ebers (1542 AC) se ha encontrado una receta para apósitos vaginales anticonceptivos: algodón con una mezcla de acacia, algarrobo, dátiles y miel (donde el agente que afecta la movilidad de los espermatozoides parece ser el ácido láctico del algarrobo). Otro ungüento anticonceptivo, seguramente más desagradable, estaba hecho a base de excremento de cocodrilo (también supuestamente con efectos espermaticidas).

En caso de embarazo no deseado, el ungüento abortivo para untar el bajo vientre incluía trigo y caña. Otra receta era un té de la planta *mentha pulegium* (poleo), muy peligroso por lo tóxico. Curiosamente, a diferencia de muchas otras culturas antiguas y a pesar del mito hebreo de Moisés, el infanticidio era muy raro.

Como dijimos, el rey gozaba de un régimen marital especial. Además de la esposa real que aparecía con el rey en actos públicos, estelas y pinturas, había otras esposas en la corte. Incluían mujeres nobles o de sangre real que habían sido ofrecidas al rey como tributo, alianza o botín de guerra. Como curiosidad, si bien los antiguos egipcios recibían princesas extranjeras como tributo o en prenda para cimentar alianzas, las princesas egipcias nunca eran cedidas a cambio. Eso valorizaba a la mujer egipcia y afirmaba la superioridad cultural del reino.

Adicionalmente, había «*damas del harén*», que incluían damas de compañía de la reina y también «*adornos del rey*». No era un harén en la imagen popular de mujeres encerradas y custodiadas por eunucos para satisfacer sexualmente el rey; bueno, al menos no estaban confinadas.

El palacio real de Amenhotep III, por ejemplo, abarcaba 30 mil metros cuadrados. La familia real vivía en un sector del palacio, en aposentos de acceso restringido (el *khener*) que incluían una guardería para infantes. Dentro de los aposentos frecuentaban otras mujeres, músicas y sacerdotisas de los ritos hathóricos. Como dijimos, eran seleccionadas por su belleza y sensualidad, y es de suponer que también entretendrían sexualmente al rey.

Un escrito del rey Esnefru de la IVª Dinastía solicitaba para adornos del rey a mujeres «*con senos lozanos y trenzas, y que no hayan sido abiertas por el parto*». Hay una pintura de una música desnuda, sentada en un taburete y con sus piernas en los hombros del rey, pero sin soltar la lira de su mano.

Las *damas del harén* y *adornos del rey* eran peligrosas conspiradoras. Con tanta mujer junta compitiendo por los afectos reales eran frecuentes las intrigas, las envidias y los celos, sobre todo la competencia por jerarquizar a sus hijos; muchas conspiraciones y algún que otro asesinato real o del príncipe heredero se cocinaron dentro del *khener*. El rey confiaba en una sola de sus mujeres, la reina, su esposa principal, que, como dijimos, solía ser su consejera y colaboradora.

La iconografía de las reinas las muestra con silueta de reloj de arena, remarcando la flacidez del vientre luego de dar a luz porque la fertilidad lo era todo; sin suelo fértil traído por el Nilo no había trigo. Si *Atum-Ra* lo creó todo de la nada masturbándose, no sorprende que a la reina se le diera también el título de *«mano de Dios»*, porque era su deber despertar el falo divino. Además, la reina era la receptora de la *«esencia divina»* (el semen) del rey.

*

En conclusión, la mujer en el Antiguo Egipto gozaba de derechos que no han sido igualados hasta nuestra era.

Eso provocó la indignación de los griegos, la sorpresa y curiosidad de los romanos, y el encono de los primeros cristianos; por ejemplo, el tormento y el asesinato de la matemática y filósofa Hipatia en manos de San Cirilo de Alejandría. Cualquier semblanza de equidad de sexo remanente en Egipto, fue arrancada de cuajo luego de la conquista islámica en nuestro siglo VII, y esa situación perdura hasta nuestros días.

Embarquémonos y naveguemos hacia la Creta minoica y la Grecia micénica

5. Minoica vs. Micénica

> *«La última sociedad en adorar los poderes femeninos fue la minoica en Creta. Y significativamente, cayó y no se volvió a levantar»*
>
> Camille Paglia

La civilización griega nos ha marcado a fuego en el arte, la filosofía, la política y el lenguaje. Tuvo tres pulsos, tres apogeos de civilización: la Creta minoica, la Grecia micénica y heroica en la Edad del Bronce, y la Atenas clásica de la Edad del Hierro (sobre todo durante su Siglo de Oro), la que usualmente se contrasta en cultura e ideología con Esparta, su coetánea y rival. Nos enfocamos en este capítulo en las dos primeras.

En la Creta minoica

La cultura minoica floreció en Creta y las islas Cícladas entre el 2700 y el 1450 AC, cuando fue finalmente conquistada y subyugada por los griegos micénicos. Fue la primera civilización avanzada de Europa, con masivos complejos edilicios (Knossos en Creta, Akrotiri en Thera - hoy Santorini), edificios de departamentos luminosos de hasta cuatro pisos con baños y retretes con agua corriente y un sistema de calefacción por agua caliente provista por calderas volcánicas; esos lujos urbanos no se repitieron hasta nuestro siglo XX. Tenían también magníficas pinturas murales, un sistema complejo de escritura aún solo parcialmente descifrable (Lineal A) y otro de jeroglíficos.

El emporio minoico de Creta ya tenía navíos mercantes hacia el 2000 AC y se convirtió en el centro comercial del este del Mediterráneo. Egipto, su principal socio comercial, proveía trigo, papiro y esclavos; Grecia peninsular y sus islas, ánforas llenas de aceite de oliva y de vino, higos, mármol, y bronce; Fenicia, sus tinturas y madera de cedro, además de productos llegados por tierra al Levante desde la Mesopotamia y de más allá, como los dátiles, el marfil y las especies. Recibía productos provenientes desde Inglaterra a Afganistán.

Esta civilización se eclipsó rápidamente tras una de las peores explosiones volcánicas registradas. En el siglo XVII AC voló la mitad de la isla de Thera y provocó tsunamis que devastaron las Cícladas y Creta, hecatombe de tal magnitud que fue mencionada hasta en crónicas chinas de la época. Esa catástrofe posiblemente haya sido el origen del mito de la desaparición de *Atlantis*.

Creta minoica tiene muchos denominadores comunes culturales e iconográficos con Egipto, Levante y Asia Menor. Cuando *Zeus*, en una de sus frecuentes violaciones e impregnaciones de damiselas mortales, rapta a la doncella fenicia *Europa* y la lleva a Creta, lo hace adoptando la forma de un toro blanco, exportando del Levante a Europa y a la cultura minoica el mito del toro sagrado, dando quizás un indicio del probable origen étnico de los cretenses. Además, los hombres cretenses usaban turbantes y, por ser de tez más oscura y cabellos rizados, eran llamados «pieles rojas» por los griegos.

No habían desarrollado una economía de mercado interno, sino una centralizada y distributiva. El «palacio» recibía y almacenaba toda la producción alimentaria y la redistribuía en raciones para subsistencia y recompensa. No tenían moneda, pero su sistema de escritura les facilitaba el necesario sistema contable.

La religión era primitiva, una mezcla de fetichismo, superstición e idealismo. Eran aún animistas y veneraban a las montañas, los árboles, el mar, el sol, la luna, los toros, las cabras, las serpientes y muchos otros entes naturales. El culto a sus muertos era modesto; eran sepultados en féretros de arcilla y con algunos adornos y figurillas de compañía.

La *diosa madre*, heredada de la Mesopotamia, fue preservada en Creta como la deidad principal y era representada con caderas y pechos generosos. Tenía en sus brazos a su divino hijo *Velchanos*, iconografía que se replica en el continuo de Medio Oriente y el Mediterráneo Oriental en *Isis-Horus* (Egipto), *Ishtar-Tammuz* (en Mesopotamia, cuando este es representado como hijo y no como esposo), *Cibeles-Atis* (en Anatolia, con Cibeles primero como madre y luego como amante), *Astarte-Adonis* en Fenicia (madre y esposa), *Afrodita-Adonis* (en Grecia, madre adoptiva y amante) y, extrapolando solo la iconografía de la madre con un bebe en brazos pero sin las perturbadoras connotaciones incestuosas, en *María-Jesús*. Como *Tammuz*, *Velchanos* es el dios de la fertilidad y es subalterno a su madre, y *nace de ella en una cueva* (una clara metáfora vaginal), otro eco en común de la cultura regional.

Velchanos adulto es representado como un toro, como *Marduk* de los mesopotámicos y *Baal* de los cananeos y, como su paralelo griego *Zeus*, tuvo un affaire con Pasífae, la esposa de Minos, consecuentemente la madre del insaciable *Minotauro*, que era mitad toro y mitad hombre. Otra versión más helenizada es que se trataba de un toro blanco que, debido a su belleza, el rey Minos sacrílegamente no sacrificó a *Poseidón*. Su canibalismo feroz se saciaba con el sacrificio de jóvenes y doncellas ofrecidos por la vasalla Atenas como tributo periódico a Creta, hasta que *Teseo* logró matarlo. El mito de *Teseo* simboliza quizá la lucha por la independencia de la Grecia micénica durante la declinación del imperio/emporio minoico.

Había en Creta más diosas que dioses. Las diosas representaban distintos aspectos, como *Potnia* («*nuestra señora*»), encarnada en este caso como diosa de las serpientes,

con el tradicional corsé que resalta sus caderas generosas y sus pechos descubiertos y esbeltos (Figura 6). Era la diosa de la fertilidad, mensaje subrayado por las serpientes en sus manos como símbolos fálicos. Se encarnaba también como *Potnia* de los caballos, *Potnia* de los cereales, *Potnia* de los mares, etc. (era una diosa todoterreno). Otras diosas eran *Diktynna* y *Britomartis* («*dulce virgen*», diosa de las montañas y de la caza, la antecesora de *Artemisa/Diana*).

Para apaciguar a sus diosas y dioses, los cretenses ofrecían elaborados ritos de súplica y sacrificios (inclusive humanos), mayormente llevados a cabo por las sacerdotisas.

La situación de la mujer minoica

Además de sacerdotisas, las mujeres podían ser funcionarias, artesanas, comerciantes y atletas. La explicación de esta anomalía en el Egeo podría ser que la cultura cretense fue comercial, no conquistadora y bélica; estaba ausente la figura del guerrero como expresión de avasalladora identidad masculina. De hecho, construían palacios sin rodearlos de fortificaciones, ya que su supremacía marítima y su imprescindible intermediación comercial hacían parecer superflua una gran inversión en la defensa, lo que finalmente resultó ser un grave error.

La sociedad cretense parecería más similar en su equidad sexual a la egipcia, que a la mesopotámica o a la griega. Los cretenses eran monógamos y la relación de equidad sexual se inclinaría, en todo caso, más hacia el matriarcado que al patriarcado.

A falta de registros escritos inteligibles tenemos magníficas pinturas. Las damas aristocráticas usaban elegantes sombreros y faldas sueltas. Se le daba valor estético a la figura de reloj de arena, con cintura estrecha y torso triangular, y por eso las mujeres lucían fajas y corsés bien apretados que mantuvieran erguidos sus pechos, exhibidos al sol orgullosamente desnudos y celebrando así su femineidad. Una de las mujeres pintadas parece tan elegante, que fue bautizada por sus descubridores como «*La Parisienne*» (Figura 7).

Además de ese claro indicio de liberalidad, no hay otro signo de sometimiento extremo de la mujer, como que estuviera en cerrada en su casa o en un harén, por ejemplo. Los artistas cretenses ilustraron a mujeres concurriendo al mercado y al teatro (danza y música) a la par de los hombres.

En el registro arqueológico, se ven más imágenes de mujeres que de hombres, y no reflejan autoridad especial de las figuras masculinas utilizando la perspectiva de significancia (dotarlos de mayor tamaño). Por ejemplo, en la famosa pintura del toreador (Figura 8) las mujeres (tez blanca) se muestran a la par del hombre (tez cobriza) en este acto de destreza y coraje de la *taurocatapsia*, su rito de pasaje a la vida adulta. Es notable que se ven pocas representaciones de mujeres con niños en brazos o enfrascadas en tareas domésticas, y que son prácticamente inexistentes las imágenes de mujeres embarazadas o amamantando, por lo que podríamos entrever que la fecundidad no era un valor fundamental.

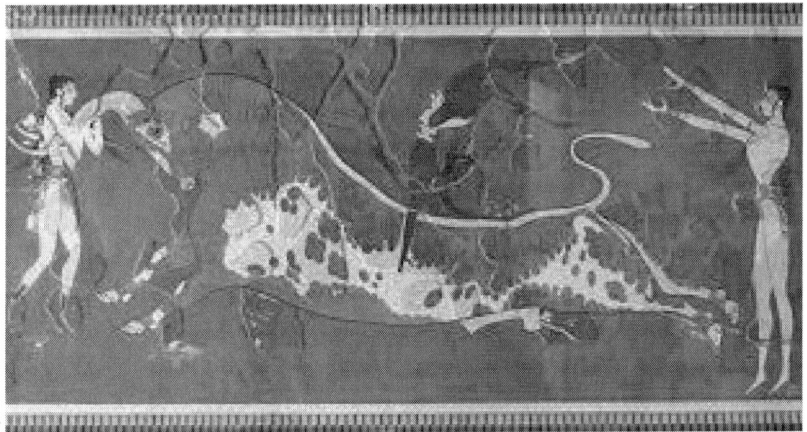

Había diferencias de clase entre las mujeres: las de la elite, las sacerdotisas, las artesanas, las supervisoras, las obreras en talleres textiles, y las sirvientas. Esa diferenciación de manifestaba en el ropaje y también en el tamaño relativo de las figuras. Pero no había tal diferenciación entre hombres y mujeres de la misma clase social, lo que indica que, al igual que en Egipto, no era cuestión de género sino de estrato social.

Al igual que en otras sociedades egeas, la homosexualidad pederasta era considerada una fase de la formación. Los varoncitos de la elite eran ofrecidos a varones aristocráticos adultos que los raptaban ritualmente (*harpagmos*) y actuaban de mentores (*philetor*). Los llevaban a la montaña donde les enseñaban a cazar, a pescar y a luchar mano a mano, hasta que se graduaban y les regalaban su uniforme militar. Según historiadores romanos muy posteriores, esta práctica servía a las mujeres como una vía indirecta de control de la natalidad.

En la Grecia micénica y heroica

El período micénico (1600-1100 AC) durante la Edad de Bronce en la Grecia continental fue un período caracterizado por complejos palaciegos, organización urbana, santuarios, templos y un sistema de escritura. Fue la primera civilización sofisticada en tierra firme europea y hay opiniones divididas sobre si eran originalmente europeos autóctonos o si habían emigrado de Anatolia. Nos legaron innovaciones en arquitectura y en ingeniería civil y militar, el panteón olímpico y el primer registro escrito de la Europa continental (Lineal B, signos silábicos e ideográficos, antecesores del alfabeto griego). Nos legaron también la mitología literaria de *titanes* y héroes, culminada en la Guerra de Troya e inmortalizada más tarde en la *Ilíada* y la *Odisea*, atribuidas a Homero.

Era una sociedad dominada por una elite guerrera bajo el mando de reyes locales (*wanax*), que desarrolló rígidos sistemas jerárquicos, políticos, sociales y económicos. A pesar de ser posterior, la cultura micénica fue quizá menos sofisticada que la minoica, estando más cercana a la caza, al pastoreo, a la guerra y al saqueo, que al comercio. Su industria era rudimentaria, se beneficiaban del comercio impulsado desde Creta y las Cícladas, de donde copiaban también su arte, y practicaban la piratería.

Hacia el 1325 AC tabletas hititas hacen referencia a los *ahhijawa*, e inscripciones egipcias a los *akaiwasha* o «gentes del mar». Se trataba de los aqueos, que, provenientes del norte, habían conquistado y se habían fusionado con los micénicos. Más altos, corpulentos, hombres esbeltos y mujeres muy bellas, de cabelleras rubias, escudos redondos y blandiendo espadas, eran probablemente celtas del Danubio que invadieron la península a través de Tracia y la Tesalia. Otra genealogía cultural los considera oriundos de Asia Menor, lo que no excluye que hayan sido también celtas arribados por esa vía (como mucho más tarde, en el siglo IV AC, los gálatas a Anatolia).

Pero en todo caso, al asentarse en Grecia adoptaron las costumbres micénicas, porque su cultura ancestral era más básica que aquella y, por extensión, mucho más rudimentaria que la minoica. Establecieron sus capitales en la vieja Micenas y en Laconia. Desarrollaron un poderío naval y colonial, ocupando el vacío dejado por el ocaso minoico y fundaron colonias en Rodas, Chipre y en la misma Creta.

Los mitos heroicos se cementaron, como dijimos, por medio del relato de su enfrentamiento con Troya en las costas de Asia Menor. Troya era una cultura sincrética en parte minoica, en parte micénica, en parte hitita y en parte celta, pero que compartía el lenguaje y la teología con los griegos. La mítica epopeya de Troya, provocada por la infidelidad de la princesa espartana Helena (sintomáticamente, una mujer es la causa de una terrible guerra), podría en realidad reflejar el hecho de que Troya era poderosa, y un obstáculo para la expansión hacia el Mar Negro y hacia Anatolia de los belicosos griegos-aqueos.

Esa guerra fue quizás el primer capítulo de la colisión histórica entre Oriente y Occidente, reeditada siglos más tarde en las guerras entre griegos y persas, en las conquistas de Alejandro, en las de Roma, más adelante en las Cruzadas, en la caída de Constantinopla y en la conquista y reconquista de España. Desde la perspectiva de parte del mundo islámico, ese conflicto sigue aún vigente.

Hay pocos datos históricos concretos sobre la vida social y cultural en esa Grecia micénica-aquea. Se sabe que la tierra era propiedad comunal de la familia o del clan y no del individuo; el padre la administraba, pero no podía venderla. Los esclavos eran poco numerosos en proporción a la población; eran mayormente mujeres que cumplían tareas domésticas y, aparentemente, en general no eran maltratados. Se generaban lazos afectivos con ellos y eran «casi parte de la familia».

La situación de la mujer micénica

En *La Odisea*, Telémaco hace callar a su madre, la fiel **Penélope**, porque hablar en público era cosa de hombres;

Penélope obedece a su hijo. Quizás sea este el primer registro de la obsesión con acallar la voz de la mujer en nuestra cultura occidental.

Las pinturas micénicas muestran la vestimenta femenina al estilo minoico, pero con muy atenuada sensualidad (Figura 9). Se observa a mujeres con largas cabelleras, luciendo vestidos largos y joyas, principalmente collares y pulseras con cuentas de cornalina y lapislázuli. Como en lo dicho sobre Creta, tampoco son comunes las representaciones pictóricas de mujeres en actitudes maternales.

No había una educación formal; comúnmente no se enseñaba a leer y a escribir ni a niñas ni a varones; estos aprendían las artes marciales de la caza y de la guerra, y las niñas las tareas domésticas. El padre de familia reinaba como jefe supremo; la esposa le debía fidelidad absoluta, pero él tenía derecho a tener concubinas y, como generoso anfitrión, podía ofrecerlas a sus huéspedes. Podía exponer a sus hijos defectuosos o no deseados abandonándolos en la cima de una montaña, o sacrificarlos a los dioses al estilo abrahámico.

La mujer, aunque sometida en una sociedad claramente patriarcal, tenía protagonismo en la memoria colectiva. No siempre lo tuvo positivamente, como sucedió con **Hipodamia, Ifigenia, Electra** y **Helena**. Las mujeres no estaban confinadas en sus casas y participaban en la discusión de temas serios con los hombres, como Helena con Menelao y Telémaco. Las había también famosamente adúlteras como *Afrodita*, **Clitemnestra**, y la ubicua Helena.

Había puestos de poder femenino como los de sacerdotisa, partera o artesana, que otorgaban visibilidad, protagonismo y autoridad a nivel de la aldea. Por otro lado, se entregaban mujeres como esclavas, botín de guerra para ser aprovechado en aspectos domésticos y sexuales.

El matrimonio era una transacción comercial. El hombre compraba una esposa a cambio de bueyes, ovejas o equivalentes, pero recibía en compensación una buena dote. La ceremonia era familiar y religiosa, celebrada con comida, bebida y baile. La nueva pareja se mudaba a la casa del padre del novio. El amor, sin embargo, crecería con el tiempo y hay muchos relatos de hogares felices con hombres muy paternales, esposas hermosas y buenas amas de casa, y buenos hijos que eran motivo de orgullo. Además de cuidar el hogar y a los hijos, las mujeres molían el grano, hilaban la lana, la tejían y bordaban. Pero eran los hombres quienes cocinaban.

La religión era agraria y la unidad básica para el culto era la familiar. Cada familia tenía su propio dios a quien le ofrecían un fuego que nunca se apagaba, y *ofrendas de pan y vino* antes de cada comida familiar. Ese acto de *comunión* familiar con el dios era la base del culto. La aceptación del recién nacido, el matrimonio y la despedida del muerto eran rituales sacramentales que se llevaban a cabo frente a ese fuego sagrado del hogar.

La mitología era creativa y frondosa, y derivaba en un populoso panteón. Cada objeto y fuerza de la tierra, el cielo o el mar, cada bendición o terror, cada virtud o vicio, estaban personificados en una deidad. No pudo ser entonces una religión maquinada y fabricada por sacerdotes; surgió espontáneamente de la fértil imaginación popular. Vamos a detallar mejor el panteón de los griegos en el próximo capítulo. Pero digamos por ahora que, según la tradición griega y coincidiendo con la edad de la evidencia geológica del cataclismo minoico en Thera, la iniquidad del ser humano hizo enfurecer a *Zeus,* quien lo castigó con una gran inundación. Un solo hombre, Deucalión, con su mujer Pirra se salvaron en un arca. Al bajar las aguas, el arca descansó en el monte Parnaso. De Heleno, el hijo de Deucalión y Pirra, descendieron todas las tribus *helénicas*. Es notable, una vez más, la correlación con los mitos ancestrales de la Mesopotamia. Para poner otro ejemplo, *Ishtar* llegó a Grecia a través de Chipre (una cultura netamente asiática), transformándose en *Afrodita*.

Ofrecían sacrificios animales y también humanos a dioses y en piras funerarias; esos griegos tan antiguos no tenían gran inclinación por preservar la vida humana. El culto a los muertos era mucho más elaborado que en la cultura minoica, con tumbas para la elite excavadas como galerías en la roca y llenas de objetos suntuarios. Al igual que en la Creta minoica, había sacerdotisas consagradas a *Potnia* («*nuestra señora*»), por lo que las mujeres, como en Creta, tenían protagonismo religioso. Un cargo sacerdotal de gran importancia era el de «*ama de las llaves*», la tesorera del templo, porque en Grecia los templos tenían la doble función de espacio de piedad religiosa comunitaria y de tesoro municipal.

Los detallados archivos de los escribas de Pilos (la sede de Néstor) en tabletas escritas en Lineal B, documentan acciones legales sobre temas de propiedad e impuestos que iniciaban mujeres y en las que se representaban a sí mismas (sin un marido, tutor o guardián). La proporción de casos legales y registros de propiedad referidos a mujeres es de menos del 30% del total, lo que demuestra que, si bien no había paridad perfecta, esta era relativamente notable.

Una de las tabletas preservadas nos cuenta que **Eritha** (~1300 AC), sacerdotisa de *Potnia* en el santuario de Sfagianes (significa «lugar de matanza ritual»), entabló una demanda contra el consejo municipal por los impuestos que debía pagar por el terreno comunal que ocupaban el templo y sus huertas aledañas. Eritha buscaba una exención impositiva porque no lo ocupaba ella como persona, sino la diosa. El consejo se negaba, porque el impuesto debido al *wanax* que no pagara el templo debía ser solventado en forma prorrateada entre los agricultores vecinos. El escriba detalló las posiciones de ambas poderosas partes, para ser elevado el caso al *wanax*. La instancia ilustra uno de los más antiguos conflictos Iglesia-Estado y también, el nivel de autonomía legal y económica de algunas mujeres.

Además, en contraste con Babilonia, las mujeres recibían las mismas raciones alimenticias que los hombres del mismo rango, no la mitad. Otra tableta indica que a **Kessandra** («la que les habla solemnemente a los hombres») le correspondían veinticinco raciones de trigo e higos, en vez de una como a las mujeres de servicio en palacio (barredoras, moledoras de granos, lavanderas, aguateras y asistentes de baño), porque ella era la supervisora de todas.

Se intuye una cierta fluidez de género a partir de la fijación neurótica de Aquiles respecto de Patroclo, manifestada por su muerte. Pero no sabemos si eso refleja actitudes y ansiedades aqueas, o de los relatores posteriores. Había travestismo, con episodios que presentan a los heroicos Hércules y Aquiles vestidos de mujer.

*

En síntesis, en base a evidencias mayormente pictóricas, la mujer en la Creta minoica y gozaba de una inusual equidad y libertad, y tenía gran importancia en el imaginario colectivo religioso y social. Aparentemente, no había grandes obsesiones con la fertilidad, la virginidad, la castidad o la homofobia.

En la cultura patriarcal de los micénicos-aqueos la condición de la mujer, aunque claramente subordinada y no tan liberal como la minoica, no fue aún tan lúgubre como la que sobrevino y analizaremos a continuación, en la «iluminada» Atenas.

6.   Espartana vs. Ateniense

> *«La mayor gloria de la mujer es que no se hable de ella, ni bien ni mal»*
>
> Pericles

Sin saberse exactamente por qué, a partir del 1200 AC comenzó una decadencia general en toda la región mediterránea. Hubo desastrosos conflictos regionales y ataques de bandas armadas que provocaron pillaje, destrucción, hambrunas y migraciones. Para el 1100, en una transición imprevista y violenta, colapsaron las culturas de la Edad del Bronce del Mediterráneo Este, incluyendo a la civilización micénica-aquea. Los proto-estados de la Edad de Bronce se desintegraron, bajó dramáticamente la población y hubo una regresión a una cultura pastoril de aldeas de la que no tenemos registro histórico, porque se perdió hasta la habilidad de escribir.

Grecia quedó muy debilitada como para confrontar a una nueva oleada céltica: los aún más primitivos y belicosos dorios (supuestamente antepasados de los espartanos) que hacia el 1100 descendieron de los Balcanes e invadieron con carros de combate y blandiendo armas de hierro (el hierro permitía forjar espadas más largas y resistentes), ventajas definitivas de su tecnología militar. La etapa dórica fue pobre en arte, rica en acción bélica, sin tiempo para dedicar a los buenos modales y a la filosofía. Esta «Edad Oscura» se extendió desde el 1100 al 750 AC, cuando, con la Edad del Hierro ya asentada, comenzó el período de la Grecia arcaica y fueron renaciendo gradualmente las primeras ciudades-estado, como Atenas, Eretria, Tebas, Corinto, Argos y Esparta. Estas fundaron colonias alrededor del Mar Negro y del Mediterráneo. Germinaron otra vez las artes, comenzando con el período geométrico con claras influencias egipcias, hasta florecer en todo su esplendor con una idiosincrasia ya propia en el período clásico. Surgió también un nuevo sistema de escritura alfabética tomado de los fenicios.

Los mitos micénicos-aqueos, que se venían transmitiendo por tradición oral, fueron plasmados poéticamente por «Homero» (uno o varios autores) en poemas cuyo ritmo de hexámetros dactílicos facilitaba su memorización, ayudando a conservar así la memoria colectiva de la Edad de Bronce. Fueron puestos por escrito recién entre los siglos VIII y VI AC. El renacimiento político y cultural de las ciudades-estado llegó a su epítome en el siglo V AC, en una Atenas clásica y ya imperial.

Una vez más, a pesar del ritmo parsimonioso del cambio cultural de la Antigüedad, estamos intentando condensar muchos siglos para lograr una caracterización sintética general. Debemos tener en cuenta sin embargo que, en el mundo helénico más que en el mesopotámico o en el egipcio, hubo diferencias notables en el espacio y en el tiempo. Mientras que la Mesopotamia y Egipto se miden en milenios y ocupan regiones geográficas continuas, Grecia se mide en siglos y se dispersa alrededor del Mar Egeo en dos continentes, además de las mencionadas colonias.

Al enfocarnos en la Atenas clásica, arribaremos a la conclusión general de que la actitud hacia la mujer de estos «iluminados» fue regresiva, opresiva y hasta deplorable. Tristemente, bastante de eso encontró lugar en de nuestra mochila cultural occidental y cristiana. Pero como vimos, no había sido tan así en la antigua Grecia micénica, y menos aún en la Creta minoica. Más aún, era también muy diferente en la belicosa y estoica Esparta, la rival contemporánea de Atenas. Veamos primero entonces ese contraste.

En Esparta

Lamentablemente, los historiadores de los dos últimos siglos nos han legado una visión muy negativa de Esparta, pintándola como conservadora, autoritaria, represiva, rústica y carente de imaginación. Les sirvió de contraste binario con Atenas, a la que pintaban como progresista, democrática, sofisticada y creativa, ya que es el ícono de la democracia occidental y el modelo que adoptaron los *founding fathers* (los padres fundadores) de la revolución americana. Hay historiadores que hasta lamentaron como un error fatídico de la historia que Esparta ganara la última guerra del Peloponeso.

Algo tiene de cierto aquella generalización, por supuesto, pero peca de un reduccionismo simplista. Sucede que en los siglos XIX y XX de nuestra era se puso de moda usar la dicotomía Atenas vs. Esparta como análoga a Inglaterra vs. Napoleón, Inglaterra vs. la Alemania nazi, los EE. UU. vs. Japón y luego los EE. UU. vs. la URSS (civilización vs. barbarie o los buenos vs. los malos).

Como el relato histórico está casi siempre teñido de subjetividades e ideologías, frecuentemente se sacan las conclusiones que se desean en vez de analizar fríamente la evidencia. En realidad, ni los atenienses fueron tan iluminados ni los espartanos fueron tan brutos.

Los espartanos eran considerados descendientes de los dorios, los aguerridos y belicosos celtas inicialmente originarios de los Balcanes que habían barrido con los restos de las ciudades-Estado micénicas-aqueas de la Edad del Bronce, hundiendo al mundo helénico en la oscuridad por tres siglos. Era un pueblo de guerreros profesionales, no de mercaderes, filósofos, artistas o poetas.

De pensamiento lineal, los espartanos no eran como el resto de los griegos, que consideraban como virtud la *mêtis* (nombrada en honor a la titánide primera esposa de *Zeus*) y que no tiene traducción exacta en nuestro idioma. Era una mezcla de inteligencia con astucia, picardía, perfidia y habilidad para la decepción. Los espartanos, en cambio, valoraban el honor, la verdad, la abnegación y el sacrificio personal, dándole a la vida militar un sentido religioso.

La situación de la mujer espartana

Es cierto que los espartanos fueron diferentes, la excepción cultural a la regla griega. Curiosamente, sin embargo, la condición de la mujer espartana en ese medio marcial y represivo fue mejor que la de las atenienses. Las espartanas tenían notoriamente más libertades que sus contemporáneas del mundo helénico. Para el resto, acarreaban una reputación de promiscuidad sexual, rusticidad de carácter y falta de sumisión. Pero ese era el arquetipo que honraban en Esparta: el de madres de guerreros, su principal función vital.

Recibían educación y entrenamiento físico como los hombres, pero las niñas eran educadas en sus hogares por sus madres, mientras que los niños eran separados de sus familias y educados como pupilos en *agogés* (como liceos militares) desde los siete años. La educación académica de las niñas se limitaba a un nivel básico de lectura y escritura, canto y música.

Su educación física consistía mayormente en gimnasia y danza, para tener una contextura esbelta y atlética (Figura 10) y producir así bebés con esas cualidades. Aparte, se habían ganado la reputación de ser las más bellas del mundo helénico, eso que generalmente no usaban maquillaje ni muchos adornos. Todas usaban túnicas tenues cortas sin mangas y hasta arriba de las rodillas durante todo el año para endurecerse al frío; madres recias parirían guerreros recios. Pero, además, cabalgaban, corrían, practicaban la lucha libre y arrojaban el disco y la jabalina. Competían en la *Gymnopaedia,* un festival de la juventud en el que participaban desnudos los jóvenes de ambos sexos.

No había lugar ni tiempo para las artes, la poesía, la filosofía o la retórica, porque no eran útiles para la guerra. Los espartanos habitaban la región de Laconia y valoraban la comunicación parca, usando muy pocas palabras (de allí nuestro «lacónico»). Por ejemplo, tras una desastrosa derrota naval en Arginusas, enviaron a Esparta un mensaje escrito digno de un telegrama: *«Calicrátidas* (el almirante) *muerto - flota perdida - tropa hambrienta - no sabemos qué hacer».*

Las jóvenes se casaban maduras en relación con sus contemporáneas del Mediterráneo, hacia los 18-20 años, y con un guerrero ya graduado como de 30. 42421Como el objetivo era la procreación, el matrimonio era a prueb

a hasta tener descendencia exitosamente. Si eso fallaba, podían divorciarse y volverse a casar. Si se divorciaban por esa u otra causa, no perdían ni sus bienes ni el vínculo con sus hijos.

Obviamente, no había mucho lugar para el amor romántico. Sin embargo, los matrimonios no estaban usualmente arreglados entre las familias como era la costumbre antigua general, sino por agentes del Estado; no era ni siquiera un tema de transferencia de propiedad, sino de procreación patriótica por el bien de Esparta. No existía entonces la habitual obsesión de la civilización agraria con la virginidad y la castidad femeninas, porque el objeto era la *fertilidad* y no la *legitimidad*; los hijos eran *hijos de Esparta*, independientemente de quién fuera el padre.

Como el cabello corto era indicador de la mujer casada, solo las solteras podían llevar el pelo largo. En la noche de bodas se le cortaba el cabello a la novia, se la vestía con túnica y sandalias de hombre y se la dejaba a solas en un cuarto oscuro. El novio llegaba subrepticiamente y la «raptaba» ritualmente para consumar el matrimonio. Este curioso ritual estaba quizá vinculado con las costumbres homosexuales del cuartel, donde para generar lealtad y espíritu de cuerpo, los niños y jóvenes eran mancebos pasivos de los guerreros maduros. Ese lazo afectivo los hacía defenderse mutuamente con mayor ferocidad en el combate. Sin embargo, se esperaba que la práctica homosexual pasiva finalizara con el paso al matrimonio. En ese mismo espíritu, era aceptada también la relación sexual y hasta la unión de la mujer madura con la mujer joven.

Los hombres casados continuaban viviendo con sus camaradas de armas en sus cuarteles hasta en tiempos de paz, y eran alentados a «escaparse» para tener relaciones con sus esposas y engendrar hijos como era su deber mutuo, el producir más guerreros o, al menos, futuras madres de guerreros.

Había casos admisibles de poliandria. El guerrero ya maduro podía permitirle a otro más joven y en mejores condiciones físicas, que lo «ayudara» a hacer concebir a su mujer (la forma más antigua y económica de la fecundación asistida). Los hombres sin hijos podían también pedirle permiso a un camarada para engendrar con su mujer, si esta era de probada fertilidad.

El objetivo de mantener la fortaleza de la raza guerrera implicaba una eugenesia implacable: los recién nacidos enfermos o con defectos físicos eran despeñados desde lo alto del monte Taigeto a una quebrada llamada eufemísticamente *Apothetae* («los depósitos»).

Los espartanos eran muy piadosos en sus cultos a los dioses y los héroes. El culto religioso femenino estaba naturalmente enfocado en la fertilidad, la salud, y la belleza femenina. *Eileithyia* era la diosa del parto y *Helena de Troya* (nacida espartana) era patrona de la belleza, a quien se dedicaban como ofrendas espejos, peines y frascos de perfume. Se le rendía también culto a *Cynisca*, una heroína popular por haber sido la primera mujer en lograr una victoria en los Juegos Olímpicos.

La mujer era responsable de mantenerse atlética y alimentarse saludablemente, haciendo lo propio con sus hijos. Tenían a su cargo el adoctrinamiento y la imposición de los valores espartanos. Las madres cuyos hijos caían en combate era celebradas, se llenaban de orgullo y lamentaban la supervivencia de los cobardes. Se cuenta que una madre espartana despidió a su hijo que partía a la guerra entregándole su escudo y diciéndole: *«vuelve con él o tendido sobre él»* (si uno intentaba huir en una derrota, lo primero era abandonar el pesado escudo para poder correr).

La ausencia regular de sus maridos les otorgaba una inusual responsabilidad y libertad. La esposa debía administrar la finca familiar gestionando a los esclavos (cautivos de guerra). No era controlada o supervisada por figuras masculinas y gozaba de un cierto grado de libertad sexual. Eran propietarias y, como frecuentemente quedaban viudas, llegaban a amasar y administrar considerables fortunas. Para el horror de los atenienses, las mujeres espartanas llegaron a controlar el 40% de la tierra. Podían beber vino con liberalidad y tenían absoluta libertad de desplazamiento, nunca confinadas a sus hogares. Sin embargo, no les estaba permitido tener ocupaciones laborales rentadas fuera del hogar ni hablar en las asambleas. Sí se les permitía socializar y conversar con hombres sobre cualquier tema, lo que era inaceptable para el resto de sus contemporáneas griegas.

Si bien normalmente no podían ostentar poder político, ejercían gran influencia. Las reinas gozaban de prestigio, como **Gorgo**, reina luego de la caída en las Termópilas del heroico Leónidas, su tío y esposo. La reina más influyente quizá fue

Archidamia, que contribuyó con un batallón de mujeres a la defensa de la ciudad contra Pirro IV en el 272 AC.

En la Atenas clásica

Vamos a ubicarnos ahora en el apogeo de Atenas durante la gloriosa Edad de Oro o Siglo de Pericles (siglo V AC), tras la derrota de la invasión del rey persa Jerjes. Fue la era de la hegemonía política y económica de Atenas (de facto imperial) en todo el mundo helénico, la de la Acrópolis de Fidias, las historias seminales de Heródoto y de Tucídides, la medicina de Hipócrates, la hábil gestión política de Pericles en la democracia legada por Solón, la justicia independiente basada en las severas leyes codificadas por Draco (draconianas). La codificación de la ley que citarían los magistrados es correlativa con casi cualquier civilización, pero la isonomía (igualdad ante la ley) es condición imprescindible para la democracia. También lo era la «igualdad de discurso», una temprana manifestación de la libertad de expresión.

Atenas tenía además la filosofía de Sócrates y de Platón, las inmortales tragedias de Esquilo, Sófocles y Eurípides, y las comedias de Aristófanes, que aún hoy ponemos en escena[13].

---

[13] Uno de los mayores regalos que nos dejó Atenas es el teatro en sus formas de tragedia y de comedia satírica. Como no todos sabían leer, era una efectiva forma de comunicación social. Como gesto de generosidad, los hombres más ricos solventaban su producción para que la disfrutara el pueblo. Los romanos repetirían esa costumbre populista, pero con un espectáculo menos edificante y más truculento, el circo.

El teatro combinaba la recitación de la acción con comentarios del coro, cuya melodía ayudaba a resaltar el dramatismo. Esa invención fue imitada por literatos humanistas florentinos al final del siglo XVI, creando la ópera, para hacer «renacer» esa forma del arte griego clásico. Nuestras películas hoy utilizan ese recurso e incluyen una banda musical para lograr el mismo efecto dramático (tristeza, suspenso, acción, romanticismo, etc.).

Prometeo, Antígona, Clitemnestra, Orestes, Edipo, Medea, Agave... son personajes que, como los creados por Shakespeare veintiún siglos más tarde, mantienen aún hoy vigencia como arquetipos eternos de nuestras ambiciones, pasiones y flaquezas. Encarnaban las perennes tensiones humanos-dioses, ley divina-ley secular, familia-Estado, padres-hijos y hombre-mujer.

Antígona de Sófocles explora mayormente las tensiones ley divina-ley secular y familia-Estado y, como corolario, la desobediencia femenina. Su análisis informa mucho sobre la cultura ateniense y la actitud hacia la mujer. Tras debatirlo con su más sensata hermana Ismene, quien se niega a ayudarla (una clave cultural per se, porque la sensatez frenaría la desobediencia), Antígona decide violar el edicto de su tío Creón, rey de Tebas. Ofrece entonces ritos funerarios apropiados a su hermano Polinices, en vez de permitir que su cadáver fuera devorado por buitres y perros como lo había decretado el rey. Es interesante que es el hombre quien viola una venerable costumbre y es la mujer la que corrige tal infracción.

Antígona se defiende en presencia del rey alegando que resolvió el dilema de la lealtad familiar vs. la cívica en favor de la familiar, porque los lazos familiares y la ley divina supeditan a la ley del Estado y del rey, un simple ser humano. Creón, encolerizado, condena a su sobrina a muerte por desafiarlo, marcando quizá también un contrapunto propagandístico entre la arbitrariedad de la monarquía absoluta unipersonal de Tebas y el gobierno colegiado y con justicia independiente de Atenas, obviamente superior para los atenienses.

Antígona se suicida en prisión, y solidariamente se suicida Haimón (hijo de Creón, enamorado y comprometido con su prima) y entonces también Eurídice, la esposa de Creón y madre de Haimón. Creón vive para lamentar su soberbia (*hybris*) que enmascara en realidad su debilidad, inseguridad y dureza de corazón. No hay final feliz en esta tragedia aleccionadora, porque como siempre en las tragedias griegas, todos mueren o sufren terribles consecuencias.

En nuestra cultura actual simpatizaríamos con Antígona, esperaríamos su redención porque hizo lo correcto y nos defraudaría el final. Pero esta era una obra escrita por hombres, protagonizada por hombres (hasta en los roles femeninos), y dirigida a un público masculino (la mujer se quedaba en su casa y no iba al teatro). En ese entorno social, era de esperar que la desobediencia de una mujer debía ser justamente castigada, más allá

La situación de la mujer ateniense

La situación de la mujer en Atenas clásica era una de segregación y sometimiento; las mujeres casi no tenían derechos. Es posible, empero, que haya sesgos en el relato, porque los relatores fueron exclusivamente hombres. Las mujeres no podían iniciar demandas judiciales; como legisló Solón, cualquier acción iniciada por influencia de una mujer

---

de las culpas de Creón. Tiene entonces un final razonable para la época; debía predominar en todo caso la voluntad del hombre sobre la de una mujer. La mujer debía ser obediente, y esa virtud fue sincretizada más tarde por el cristianismo: la obediencia de la Virgen María es el contrapunto a la catastrófica desobediencia de Eva.

Una moraleja ulterior, común a casi todas estas obras, es que cuando nos dejamos llevar por la emoción descontrolada (como la ira de Creón), recibimos en consecuencia un castigo, no de los dioses, sino provocado por nosotros mismos al desatar los horrores que llevamos dentro. Los dioses no intervienen, porque nuestros dilemas morales son un tema para resolver entre nosotros; no son de interés divino (perspectiva quizá más sensata que la cristiana, de ese Dios vigilante que nos espía en el dormitorio y hasta en lo que pensamos).

Como corolario adicional, Creón pierde su familia entera, la piedra fundamental de su identidad. Eso en sí, sonaba más trágico para el público de Atenas que la injusta muerte de Antígona

De más estaría recalcar que en el canon trágico griego Medea (que asesina a sus propios hijos), Clitemnestra (que asesina a su marido para usurpar su poder, sintiéndose insultada también porque Agamenón regresa de Troya con una princesa como concubina; Esquilo la pinta como una andrógina «con propósito de hombre») y Ágave (que descuartiza a su hijo), encarnan lo extremadamente peligrosa que puede llegar a ser la mujer con emociones descontroladas, disonante con la actitud cultural acerca de la virtud de la moderación. No se consideraba que la mujer fuera capaz de encarnar ese valor fundamental, porque se la creía inherentemente emocional. Como el hombre sí tenía autocontrol, debía controlar a la mujer hasta por su propio bien. La mujer, entonces, debía estar en su casa y bajo estricto control de su marido.

carecía de fuerza legal. No podían firmar contratos, tomar deudas o heredar a sus maridos, quedando a la merced de sus hijos varones.

Recién bajo Pericles pudieron heredar y explotar la tierra, la forma más prestigiosa de propiedad, pero sin poder disponer libremente de ella. La hija única heredaba por descarte a su padre, pero estaba obligada a casarse para producir hijos varones (herederos legítimos). La viuda tenía custodia sobre la herencia, pero solo hasta la mayoría de edad de sus hijos varones o hasta casarse con otro hombre, preferentemente un pariente. El marido hasta elegía a su sucesor matrimonial en el caso de su muerte. Como no podían ser propietarias, no podían ser ciudadanas y no votaban; la democracia griega era admirable, pero era una democracia para la mitad.

Pitágoras de Samos, con un dualismo digno de Zaratustra, escribió: *«hay un principio bueno que creó el orden, la luz y el hombre, y un principio malo que creó el caos, la oscuridad y la mujer»*. La mujer era considerada intelectualmente deficiente, como la calificó Eurípides. Solo las niñas de clase alta recibían una educación básica que incluía lectura, escritura, aritmética, poesía, música y dibujo con el agregado de «ciencias domésticas», pero en sus casas. El objetivo primordial era prepararlas para quedarse en el hogar y formar y administrar una familia, no para estimular su desarrollo intelectual. Recibían mayor énfasis que los varones en la danza y la música, mientras aquellos se enfocaban en la gimnasia competitiva y en las artes marciales. Los varones recibían una educación general en colegios privados hasta los 16 años y, si eran capaces y de familia pudiente, continuaban con un tutor o como discípulos de un sofista, aprendiendo historia y filosofía.

Curiosamente, el teatro (escrito por hombres, protagonizado por hombres hasta en papeles femeninos y dirigido a un público masculino) ventilaba a veces la injusticia de la situación de la mujer poniendo discursos y alegatos en bocas de personajes femeninos. *Medea* (de Eurípides) declara que, por someterse a los riesgos de un parto, la mujer es tan valiente como el hoplita (infante en una falange) que participa de tres batallas. *Melanipa la Cautiva* (también de Eurípides) hace un encendido discurso ensalzando el valor del trabajo doméstico de la esposa y concluyendo que la mujer es moralmente superior al hombre. Me parece muy interesante que los hombres se interesaban en ventilar temas de inequidad de género sin dejar participar a las mujeres en esa discusión.

Notablemente en *La República*, Platón propone una sociedad utópica y, quizás inspirado en Sócrates, indica que el valor de la persona a la sociedad es independiente de su género, y que las mujeres son tan hábiles y capaces de excelencia como los hombres porque lo único que las diferencia de estos es la fortaleza física. Entonces, las mujeres valiosas deben participar del gobierno del Estado. Tal actitud era revolucionaria y totalmente a contrapelo con la cultura de su era, pero tengamos en cuenta que se trata de una utopía, un Estado imaginario.

Lamentablemente y en contraste, Aristóteles, discípulo aventajado de Platón y más enfocado en el empirismo que en la metafísica para idear formas, consideraba que la mujer era inherentemente inferior, un hombre incompleto, solamente la maceta para recibir y nutrir la semilla del hombre. Ese grave error conceptual de Aristóteles tuvo gran influencia en los pensadores cristianos medievales (seleccionaron de su monumental obra lo que les convenía) y por siglos marcaron la actitud social hacia la mujer en Occidente.

Ya en la era helenística Zenón, el fundador del estoicismo, sostenía que en su propia sociedad ideal hombres y mujeres se vestirían con ropa *unisex* con el objeto de eliminar cualquier distinción social entre hombres y mujeres. Una vez más, esa era una aspiración utópica.

Las mujeres podían, sin embargo, ser sacerdotisas y tener acceso al culto misterioso de *Deméter*. Algunas lograron alcanzar notoriedad y cierto grado de independencia.

Mujeres griegas

Es notable la poesía de **Safo de Mitilene**, de la isla de Lesbos (nacida en el siglo VII AC). Una de entre los «nueve poetas líricos»[14] que surgieron después de Homero, fue descrita por Platón como *«la décima musa»*. Fundó la *Casa de las Servidoras de las Musas*, donde se educaba a las jóvenes nobles de Lesbos, que aprendían a recitar y escribir poesía. Los poemas de amor erótico entre mujeres producidos en su academia nos han legado el «lesbianismo».

Artemisia de Caria era la reina de la ciudad-Estado griega de Halicarnaso, en las costas de Anatolia. Súbdito del rey persa Jerjes, combatió de su lado en la segunda guerra greco-persa y comandó una escuadrilla naval de cinco barcos de guerra en la batalla de Salamis (480 AC). A pesar de la humillante derrota sufrida frente a la flota griega, Jerjes manifestó su respeto y la condecoró por su lealtad, coraje y su destreza naval, declarando: *«mis hombres se han vuelto mujeres y mis mujeres se han vuelto hombres».*

La filósofa **Areta de Cirene** avanzó en la consideración sistemática del rol del placer y del dolor en la vida humana. La escuela Cirenaica que fundó su padre, Aristipo (discípulo de Sócrates), sostenía que el conocimiento, la autodisciplina y las acciones virtuosas acababan produciendo placer, mientras que las emociones negativas como el miedo y la ira multiplicaban el

---

[14] Una innovación del Período Arcaico fue evolucionar del largo relato en forma de poema *épico* (como los de Homero), a expresar sentimientos mediante el corto poema *lírico* (llamado así por su acompañamiento musical con una lira).

dolor. Los placeres y los dolores no debían ser desmedidos. Esta escuela es considerada como proto-hedonista.

Aunque sus escritos se han perdido, fuentes de la época relatan que fue muy admirada, que escribió cuarenta libros y enseñó durante treinta y cinco años, y que se sintetizaban en ella *«la belleza de Helena, la virtud de Thirma, la pluma de Aristipo, el alma de Sócrates y la lengua de Homero»*.

Sobre **Agnodice** (o Hagnódice) **de Atenas** (siglo IV AC) no hay consenso respecto de si fue realmente una figura histórica o solo legendaria. Estaba prohibido que las mujeres fueran médicas, ni siquiera parteras. Agnodice tuvo que partir a Alejandría para estudiar medicina con Herófilo, porque en Egipto el helenismo había absorbido de la cultura local un mayor grado de equidad sexual. Regresó a Atenas disfrazada de hombre y comenzó a practicar como ginecóloga y obstetra, logrando gran popularidad entre las mujeres una vez que les revelara su verdadero sexo; las mujeres preferían, obviamente, ser atendidas por otra mujer. Como aumentaba su popularidad, sus colegas masculinos le tuvieron celos y, creyendo que era un hombre, la denunciaron acusándola de seducir a sus pacientes. Para defenderse, Agnodice levantó su túnica para mostrar sus genitales (un gesto conocido como *anasyrmos*) y, escandalizados, la acusaron entonces de ejercicio ilegal de la medicina por ser mujer. Esto provocó un revuelo entre sus agradecidas pacientes (algunas, esposas de hombres poderosos), Agnodice fue sobreseída, y la ley que prohibía las prácticas de médicas fue revocada.

Para ilustrar la ideología de género de esa era en Atenas, una mención especial merece **Aspasia de Mileto** (470-401 AC), segunda esposa de Pericles luego de su divorcio, y veinticinco años menor que él (Figura 11). No era «esposa» en el sentido

oficial, porque existía una categoría distinta para las esposas extranjeras (casi como concubina o amante).

Los atenienses practicaron la venerable costumbre grecorromana, que aún cultivamos sus herederos, de denostar o de justificar los errores y los vicios de hombres célebres vilificando a sus mujeres o a sus hijos. Acusada de influir y hacer cometer errores a Pericles, Aspasia fue pintada como una prostituta y madama de prostíbulo, y fue así utilizada como un recurso cómico para satirizar a su marido en las comedias populares[15]. Fue acusada hasta de instigar la Guerra del Peloponeso porque, supuestamente, dos de sus prostitutas habían sido secuestradas por el enemigo.

En realidad, Aspasia era de la aristocracia de Mileto, escritora e intelectual, y presidía un salón literario y no un

---

[15] En cuanto a las comedias, las de Aristófanes eran procaces (humor adolescente de palabrotas, sexo explícito y pedos) y parodiaban libremente a los gobernantes, los burócratas y hasta a los mismos dioses. Eso es otro claro síntoma de democracia, de respeto a la libertad de pensamiento y de expresión de los ciudadanos, y de independencia de la justicia. Ningún jurado de sus pares condenaría al autor acusado de calumnias e injurias por el poderoso ridiculizado, y no habría entonces retribución. Los tiranos, en cambio, no suelen tener sentido del humor. El hecho que en las comedias se pudieran satirizar con absoluta impunidad a funcionarios de la talla y poder de Pericles y su amada Aspasia, habla a voces de la convicción democrática de los atenienses y de su respeto por la justicia independiente.

La *Lisístrata* resulta muy interesante, porque Aristófanes pone en boca de la protagonista un alegato sobre la injusticia de la condición de la mujer y lidera una huelga sexual de las mujeres atenienses y espartanas, para obligar a sus hombres a acabar con la Guerra del Peloponeso entre esos dos estados. Los hombres, visiblemente erectos, aceptan. La paradoja es que las mujeres adoptan una postura revolucionaria para preservar los valores conservadores de la familia.

prostíbulo. Quizá fuera cierto que era una *hetaira* (una cortesana culta) dado su buen origen social y que hubiera alcanzado un nivel de educación relativamente alto, y que su salón literario haya sido sede de *symposia* (reuniones para beber y conversar).

Escribía tan bien, que se decía que costaba creer que sus escritos pudieran haber sido realizados por una mujer. Se especula que fue ella quien le redactó a Pericles la extraordinaria *Oración Fúnebre* al fin del primer año de la Guerra del Peloponeso, relatada por Tucídides, una magnífica oda al imperio de la ley y la democracia, y una de las piezas oratorias más famosas de la historia. Inventó también una figura argumentativa, el *inductio*: el argumento inductivo expresado como una conjetura que, sin ser rotundo como el deductivo, es suficientemente fuerte como para que sea poco probable que su conclusión sea falsa. Se sospecha que, gracias a su intelecto, ella fue el objeto del misterioso amor «platónico» de Sócrates.

Le dio varios hijos a Pericles. El mayor fue llamado también Pericles, lo que demuestra que el padre lo consideraba plenamente legítimo, y a quien se le otorgó ciudadanía ateniense a pesar de la condición de extranjera de su madre. Eso resulta curioso, porque fue Pericles quien había impuesto la regla de que solo los hijos de padres y madres atenienses podían ser ciudadanos.

¿Por qué tantos vituperios contra Aspasia? Sucede que las señoras piadosas y sumisas se quedaban encerradas en sus casas; ella alcanzó notoriedad por su exposición pública e influencia, despertando entonces ansiedades de género en su medio social. Como dijo Tucídides, «*el nombre de una mujer, como su persona, debe estar encerrado en su casa*».

Hubo rebeldías, tanto religiosas como proto-feministas. Durante el helenismo surgido tras las conquistas de Alejandro Magno, aparecieron varias escuelas filosóficas irreligiosas. Una filósofa cínica notable fue la elocuente **Hiparquía**, una de las primeras filósofas y una de las primeras feministas, célebre por vestir harapos, cazar y copular en público. Escribió tres libros que se han perdido, pero se conserva un epigrama de Antípatro dedicado a ella: «*Yo, Hiparquía, no seguí las costumbres del sexo femenino, sino que con corazón varonil seguí a los perros* (*kynikos* en griego, los filósofos cínicos). *No me gustó el manto sujeto con la fíbula, ni el pie calzado y mi cinta se olvidó el perfume. Voy descalza, con un bastón, un vestido que me cubre los miembros y tengo la dura tierra por lecho. Soy dueña de mi vida para saber tanto y más que las ménades para la caza*».

El célebre mosaico de Alejandro derrotando a Darío III en la batalla de Issus fue atribuido por Plino el Mayor a **Helena de Egipto**, hija del pintor Timón. Helena sería la primera pintora conocida.

Matrimonio y familia

Mientras que en Esparta el Estado reinaba supremo, en Atenas la familia extendida (con tíos y primos) era la piedra fundamental, más importante que el Estado o que el propio individuo. Es decir, el individualismo del anglosajón y su «familia nuclear» no son una herencia cultural común al indoeuropeo mediterráneo.

La medida del éxito social familiar era la propiedad, que se medía en hectáreas, en producción agrícola, en cabezas de ganado y en esclavos. La dote era quizá la forma de participación patrimonial de la mujer, pero ese capital sería controlado por su marido. El control ya obsesivo de la propiedad familiar los impulsaba a la endogamia, para que la dote a pagar por el padre de la novia quedara en familia. Era entonces común que una doncella se casara con un primo o con un tío.

Las mujeres no tenían personería legal y pasaban de la custodia de su padre a la del *kyrios* (amo, señor, tutor, varón dominante) de su nueva familia, si distinta de la propia. El *kyrios* griego devino en el *paterfamilias* romano. Si bien la mujer era considerada inferior e inherentemente deficiente o hasta mala (*«un hermoso mal»)*, el hombre no tenía más remedio que casarse para poder procrear y así quedar protegido en su vejez.

Las niñas tenían su rito de pasaje a los 10 años, el ritual de *Artemisa (virgen y madre)*. A los 10-12 años se comprometían contractualmente y se casaban a los 12-13 (o pasada su primera menstruación) con varones de unos 30, para asegurar su virginidad y, por ende, la legitimidad de los hijos. Sin embargo, no se graduaban de mujeres hasta luego del primer parto exitoso.

La diferencia de edad apuntalaba la diferencia de poder en la pareja. Si bien se mencionaba el amor romántico, no era ese el móvil del matrimonio; normalmente la transacción giraba en torno a la propiedad, en intereses comerciales o inmobiliarios. Sin compromiso previo (la firma de un contrato), el matrimonio no era válido. El compromiso se firmaba frente a testigos en la casa del padre de la novia entre este y el novio; la novia no precisaba estar presente.

A los pocos días tendrían lugar la boda y la fiesta matrimonial en la misma casa de la novia. Previamente, ambos serían bañados y vestidos ceremonialmente en sus respectivos hogares; la novia de *vestido y velo blancos*. No había un sacerdote que presidiera o sancionara esa ceremonia. El *kyrios* entregaba a la novia a su nuevo amo diciéndole: *«Te entrego a esta mujer para que te de hijos legítimos»*. En la fiesta se sentaban separados los hombres y las mujeres, comían torta y bebían vino.

Luego, el novio llevaba a su novel esposa a la casa de su padre en un carro, en medio de una procesión de familiares y amigos con antorchas y con doncellas tocando sus flautas y cantando himnos nupciales. Al llegar, *la levantaba para cruzar el umbral*, un rito de captura quizá resabio del rapto violatorio.

Los padres del novio la esperaban dentro para recibirla con una ceremonia religiosa y presentarle a los dioses familiares que, de allí en más, serían los nuevos dioses de la novia porque tenía que olvidar a los propios. Luego la pareja era acompañada a su alcoba y, entre risas, todos esperaban en la puerta hasta que el novio anunciara la consumación exitosa, el principal rito matrimonial. Era en la alcoba donde el novio le retiraba el velo, quizá viendo el rostro de su esposa por primera vez.

Xenón escribió *Oikonomos*, un manual de instrucción doméstica que describía las funciones que debía cumplir su esposa. Le dice entre otras joyas de romanticismo y galantería ática: *«Podría haberme encontrado una más bonita que tú, pero como nos convino a tu padre y a mí, me casé contigo».* De *oikonomos* (gobierno del hogar) deriva nuestra «economía».

El hombre podía pedir el divorcio sin causa, aunque las más comunes eran la esterilidad y el adulterio. El adulterio era causal de divorcio solo si era perpetrado por la mujer. Se decía del hombre engañado que llevaba *keroesses* (cuernos). Si bien la pena de la mujer adúltera o del hombre que tuviera relaciones con una mujer casada era la muerte, los griegos eran demasiado tolerantes a la concupiscencia como para hacer cumplir esa ley. La mujer era repudiada y el infractor, si era sorprendido en *flagrante delicto*, podía ser matado por el marido, golpeado por sus esclavos o, más civilizadamente, exigírsele una indemnización pecuniaria.

Llamativamente, las mujeres tenían derecho a pedir que un pariente masculino solicitara en su nombre el divorcio por crueldad, maltrato o abandono, pero no podían hablar durante el juicio, debiendo ser representadas por dicho familiar. En caso de ser concedido el divorcio, cualquiera fuera el causal, el padre retenía la custodia de los hijos. Los bienes de la dote seguían siendo nominalmente propiedad de la mujer; su marido gozaba de su control y usufructo, pero al divorciarse debía devolverlos a la familia de origen. El divorcio se pedía solo en casos extremos, porque salía caro y encima, dañaba la reputación de la mujer.

Las mujeres raramente salían de sus hogares y cuando salían a la calle usaban faldas largas y velos (al estilo islámico fundamentalista de hoy), pero se les veían los pies desnudos en las sandalias. La mayoría era de cabello oscuro, y el rubio era admirado (resabios aqueos y dóricos), por lo que muchas mujeres y hombres se lo teñían. Hombres y mujeres usaban el cabello largo y trenzado, y las mujeres se maquillaban y ponían alhajas.

Los hombres pudientes contrataban a un cocinero familiar; la comida para el hombre de la casa y sus invitados era algo demasiado importante como para ser dejado en manos de mujeres. La esposa vivía restringida al *gynaeceum* (gineceo), aposentos exclusivamente para mujeres, al fondo de la casa y en la zona de servicio. El frente de la casa, la recepción, era exclusivo para el hombre. La esposa debía ser invisible a los visitantes de su marido y al exterior; no debía ser vista ni oída, ni acercarse a una ventana que diera a la calle. Así, nadie podría hablar de ellas, ni bien ni mal, como dijo Tucídides. De hecho, la palidez femenina extrema era vista como un símbolo de estatus que demostraba que se trataba de la esposa de un hombre pudiente que la podía proteger debidamente de la corrupción del exterior de su casa, que no tenía que salir a trabajar o al mercado; encarnaba así el ideal de la mujer virtuosa. La mujer casada tenía prohibido concurrir como espectadora a los juegos olímpicos, bajo pena de muerte.

Su función era ser madres. Las solteronas no tenían utilidad social alguna y se volvían parias. No se podía ser ciudadano ateniense si ambos padres no eran nativos de la ciudad-estado. Esto actuaba como un incentivo para que los varones atenienses eligieran chicas locales en vez de exóticas mujeres extranjeras, así habría menos solteronas atenienses.

Pero hubo mujeres solteras que se ganaban la vida como dependientes de tienda, cortesanas y prostitutas.

La religión y la mujer

Los griegos no tenían un vocablo para identificar a su religión, pero la religión era central en su vida. No había separación entre religión y Estado, pero era el Estado el que controlaba la religión porque la religión estaba fusionada con el patriotismo. Los sacerdotes no eran más que funcionarios municipales y no había un sacerdocio centralizado y organizado. No había entonces Iglesia ni ortodoxia ni credo oficial. Ser religioso no demandaba creer en algo en particular, sino participar debidamente en los ritos oficiales cívico-religiosos (*ortopraxis* en vez de ortodoxia).

El ritual consistía en procesiones, cantos, oraciones, ofrendas y sacrificios, *tableaux* (cuadros) teatrales y frecuentemente una *comunión*, una comida ritual comunitaria. Se sacrificaban toros, ovejas o cerdos, y en épocas de gran tribulación se ofrecían sacrificios humanos. El sacrificio era propiciatorio, para pedir un favor o para aplacar el enojo de dioses celosos y malhumorados. La religión era más magia que ética, y la exactitud en el ritual era más importante que la corrección de la conducta. Había también santuarios y lugares sagrados donde los dioses contestaban crípticamente preguntas con la mediación de oráculos. La virtud religiosa dependía entonces más de las purificaciones rituales que de la nobleza de vida; para eso estaba la filosofía. Las divinidades, sin embargo, aunque no eran en absoluto ejemplos de moral, podían reaccionar y castigar la maldad extrema, la traición al juramento hacho en sus nombres y el *hybris* (la soberbia).

El culto a los muertos era fundamental, porque los que no eran apropiadamente enterrados (costumbre de raíces micénicas) o cremados (costumbre de raíces aqueas y dóricas) deambulaban perdidos por el *más allá*. Era un deber filial honrar y visitar a los muertos. Uno de los grandes temores de no tener hijos era el no contar con quien cumpliera con los ritos necesarios.

Morir para los griegos significaba ir al *Hades*, el *más allá*, que no era ni cielo ni infierno, sino un vacío. Las almas no sentían ni sufrimiento ni gozo, estaban simplemente desconectadas emocionalmente de sus seres queridos. Si bien los titanes y las almas extraordinariamente malvadas iban al *Tártaro*, ese infierno no era necesario para los mortales, porque la desconexión de sus familias era castigo más que suficiente, siendo la familia extendida la unidad social fundamental. Si uno creyera en un alma trascendente a la muerte, el modelo griego del *más allá* sonaría mucho más razonable que el judeocristiano.

Lo terrible del *Hades* era entonces la alienación social. Cuando Odiseo (Ulises) visita a Agamenón y Aquiles en el *Hades*, Aquiles, ya ni la sombra del héroe altivo que había sido, le dice que preferiría ser esclavo haciendo el peor trabajo en el peor lugar de Grecia, que ser rey del *más allá*, de la nada y solo. En *Antígona* de Sófocles, el castigo ala por el *hybris* (soberbia) de Creón es que pierde a su familia entera, la piedra fundamental de su identidad.

Como en Egipto, *en el Principio, fue el sexo*. Para los griegos antiguos el amor y la sexualidad estaban íntimamente vinculados con la creación. La cosmogonía griega es una intrincada saga de violación, incesto, homoerotismo, disfuncionalidad familiar, traición y asesinato, con mucho énfasis en el placer erótico y en la fertilidad.

El panteón griego era muy complejo, un crisol de mitos de la Mesopotamia, del Levante y quizá de la Europa céltica. La fragmentación genética, tribal y política de Grecia alentaba el politeísmo. Esa pasión grecorromana por dioses y semidioses esculpidos y puestos en pedestales perduró sincréticamente en el cristianismo mediterráneo, que reemplazó a los semidioses con santos y los puso en sus altares como intermediarios visibles y tangibles frente a un Dios invisible y remoto. Los judíos, en cambio fueron estrictamente monoteístas y no toleraban que se hicieran imágenes de su Dios (aniconismo).

Cuando una ciudad marchaba a la guerra, lo hacía con los estandartes de su dios o diosa al frente. Ninguna decisión importante se tomaba sin hacer una consulta adivinatoria previa. Como había ocurrido ancestralmente en los hogares, cada ciudad mantenía vivo el fuego sagrado en su altar público.

En la versión *Eurínome y Ofión* de la creación (la del huevo y la serpiente), en el *Principio* todo era caos y oscuridad. El caos era como un vasto mar en el que todos los elementos estaban mezclados. De esas aguas surgió desnuda *Eurínome* («la del buen nombre», quizá comparable al *Verbo* bíblico y al persa), la «gran diosa de todas las cosas», y comenzó a bailar. *Ofión* (la gran *serpiente* de las aguas) la vio bailar, fue invadido por el deseo y le hizo el amor de inmediato (una clara metáfora fálica). Ella tomó forma de paloma (como en la iconografía del Espíritu Santo) y puso un gran huevo universal. *Ofión* se enroscó alrededor del huevo hasta que quebró su cáscara y de allí surgieron la Tierra y todas sus criaturas. Sin saberlo, los griegos inventaron una metáfora de la fecundación de un óvulo por un espermatozoide. *Eurínome* amaba a *Ofión,* pero él se volvió insoportablemente petulante. *Eurínome* se hartó y le aplastó su cabeza con el talón (otro paralelo bíblico, *Génesis* 3:15 dice que la mujer le pisará la cabeza, lo que hace que en muchas imágenes de la Virgen María se la muestre pisando la cabeza de una serpiente) y lo expulsó al submundo.

El mito creacional alternativo es el de *Gaia* y *Urano* que muestra a una familia divina pero muy disfuncional. El universo empezó con *Caos,* un vacío profundo. De él (o ella) surgió *Gaia* o *Gea* (la Tierra) y otros seres primordiales como *Eros* (el amor), *Tártaro* (el abismo infernal) y *Érebo* (la oscuridad), más infinidad de espíritus en la naturaleza como las oceánides: las nereidas (ninfas del mar), las náyades (de agua dulce), las néfeles (de nubes), etc.

Gaia engendró asexualmente a *Urano* (el cielo), quien la fecundó incestuosamente, engendrando a los titanes, los cíclopes y los centimanos. El titán *Crono* (el tiempo) se casó con su hermana *Rea* y por pedido de *Gaia* castró a su padre *Urano* y arrojó sus testículos al mar, de cuya espuma surgió *Afrodita* (el amor y la belleza).

El conflicto edípico padre-hijo se reitera en el enfrentamiento de *Crono* con su propio hijo *Zeus*. Como *Crono* había traicionado a su padre y temía que le ocurriera lo mismo, cada vez que *Rea* le daba un hijo, se lo devoraba. *Rea* lo llegó a odiar, escondió a *Zeus* en una cueva y engañó a *Crono* con una piedra envuelta en pañales. *Zeus* fue amamantado por una cabra, a quien jugando le arrancó un cuerno. Compungido, bendijo ese cuerno y lo transformó en la cornucopia de la abundancia.

Cuando *Zeus* creció, envenenó a su padre y lo hizo vomitar a sus hermanos *Poseidón* (el mar) y *Hades* (el inframundo). Lucharon juntos entonces contra *Crono* y los titanes, los vencieron y los condenaron a prisión en el Tártaro, en el centro de la tierra. Hay un cierto paralelo con la expulsión de Lucifer y de sus secuaces al infierno de la mitología judeocristiana. Una *trinidad* se dividió entonces el poder, con *Zeus* en el cielo, *Poseidón* en el mar y *Hades* en el inframundo.

Como herencia mesopotámica, también en Grecia las diosas genéticas fueron eventualmente relegadas a un segundo plano y reemplazadas por dioses patriarcales. La *diosa madre tierra Gaia* fue degradada a *Deméter* (agricultura). Las diosas maternales que reinaban en Acadia, Argos, Atenas, y Éfeso, por ejemplo, con el devenir patriarcal fueron reemplazadas por *Zeus*, al asumir este por la fuerza el comando celestial.

Estos dioses no fueron omnipotentes ni omniscientes y eran mucho más antropomórficos que el mismo *Yahvé* de los hebreos. *Zeus*, por ejemplo, podía ser engañado y era enamoradizo e hipersexual; tenía una seria debilidad por las mujeres. Si bien *Zeus* estaba casado con *Hera* (*reina de los cielos* y de los dioses, patrona de las esposas) podía prescindir de sus servicios reproductivos masturbándose (por tener un útero en su propio pene), o violando princesas y damiselas mortales. Por ejemplo, *Atenea* (sabiduría y guerra) brotó de la cabeza de *Zeus*, ya adulta y vestida para el combate. *Atenea* marcó el rumbo ético de las virtudes de su ahijada Atenas con su orgullosa virginidad perpetua, su coraje marcial, su inteligencia y su sabiduría.

Es difícil discriminar entre dioses, hijos de dioses con mortales y héroes que eran ascendidos a semidioses. Por ejemplo, aprovechando que su bisnieto el rey Anfitrión de Tebas se había ido a la guerra, el incorregible *Zeus* sedujo o violó (era tenue la diferencia) a su esposa, la bella Alcmena, engendrando así a *Heracles* (*Hércules*). Como vemos, *Zeus* tenía una actitud sexual predatoria y agresiva, manifestándose como un seductor o violador serial (y no discriminatorio) de diosas o damas mortales, princesas o plebeyas, griegas o bárbaras, casadas o vírgenes. Aparte de sus varias esposas divinas, entre las mortales, además de Alcmena, raptó también a la doncella fenicia Europa disfrazado de toro, sedujo a Leda, la recién casada hija del rey Testio de Etolia disfrazado de cisne y engendró así a Helena de Esparta y de Troya. Sedujo también a la princesa Sémele para engendrar a *Dionisio*, a la princesa Dánae de Argos disfrazado de «lluvia dorada» engendrando así a *Perseo*, y a la sacerdotisa Io (del culto de su propia esposa *Hera*, agregando sal a la herida) disfrazado de nube. Como *Zeus* no dejaba títere con cabeza, también raptó al hermoso pastor adolescente Ganimedes, esta vez disfrazado de águila. Este último episodio mítico justificaba quizá la aceptación social de la pederastia entre hombres maduros y varones adolescentes, tan ubicua en la cultura griega antigua y originada quizá en el *harpagmos* (rapto ritual pederasta) de los cretenses.

Es más, para distanciarse de la memoria de su padre Felipe de Macedonia, Alejandro Magno declaró ser hijo de *Zeus*, quien habría seducido a su madre Olympias. Ella validó feliz esta versión porque detestaba a Felipe (se sospecha que lo hizo asesinar con la complicidad o al menos el asentimiento de Alejandro)[16].

Más popular que *Atenea* en el mundo griego extendido era su hermano *Apolo*, la brillante persona del sol, patrono de la música, la poesía y el arte, fundador de ciudades y gran legislador. El sentimiento de devoción patriarcal se extendió entonces de *Zeus* a *Apolo*. Este hijo de Zeus era asociado con el orden, la mesura y la belleza.

Otra hermana, *Artemisa*, era el modelo de la adolescente griega: hermosa, atlética, virgen y casta. Era la patrona de las parturientas, y en Éfeso mantuvo su carácter asiático como diosa de la maternidad y la fertilidad. De esa manera quedaron fusionadas las figuras de *virgen* y de *madre*, metáfora paradójica (casi un oxímoron) que en el siglo V de nuestra era sincretizó el cristianismo oficialmente para honrar a la madre de Jesús, haciendo coincidir la fiesta de su Asunción con el festival de la cosecha de *Artemisa* a mediados de agosto. Además, la tradición cristiana nos cuenta que la Virgen María fue asunta al cielo justamente desde Éfeso.

---

[16] El mito de la concepción de un hijo de una mortal fecundada por un dios o milagrosamente por su gracia, además de los muchos casos que aparecen en Grecia de mujeres fecundadas por Zeus incluyendo la de Alejandro (pura propaganda), tiene también raíces muy antiguas en Egipto (User-ka-f y Hatshepsut por *Amon-Ra*), Israel (Isaac y Melquisedec por *Yahvé*), Persia (Zaratustra por *Ahura Mazda*), Roma (Rómulo y Remo por *Marte*, César Augusto por *Apolo* - pura propaganda), India (*Krishna* por *Visnú*), y China (el Emperador Amarillo por un rayo desde las estrellas, Houshi por Shangdi, Laozi por una estrella, etc.). Por eso, la novedad de la concepción milagrosa de Jesús por María y el Espíritu Santo (una de las tres personas de Yavhé cristianizado), no causaba disonancia cognitiva ni hacía levantar una ceja en esa época.

Afrodita, en cambio, era la encarnación griega de la *Ishtar* mesopotámica. Se manifestaba un desdoblamiento muy griego entre la castidad, la virginidad y la maternidad (*Artemisa*) y la belleza y el amor (*Afrodita*). Es decir, evolucionando de diosa madre a diosa del amor, una deidad del placer sexual. El amor tomaba entonces dos formas: *ágape* como amor incondicional y reflexivo y *eros* como amor sexual. *Ares* era alto y apuesto, pero no se distinguía por su inteligencia o sutileza; era más bien un bruto irascible, sanguinario y bebedor, pero con talento bélico natural. Ni la belleza de *Afrodita* lo emocionaba tanto como una buena masacre.

Ya que la fuerza más potente y misteriosa era la reproducción, como en muchas otras culturas primitivas, los griegos adoraban sus principios y sus símbolos fálicos, que aparecían en los rituales y en las procesiones de *Hermes* (significa falo). Comenzó humildemente su carrera divina como un símbolo fálico en piedra que adornaba los hogares griegos para promover la fertilidad. Como dios de los viajeros, evolucionó a ser el heraldo de los dioses y finalmente dios del comercio y, no sorprendentemente, patrono también de estafadores y ladrones. Hoy parece que vende corbatas, perfumes y carteras carísimas.

Otro dios notable era el feúcho *Hefesto* (herrero y artesano) que era trabajador, honrado y escrupuloso. Desafortunadamente para él, se casó nada menos que con *Afrodita*; siendo difícil conciliar la belleza con la virtud, ella lo engañó con *Ares*. *Apolo*, con mucha mala onda, le fue con el chisme.

El más popular y divertido era *Dionisio*. Nacido en Tracia como patrono de la cerveza (eran arios pelirrojos, quizá celtas), se sofisticó en Grecia como dios del vino. Comenzó como mortal «*hijo de Dios*», engendrado por *Zeus* con la princesa Sémele. Era el favorito de *Zeus* y se sentaba a su lado en el trono celestial. Pero *Hera*, celosa como siempre, lo hizo asesinar brutalmente por los titanes, que lo descuartizaron. *Atenea* salvó su corazón y se lo llevó a *Zeus*. Con Sémele lo volvieron a fecundar, y *Dionisio* resucitó de entre los muertos ya como un dios hecho y derecho (en otro llamativo paralelo sincrético egipcio y cristiano).

Alrededor de *Dionisio* nació un culto celebrando su martirio, muerte y resurrección en la primavera septentrional (nuestra Pascua). Se descuartizaba un animal como víctima propiciatoria y *se comía su carne y bebía su sangre*, una *comunión* en la que *se comía al dios* para que entrara en los cuerpos de los creyentes. Las Ménades, o mujeres locas, marchaban en procesión, bebían vino, bailaban y entraban en éxtasis, sus almas poseídas por Dionisio.

Recalco que celebramos la Asunción de María en la fiesta de *Artemisa*, y la Resurrección de Cristo en la fiesta de *Dionisio*, tal es el sincretismo que quizá fuera necesario para poder injertar mitos palestinos al mundo helenístico[17].

La autora feminista Camille Paglia interpretó que el conflicto primario de la cultura occidental que marcó la sucesión de continuidades y cambios en la historia es entre dos metáforas binarias de la religión griega: *Apolo* (orden divino y simetría) y *Dionisio* (naturaleza humana, caos, desorden y entropía).

Esa generación de dioses tubo también progenie y todos convivían en el conflictivo consorcio del Olimpo, bien antropomórfico, llevándose como la mona. El pedimento que se robó lord Elgin del Partenón para «preservarlo mejor» en el Museo Británico, los muestra juntos pero no interactuando entre ellos.

A pesar de la preeminencia de figuras femeninas poderosas en su mitología, la condición de la mujer era una de

---

[17] Esa táctica de evangelización mediante sincretismo perduró en los siglos, como en el caso de la Virgen de Guadalupe reemplazando a la diosa azteca Tonantzin.

absoluta subordinación. *Afrodita* y *Adonis* eran el eco heredero de los mesopotámicos *Ishtar* y *Tammuz*. Como en toda sociedad agraria, *Demeter, Perséfone* y *Artemisa* eran reverenciadas por representar la fertilidad. Las musas eran celebradas por su belleza y talentos artísticos. Sin embargo, la literatura masculina pinta a muchas diosas o semidiosas como problemáticas, como la celosa *Hera,* la seductora, manipuladora e infiel *Afrodita*, la bruja Medea, Helena como causante de la Guerra de Troya, y las hermosas pero mortíferas sirenas.

Hera, reina de los cielos, esposa de *Zeus* y celosa cornuda serial, es representada como una mujer maquinadora y mendaz que distraía a *Zeus* de sus deberes, sentando en Occidente las bases de milenios de inseguridad masculina con las mujeres, y de nuestra propia misoginia.

Es más, por la trasgresión de *Prometeo* al darnos el fuego (un paralelo al pecado original judeocristiano), los dioses para castigar a los hombres crean a la *mujer*; un auténtico castigo divino, lo que habla a voces de la actitud hacia ellas. *Zeus* hizo crear *de arcilla* a una mujer (lo que la hacía secundaria al hombre), *Afrodita* la hizo muy bella y le enseñó las artes del amor y *Atenea* le enseñó a cocinar, hilar y tejer. La llamaron *Pandora* (bien dotada). Lo que parecía un buen regalo era en realidad un «regalo griego» (como el caballo de Troya), porque *Zeus* le dio a *Pandora* la curiosidad femenina y le entregó una caja de arcilla que no debía ser abierta en ninguna circunstancia (un cruel juego mental divino similar al del libre albedrío que nos da *Yahvé* como puerta a la perdición y al castigo). *Prometeo* se dio cuenta del peligro y le dijo a su hermano *Epimeteo,* enamorado a primera vista de Pandora, que no aceptara ambos regalos. *Epimeteo* no le hizo caso y se casó con *Pandora*. No pudiendo con su genio femenino, la bella *Pandora* abrió la caja, de la cual surgieron todas las plagas, venenos, enfermedades y vicios humanos.

La *Medusa* era un ser del inframundo con cabellera de serpientes, que convertía en piedra quienes la miraban a los ojos. La cabellera de serpientes es un poco sutil símbolo de usurpación fálica (el psicoanálisis lo relaciona con la castración); *Medusa* es una *femme fatale* que usurpa el poder masculino, *Perseo* la degüella y usa su cabeza como trofeo y como arma.

Notamos que los dioses olímpicos eran muy antropomórficos en su estética y en su conducta; se comportaban como nosotros los mortales, con las mismas miserias y debilidades. No eran fuentes de moralidad; esa propiedad divina se hace notable en las tres religiones abrahámicas; los dioses griegos no estaban para impartir moralidad entre los humanos y dejaban que los conflictos morales fueran resueltos entre ellos.

Hacia fines de la época clásica y con la evolución de la filosofía, se fue desacralizando la religión porque fue cambiando la manera de pensar. Si bien Pitágoras y Platón asociaban filosofía con religión y apoyaban la doctrina de la inmortalidad del alma, Protágoras dudaba, Sócrates ignoraba, Aristóteles, Epicuro y Jenófanes eran deístas metafísicos e irreligiosos, Demócrito negaba, y Eurípides ya ridiculizaba a los dioses.

Esa desacralización sería más patente en el período ecuménico del helenismo, post-Alejandro y su conquistas en Asia y África. Los griegos conquistaron e interactuaron con el mundo y el mundo los transformó. El helenismo fue en esencia greguizar el mundo conquistado. Se creó el «*Oikoumene*» (hogar expandido, de donde deriva ecumenismo) y en la religión se acentuó el *sincretismo*: la combinación de ideas de diferentes culturas en el arte, la arquitectura, la filosofía y la teología. Por ejemplo en Alejandría, esa sociedad intelectual y multicultural greco-egipcia y la máxima expresión del helenismo, evolucionó como patrono un dios sincrético: *Serapis*.

Habíamos dicho ya que los dioses olímpicos se venían devaluando. Alejandro concluyó también que los dioses de los pueblos conquistados eran simplemente las contrapartes de los dioses griegos, que no eran entonces más que manifestaciones locales de dioses universales. Los filósofos helenistas pudieron entonces creer en dioses más abstractos que sus representaciones vernáculas.

La extrapolación lógica fue la posible existencia de una fuerza creadora subyacente, principal y universal. Esa idea ya había madurado en la Persia que conquistaron, donde se practicaba el zoroastrismo, originalmente un *henoteísmo* o *monolatría*, que había tomado a su dios como el más importante de todos, pero admirablemente respetaba el derecho de otros pueblos a seguir a sus propios dioses. Del henoteísmo (nuestro dios es el mejor) al *monoteísmo* (hay un solo Dios) hay un paso. Esa falta de dogmatismo y ese sincretismo, que los romanos heredarían del helenismo, fue quizás un paso teológico que allanó el sendero para el monoteísmo que conquistó al Imperio romano siglos más tarde en su versión judeocristiana.

En todo caso, los dioses eran distantes y menos queridos por la gente que los héroes semidivinos Hércules, Aquiles y Alejandro, quienes eran ya aún más imperfectos y humanos, como nosotros. El foco pasó entonces de los dioses al hombre. Casi dos milenios antes del humanismo los griegos fueron humanistas sin saberlo. Claro que fueron la inspiración del humanismo, el cambio en el pensamiento que provocaría el fin de la Edad Media y el comienzo del Renacimiento.

La moralidad sexual

La religión, como dijimos, no incluía un sistema de moralidad en nuestro sentido estricto. Se valoraba la mesura y el autocontrol, pero no había concepto del pecado sensual. Las mujeres de buena familia estaban acotadas por la castidad, pero no así los hombres solteros ni casados.

La mayor actividad social masculina diurna transcurría en la *ágora*, el foro público para asambleas, templos, tertulias filosóficas y mercado. La actividad nocturna era en un *symposium*, reunión de hombres para beber vino copiosamente, con el agregado de una buena conversación para entretenimiento intelectual, y a veces erótico, a cargo de *hetairai* (cortesanas de alta gama, como las *geishas*).

Decía complacido Demóstenes: «*tenemos hetairai para nuestro placer, prostitutas para la salud de nuestros cuerpos, y esposas para darnos hijos y cuidar de nuestros hogares*»; esa frase sintetiza la actitud ateniense hacia la mujer. Ya que la motivación matrimonial no era el enamoramiento sino la propiedad, las esposas podían esperar *philia* (afecto amistoso) de sus maridos, pero el *ágape* (amor trascendente) no era indispensable, y la satisfacción del *eros* era buscada por los maridos en otro lado. La *hetaira* lo cultivaba intelectualmente y lo entretenía, la prostituta o concubina lo cuidaba con masajes y placeres sexuales y la esposa le daba hijos legítimos y le cuidaba el hogar. Como si esto fuera poco, el *kyrios* tenía también derechos sexuales sobre sus esclavas domésticas, quienes no se podían negar a sus demandas.

Como dijimos, el amor romántico era irrelevante para el matrimonio y se solía confundir con el apetito sexual (más *eros* que *ágape*). Es más, esos griegos consideraban al amor romántico como una forma de posesión o hasta una locura obsesiva, y se hubieran muerto de risa frente a nuestra manía de mezclar ese tipo de amor con el matrimonio.

La esposa ateniense debía llegar virgen al matrimonio y continuar siendo absolutamente casta. Eso se apuntalaba con casarlas apenas púberes y tenerlas encerradas en sus casas. Hasta el poder generativo, la fertilidad de la vida era patrimonio masculino. El hombre generaba la vida; en la concepción aristotélica la mujer era solamente el receptáculo, la maceta para contener y nutrir a la semilla.

La prostitución era regulada por el Estado y los usuarios debían pagar un impuesto. La clase más alta era la de las mencionadas *hetairai* (literalmente «compañeras»), mujeres de la clase ciudadana con educación suficiente como para poder mantener una conversación interesante. Podían debatir con sus clientes, gozando entonces de una libertad de expresión negada a las esposas. Recibían a sus amantes en sus propias casas o los acompañaban al simposio. Podían entrar solamente al templo de su patrona, *Afrodita*. Las hubo muy famosas, como **Clepsidra**, que marcaba estrictamente el tiempo del encuentro con un reloj de arena, **Targelia** quien espiaba para los persas como una Mata Hari, y **Friné**, la modelo del gran escultor Praxíteles y el objeto de un soneto de Quevedo.

El escalafón intermedio era el de las *auletrides*, mujeres que bailaban a domicilio lascivamente en las fiestas de hombres, tocaban la flauta (lo digo literal y también metafóricamente) y luego pernoctaban con ellos. El escalafón más bajo de prostituta era el de las *pornai* (de donde proviene nuestro término pornografía, dibujos de prostitutas), en prostíbulos marcados con un símbolo fálico en el puerto del Pireo. Las chicas se podían alquilar por hora, día, semana, o mes, o para ser compartidas entre varios clientes.

Al margen, la mayor competencia laboral de las prostitutas eran los mancebos, por esa proclividad tan griega a la bisexualidad. Platón, cuando habla del amor en su dialogo *Fedro*, se refiere al amor homosexual, y en ese *symposium* los concurrentes concluyen que el amor hombre-hombre es hasta considerado más puro. Las prostitutas no se quedaban atrás y era común el lesbianismo entre ellas, agregando fluidez de género a las costumbres atenienses. Como ya dijimos, los poemas de amor erótico entre mujeres producidos en la academia de **Safo de Mitilene** en la isla de Lesbos nos han legado el «lesbianismo»[18].

Se esperaba que todo ciudadano ateniense tuviese hijos, y las fuerzas de la religión, la propiedad y el Estado se aliaban en desalentar no tenerlos; si no los tenían debían adoptarlos. Pero los atenienses pudientes tenían relativamente pocos hijos a fin de mantener consolidado el patrimonio familiar. Utilizaban métodos anticonceptivos como insertar pasta de silfio u otra substancia vegetal pegajosa en la vagina. Extendían también la lactancia para espaciar los hijos.

Platón menciona que las parteras practicaban abortos en la gestación temprana; aunque no estaban autorizados, generalmente no eran penalizados. Los médicos, en función del juramento hipocrático, no los hacían. Pero no había tanto prurito respecto del infanticidio, que servía para controlar el crecimiento demográfico y evitar la pauperización resultante del fraccionamiento extremo de la tierra entre la prole.

Al décimo día de nacer, ya más confiable su viabilidad, los bebes eran aceptados ritualmente junto al fuego familiar, recibían regalos y su nombre. Las recién nacidas corrían mucho mayor riesgo de ser abandonadas por exposición que los varones por su potencial de dilución del patrimonio familiar. Los hijos de esclavos rara vez eran exentos de la exposición. Una vez aceptados, no podían ser expuestos. La desalmada práctica era en cierta manera atenuada por el método; los dejaban en una fuente de cerámica cerca de un templo, donde muy

---

18   Poema 31 de Safo: «*Un igual a los dioses me parece / el hombre aquel que frente a ti se sienta, / que escucha el sonido de tu voz dulce tan cercana / y bebe tu risa encantadora. / Verte, lo juro, acelera mi corazón, / tu mirada más breve me quita el habla. / Mi lengua queda inerte / y una delicada llama arde bajo toda mi piel. / Mis ojos ya no ven, / mis oídos zumban, pulsantes. / Me desborda el sudor, / el miedo sujeta a mi corazón. / Empalidezco más que la hierba en el prado / me siento casi muerta*».

frecuentemente serían rescatados por alguien que buscara adoptar hijos o esclavos.

Los bebes enfermizos o con malformaciones no tenían tanta suerte. Esa cruel eugenesia actuaba de fría selección natural y de contrapeso de la endogamia, utilizada como recurso para no diluir el patrimonio familiar. Los filósofos casi unánimemente aprobaban el infanticidio como método de control del tamaño de la familia. Aristóteles, en cambio, defendía al aborto como preferible al infanticidio.

Espiando a la sexualidad por la mirilla del arte

Desde el período arcaico, las mujeres eran representadas escultóricamente con la sonrisa boba (la sonrisa arcaica) y vestidas de la cabeza a los pies, aunque se insinuaba su sexualidad con sugestivas transparencias. Es evidente que la actitud frente al pudor cambió durante el período clásico junto con la desacralización religiosa, lo que ha resultado ser una constante histórica. Las esculturas desnudas dejaron de ser exclusivamente masculinas.

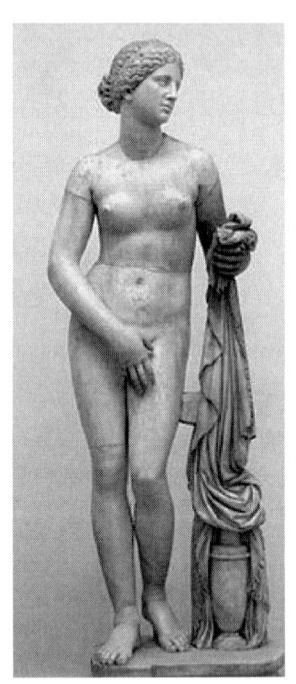

La hetaira más célebre fue la mencionada **Friné**, modelo y amante de Praxíteles. La usó para su *Afrodita de Knidos* (Figura 12) con un cuerpo bien humano sin idealizar y tomando un

baño, borroneando así la línea entre lo sagrado y lo profano, entre diosa y meretriz. Debido a eso, Praxíteles fue duramente criticado por los piadosos de su época[19].

Pero, como dijimos al hablar de su religión, los mitos también ilustran las ansiedades sexuales de esa cultura. Un mito revelador es el de las *amazonas*. En un ánfora del siglo VI AC (Figura 13), Aquiles mata a Pentesilea, reina de las amazonas, quien luchaba en el bando pro-Troya. Cuenta el mito que era tan hermosa, que Aquiles se enamoró de ella, paradójicamente, en el instante en que la mataba (hay amores que matan).

Otra escena, esta de una metopa del Partenón (Figura 14) muestra esa batalla entre griegos y amazonas. La leyenda griega es que las amazonas eran guerreras lesbianas que combatían desnudas como los hombres, los odiaban y los usaban solo como una herramienta necesaria de

---

[19]   La relación amorosa entre Praxíteles y su modelo Friné inició ese cliché, e inspiró la opereta cómica Phyrné de Saint-Saëns, y también el soneto de Quevedo que comienza: «*Si Venus hizo de oro a Fryne bella /en pago a Venus hizo de oro Fryne / porque el lascivo corazón se incline / al precio de sus culpas como a ella...*».

reproducción, tenían que matar uno para ganarse el derecho a perder su virginidad, y mataban a sus bebés varones al nacer.

La existencia de una sociedad regida por mujeres y que prescindiera de los mismos es, como dijimos, un mito masculino griego que desnuda su temor a las mujeres y a la usurpación fálica; *la buena amazona era la amazona muerta*. Probablemente, las amazonas fueron en realidad guerreras escitas (una tribu irania, es decir aria, de las estepas de Asia Central, que habitaba cerca del Mar Negro y que había apoyado a Troya), gozaban de equidad con sus hombres y combatían codo a codo con ellos, como las «doncellas con escudo» (*skjaldmær*) de las sagas vikingas. Tanta impresión les causó eso a los patriarcales griegos, que los clásicos las representaban míticamente en su arte seis siglos después de la guerra de Troya, con una mezcla de escándalo y admiración (Aquiles la mata, pero se enamora).

Otra serie de metopas en el Partenón ilustra la batalla de los lápitas contra los centauros. Este mito parece reflejar la tensión entre los bajos instintos del «bárbaro» (cualquiera que no hablara griego) y el comportamiento del griego civilizado. Tesalia era una zona griega de frontera, ya en los Balcanes; el mito refleja quizá entonces la expulsión de bárbaros, tal vez una tribu que combatía a caballo con tal destreza, que jinete y equino parecían uno. Es más, los mayas también interpretaron que el conquistador español y su caballo eran una sola bestia.

Ambas tribus, lápitas y centauros, descendían de *Apolo*. En la boda del rey de los lápitas con una domadora de caballos, los primos lejanos centauros (mitad superior hombres y mitad caballos, fruto de la cruza entre ambos) fueron gentilmente invitados. No acostumbrados al vino (lo bebieron puro, sin rebajarlo con agua como los refinados griegos) y careciendo de modales, se pusieron pesados, trataron de raptar a la novia, a otras doncellas y niñas, y ya que estaban a algunos varoncitos. Lógicamente, se armó el entrevero que derivó en batalla. El héroe lapita Céneo (uno de los argonautas de Jasón) venció a los centauros con la ayuda del héroe Teseo (el matador del Minotauro) que casualmente pasaba por ahí, y los centauros fueron así expulsados de Tesalia.

Para nosotros, lo más interesante del altercado es el mito de Céneo. Había nacido como mujer, Cene. Fue raptada y violada por *Poseidón*, quien luego se encariñó con ella y le ofreció un deseo. Traumatizada por aquella violencia sexual, le pidió que la transformase en un hombre fuerte, así nunca más la violarían. *Poseidón* accedió a sus ruegos, la metamorfoseó en hombre y lo hizo un guerrero formidable e invulnerable a espadas, jabalinas y flechas (formas fálicas). Sin embargo, en la batalla de Tesalia los centauros lograron aplastarlo y sepultarlo con piedras y troncos, antes de retirarse vencidos. Céneo descendió al Tártaro, el abismo donde eran castigados los titanes y las almas extremadamente malvadas, pero resucitó como un ave dorada[20]. Es decir, tenían un héroe transexual, que sufrió un proceso de *muerte y resurrección*.

Una figura desconcertante de la mitología griega es el *sátiro*, un hombre bestial con cola de caballo, orejas de burro, pelada incipiente y erección permanente, que se dedicaba

---

[20]   ¿Qué ecos culturales les resuenan con los mitos de amazonas y centauros, del más remoto pasado? Me resuenan tres:
- Ecos de lesbianismo, misoginia, androfobia o misandria, infanticidio, zoofilia, pedofilia bisexual, violencia sexual, y transgénero. Quizá seamos menos «modernos» de lo que nos creemos.
- El Tártaro para Platón era también el lugar en que los titanes y las almas inusitadamente malvadas recibían el castigo divino. Es mencionado como la cárcel para los ángeles caídos (demonios) en los libros de *Job* y de *Enoch* de los hebreos. La similitud conceptual y de imagen podría ser también un indicio más del sincretismo o del origen común de los mitos entre del Mediterráneo, el Levante y la Mesopotamia.
- Casualmente, un héroe es muerto y sepultado, desciende al infierno, resucita, y sube a los cielos...

entusiastamente al baile, el vino, la masturbación, la violación de ninfas, la sodomía y hasta la necrofilia. Hay ánforas mostrando a hirsutos sátiros masturbándose mientras se insertan un cilindro en el ano. Nos han legado la *satiriasis* (desorden mental de hipersexualidad masculina).

*

En conclusión, a pesar de ser una sociedad militarista e inherentemente conservadora, paradójicamente en este caso, el militarismo extremo creó un sistema inusualmente liberal para la mujer espartana, incluyendo educación, independencia económica y libertad sexual.

Para Aristóteles, tanta relativa liberalidad para con las mujeres era motivo de escándalo y había sido la causa de la caída de Esparta. En realidad, el poder de Esparta cayó al caer tanto su natalidad como para no poder reemplazar sustentablemente su masa de guerreros, la cantidad de muertos que provocó la extendida Guerra del Peloponeso contra Atenas y un devastador terremoto en Laconia.

En su antítesis y némesis, la iluminada Atenas ofrecía liberalidad sexual solo a los hombres, trataba deplorablemente a sus mujeres, una regresión respecto de Sumeria, Egipto, Creta e incluso de la Grecia heroica. Esa es una mancha oscura en su gloria e influyó en su sucesora helenística, la cultura romana. Tristemente en conjunción con la otra gran tradición cultural que nutrió a Occidente, la judeocristiana, aseguraron el sometimiento de nuestras mujeres durante más de dos milenios.

7.   De Etrusca a Romana

> *«Nadie disfruta más la venganza que una mujer»*
>
> Juvenal

Nuestra vida cotidiana está enmarcada por nuestra herencia romana; le debemos innovaciones en arquitectura e ingeniería civil, la base de nuestro idioma, el triunfo del cristianismo en Europa, nuestro calendario, nuestro sistema de leyes y, sobre todo, la república.

Roma fue un caso de éxito extraordinario a partir de un origen muy humilde. La zona estaba habitada en el Paleolítico, desde hace unos 14.000 años. Hacia el siglo IX u VIII AC, el mítico Rómulo fundó una pequeña ciudad en medio de un pantano, que luego creció integrando aldeas asentadas en las siete colinas a su alrededor. Estaba ubicada al margen de un río menor con salida al mar, rodeada de tribus enemigas y subyugada por una civilización dominante, la etrusca.

A fuerza de un espíritu indomable y una ética guerrera espartana, recia y estoica, que incluía sacrificio personal, preparación, ingenio y perseverancia indeclinable, consiguió primero su independencia, luego conquistó Italia, y finalmente forjó un Imperio que controlaba gran parte de su mundo conocido.

Fue tomando uno por uno los cuatro reinos en que se había fracturado el imperio helenístico de Alejandro. Se apropió de esa cultura y la exportó a sus otras conquistas: más allá del Danubio y del Rin, a Dacia, Cartago, Numidia, Mauritania, las Galias, Bretaña e Iberia. La ciudad de Roma, en su apogeo, llegó al millón de habitantes.

Roma duró un milenio en Occidente y otro milenio más en Oriente como Bizancio y, construyendo sobre la base filosófica y artística griega, marcó a fuego nuestra cultura en cuanto a lenguaje, leyes, organización y administración política, arquitectura y religión.

Obviamente, sus costumbres también fueron cambiando con sus eras, desde la democrática, republicana y estoica, a la oligárquica, imperial y epicúrea. No obstante, vamos a intentar una generalización descriptiva para poder hacer un contrapunto con lo que acabamos de decir sobre las mujeres de Atenas.

Ya hemos visto su antecedente cultural helenístico, Grecia. Veamos ahora su antecesora geográfica, Etruria.

En Etruria

El preludio de la civilización romana fue la que ocupaba Etruria (Toscana, Véneto, Lombardía, Emilia-Romana y Campania) del 700 al 50 AC, y que inicialmente dominaba a la pequeña ciudad de Roma y al resto de los habitantes del *Latium*, los latinos. Muchas costumbres romanas fueron heredadas de sus antiguos amos etruscos. El origen de ese pueblo es un misterio ya que su lengua, al igual que el vasco, el húngaro y el turco, no tenía las raíces indoeuropeas comunes. Se especula por algunas de sus costumbres que eran aguerridos invasores provenidos de Lidia, la parte occidental de Asia Menor, donde convivían colonias y costumbres griegas con civilizaciones asiáticas, como la de Troya. Quizá sea ese el origen del mito fundacional romano de *Eneas* y la herencia troyana.

La situación de la mujer etrusca

Las mujeres etruscas eran famosas por su belleza y gozaban de mayores libertades que sus coetáneas griegas. Participaban en los simposios con sus maridos, todos reclinados sin segregación de género en elegantes divanes, comiendo, bebiendo y siendo entretenidos por músicos y bailarinas. Gozaban de un alto perfil y se las ve representadas en el arte como socialmente prominentes. Es más, la genealogía se definía por vía matrilineal, otro indicio de su probable origen asiático genético, o al menos cultural.

Las niñas recibían educación a la par que sus hermanos. Por ejemplo, **Tanaquil**, la esposa del primer Tarquino, era versada en matemáticas, medicina y participaba en las intrigas políticas. Había gran libertad sexual para la mujer etrusca, que era muy criticada por los otros pueblos por la costumbre de las chicas jóvenes de prostituirse para recaudar la dote necesaria para poder casarse.

La religión etrusca dejó sus rastros no solo en la romana, sino también en el sincretismo cristiano en Roma. Otorgaban gran importancia al entierro de sus muertos, costumbre más asiática (enterraban como los micénicos) que latina (cremaban como los aqueos). La tradición funeraria etrusca fue retomada por los cristianos, que buscaron lugar en las catacumbas para enterrar a sus muertos, porque el cuerpo era imprescindible para la inminente Segunda Venida, el fin de los tiempos y la resurrección general.

El Sarcófago de terracota etrusco (Figura 15) da indicios de la actitud hacia la mujer (enterrados juntos, ella en el primer plano), y de la influencia del arte arcaico griego en el arte etrusco (estilización, sonrisa arcaica).

El dios principal etrusco era *Tinia,* equivalente al *Zeus* griego y al *Júpiter* romano, asistido por los ocho grandes dioses, incluyendo a *Uni* (*Juno*), *Aritimi* (*Artemisa*), *Menrva* (*Minerva*), *Cel* (*Gaia-Cibeles*), *Atunis* (*Adonis*) y *Paca* (*Baco*). Por la mezcla de nombres similares a los griegos, latinos y anatolios, podemos deducir que era una religión sincrética y también, que algunos dioses griegos migraron a los romanos quizás a través de los etruscos.

El futuro se adivinaba por la lectura de hígados de oveja y el patrón del vuelo de las aves, habilidades que mantuvieron los romanos. Ofrecían sacrificios animales (ovejas o toros) y también humanos en los funerales de los grandes hombres. Se sacrificaban prisioneros de guerra degollándolos, lapidándolos o enterrándolos vivos en la tumba del poderoso. Así, unos trescientos prisioneros romanos fueron lapidados en Alalia en 535 AC. En una tumba de un gran guerrero en Caere fueron encontrados los restos de su mujer, vestida de novia y con todas sus alhajas, pero no sabemos si murió o se suicidó por tristeza, o si fue sacrificada.

Uno de los aspectos distintivos de la religión etrusca era su creencia en el infierno. El alma de los muertos era conducida allí por un genio para su *juicio final*, donde se podía defender y probar su inocencia. De ser encontrada culpable, sufriría tormentos inimaginables *por toda la eternidad*. Ese concepto, llamativamente similar al persa, influyó en el del infierno cristiano mucho más que el del *Sheol* judío o el *Hades* griego (sin tormento; la separación de Dios o de la familia era castigo suficiente), y se replicó en otros autores nacidos en territorios de herencia etrusca, como Virgilio y el Dante.

En Roma

Roma comenzó siendo estoica (la República) pero acabó epicúrea (el Imperio), por lo que, a lo largo de su milenio en Occidente, las costumbres fueron cambiando. El rol de la mujer ha sido quizá sesgado también por el relato en boca de escandalizados hombres conservadores.

Las mujeres romanas tuvieron algo menos de protagonismo que las etruscas, pero mucho más que las griegas clásicas. Aunque nacían libres y ciudadanas, no podían votar ni ocupar cargos públicos excepto los religiosos, como el de las sacerdotisas vestales, mujeres emancipadas de sus padres y que no respondían a otro superior que al *pontifex maximus*. Sí se podían dedicar al comercio o a la industria, pero no así las patricias, por considerarse una ocupación innoble para la elite senatorial.

Los romanos admiraban y trataban de emular a sus súbditos griegos. La educación preescolar de los hijos e hijas de los patricios era impartida en casa por institutrices, usualmente griegas. Había quienes continuaban con la educación primaria desde los siete años con tutores en casa, pero Quintiliano aconsejaba no privar a los niños de nuevas amistades y rivalidades competitivas, por lo que la norma era concurrir a una escuela privada. Como en Grecia, los chicos eran escoltados a la escuela por su *paedagogus* (guía de niños), para velar por su seguridad física y moral. Tanto el *paedagogus* como el *ludi magister* (jefe de escuela de educación primaria) eran también usualmente griegos, libres o aún esclavos. Enseñaban latín, griego, literatura, moral y virtudes romanas.

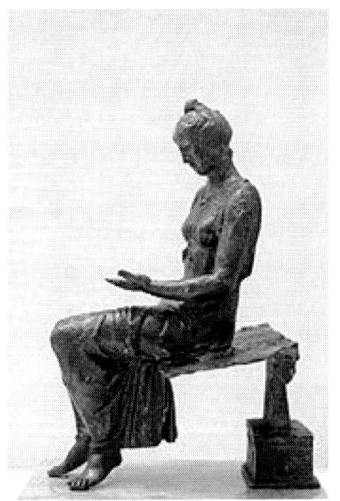

Hacia los 13 años los púberes de ambos sexos de la elite pasaban a la escuela secundaria para ser instruidos por *ludi grammatici*, griegos libres; había unos veinte colegios secundarios privados en Roma en el 130 AC.

Profundizaban allí su educación en gramática, literatura y poesía, en latín y sobre todo en griego, además de música, astronomía, historia, mitología y filosofía (Figura 16). Para el estatus social, era importante poder recitar a Homero en griego y de memoria. En la educación de las niñas se ponía más énfasis en la música y el baile.

Desde los 16 años, los más ricos y capaces accederían a la muy cara educación terciaria bajo *rhetors* en música, geometría, astronomía, retórica, derecho y filosofía (incluyendo la filosofía natural, es decir, la ciencia física y la médica). Eso se llamaba «educación liberal», porque quedarían liberados de por vida de realizar un trabajo físico. Muy pocas jóvenes, de la elite patricia o senatorial y usualmente ya casadas, alcanzaban el nivel educativo que hoy consideraríamos de grado y de posgrado universitario, pero sin título formal.

Se formaban así políticos y magistrados elocuentes, aunque para alcanzar el poder era más importante una exitosa experiencia militar más que académica. Los varones excepcionalmente estudiosos y brillantes eran enviados a Atenas para especializarse en filosofía, a Alejandría en medicina o a Rodas en retórica, y continuaban estudiando hasta pasados los 25 años.

La situación de la mujer romana

Las mujeres eran las administradoras del hogar y se ocupaban de la familia, de los esclavos y de ser anfitrionas de aliados o *clientes* (vasallos) de su marido.

En la era estoica era fundamental encargarse de que fueran tejidas o cosidas prendas suficientes para toda la familia. Por ejemplo, la mítica Lucrecia probó su virtud y su *pietas* cuando su esposo regresó de sorpresa del frente de guerra y la encontró tejiendo laboriosamente. Su virtud despertó la envidia de Sixto y lo impulsó a tratar de seducirla y en su defecto, violarla.

Las romanas no estaban confinadas en el *gynaeceum* de sus casas como las griegas y salían en litera a visitar amigas, a los templos y para higienizarse y socializar a los baños públicos. Las mujeres podían presenciar debates en el Foro, ir al hipódromo, al circo, o al teatro. Las nobles frecuentemente acompañaban a sus maridos en sus campañas militares. Al contrario de las mujeres griegas, las romanas podían hablar en público refiriéndose a sí mismas o en defensa de otras mujeres, pero no podían hablar en nombre de hombres o de la sociedad en general.

Las esclavas de la clase alta podían ser emancipadas por sus amos (o comprar su libertad) y, por estar mejor preparadas, competían laboralmente con ventaja con las que habían nacido libres, pero eran pobres y sin educación alguna. No era inusual que un amo emancipara a su esclava para casarse con ella.

Aunque la maternidad dedicada era idealizada y la lactancia alabada, las patricias elegantes valoraban su independencia y sus labores administrativas, de anfitrionas o educativas, y no se dedicaban a obligaciones maternales, incluida la lactancia; contrataban amas de leche.

Las mujeres podían ser propietarias y, salvo testamento explícito, heredaban en igualdad de proporción que sus hermanos, pero hasta un límite de 100 mil sestercios (unos 150 mil dólares de hoy). El marido podía desheredarlas y dejarlas sin nada al enviudar.

Al llegar a la era imperial, si bien la legislación estoica seguía sometiendo a la mujer, la costumbre epicúrea la liberaba. La mujer se movía entonces con casi la misma liberalidad que el hombre, buscando educación y cultura (aprender griego, filosofía, medicina, derecho, poesía, música, canto, danza, y abrir salones literarios).

Tal relativa emancipación se reflejó también en el aumento de las oportunidades laborales, desde artesanas y obreras textiles, hasta abogadas y médicas. Aumentó para la mujer su visibilidad e indirectamente su poder, con una fuerte correlación entre audacia sexual e intriga política. Ese tímido poder político femenino se manifestaba en casos de esposas de gobernadores revistando tropas, o las vírgenes vestales consiguiendo puestos para sus parientes y amigos.

Catón y Juvenal se horrorizaban de que hubiera actrices (hasta entonces todos los papeles eran protagonizados por hombres), poetas, atletas y hasta gladiadoras. Roma se estaba volviendo una sociedad de dos géneros, muy alejada del ideal de la Atenas de Pericles, y eso provocaba las inevitables aprehensiones masculinas y ansiedades patriarcales y conservadoras; Catón alertaba de que esa igualdad terminaría indefectiblemente en la dominación de los hombres por las mujeres[21].

Mujeres romanas

Lucrecia fue una figura probablemente mítica, cuya violación en manos del príncipe etrusco Sixto Tarquino y su posterior suicidio habrían catalizado la independencia, la caída de la monarquía y la instalación de la República. Curiosamente, los míticos héroes masculinos fundacionales como Gayo Mucio Escévola (el que puso voluntariamente la mano en el fuego cuando un rey enemigo lo amenazaba con esa tortura) y Horacio Cocles (el que defendió un puente él solito contra todo un ejército) sobrevivieron a sus dificultades, pero Lucrecia, la única heroína fundacional, a pesar de ser inocente, murió con honor

---

[21] Catón declaró irónicamente: «En toda la humanidad los hombres gobiernan a sus mujeres; nosotros gobernamos a toda la humanidad, pero nuestras mujeres nos gobiernan a nosotros».

por su propia mano para no dar un mal ejemplo a otras mujeres y erosionar así el ideal femenino romano. Aunque era la inocente víctima de una violación, quiso pagar de todas maneras su «infidelidad». Tal era la propaganda moral de los romanos.

La mujer podía hablar en su propia defensa en los juicios, pero no dar testimonio en causas de terceros. El demostrar habilidad retórica era una característica del hombre exitoso y completo. **Maesia Sentinas** fue tan elocuente con su defensa en la corte de justicia (una habilidad muy admirada por los romanos) que fue acusada de *«tener un espíritu viril»* y llamada *«la andrógina»* de allí en más. Como Aspasia en la Atenas de Pericles, si era tan elocuente como el mejor de los hombres, no podía ser una mujer de verdad.

Cornelia, la segunda hija de Scipio Africanus Major, el héroe de la Segunda Guerra Púnica, fue la abnegada madre de los Gracchi, asesinados por defender los derechos de la plebe. Fue una administradora y madre ejemplar (tuvo 12 hijos), escribió cartas memorables y tras quedar viuda rechazó la oferta matrimonial del faraón Ptolomeo VIII, para mantenerse enfocada en la educación de sus hijos y en la administración del patrimonio familiar.

La célebremente brillante **Cornelia Metella**, la joven y fiel quinta esposa de Pompeyo el Grande, era experta en lira, geometría, literatura y filosofía. Recibió las cenizas y el anillo de sello de Pompeyo de manos de su compungido exsocio y adversario político, Julio César.

Livia Drusila fue la formidable tercera esposa y asesora de Octavio - César Augusto, fue su regente en varias ocasiones, madre de Tiberio y de Druso, abuela de Claudio y bisabuela de Calígula. Una de las mujeres más hermosas de su tiempo, se casó con Octavio estando embarazada de Druso por su marido anterior, quien asistió a la boda. Livia fue una eficaz socia, consejera y mano derecha de Augusto. Como emperatriz encarnó el paradigma de la matrona romana, dedicada a la administración del hogar imperial y vistiendo modestamente. Detrás de esa imagen maternal y hogareña tan bien cultivada, se escondía una mujer inteligente, astuta e implacable, sospechada de entretejer intrigas políticas y de envenenar a sus enemigos.

Vibia Sabina, sobrina de Trajano y esposa de Adriano, era célebremente hermosa, muy bien educada y viajada. Alcanzó llamativa visibilidad como emperatriz; fue la primera mujer cuya imagen estuvo en series continuas de monedas circulantes. Decidió no tener hijos y practicar su libertad sexual. Fue amante de Seutonio, historiador y secretario de Adriano, mientras que Adriano se inclinaba por la compañía de su amante Antonio y de otros jóvenes bellos.

Otras mujeres romanas célebres e influyentes:

- **Claudia Quinta**: «castísima», se trajo a la diosa Cibeles de Asia Menor, lo que ayudó a lograr una mejor cosecha y a derrotar a Aníbal en la segunda guerra púnica
- **Fulvia**: la tercera esposa de Marco Antonio, controlaba el gobierno de Roma mientras su esposo combatía a los asesinos de Julio César
- **Teófila**, la amiga de Marcial, era experta en el estudio comparado de los sistemas filosóficos estoico y epicúreo.
- **Julia Domna**, la esposa siria de Séptimo Severo y madre de Caracalla, fue célebre por su influencia política y social. Fue patrona de las artes, y experta en literatura y filosofía
- **Helena**: la madre de Constantino y quien influyera en su conversión al cristianismo.

Veamos ahora desde la perspectiva de tres reinas que fueron *vasallas* del Imperio bajo su *pax romana*:

Cleopatra (69-30 AC) fue la última faraona ptolomeica de Egipto (Figura 17). Fue también diplomática, almirante, lingüista (bilingüe y traductora entre el egipcio y el griego) y autora de tratados médicos. Su celebridad, sin embargo, deriva de haber sido la bella e intrigante amante de dos grandes

hombres romanos: Julio César y Marco Antonio, seducidos quizá por su capacidad e independencia.

Al morir su padre, Cleopatra compartió inicialmente el poder con su hermano Ptolomeo XIII, pero la tensión entre ambos desencadenó una guerra civil. Gracias a la intervención de Julio César, llegado a Egipto en persecución de su exsocio y exyerno Pompeyo, Ptolomeo (que pensó erróneamente que asesinando a Pompeyo se congraciaría con César) fue derrotado y Cleopatra se consolidó en el poder. Cleopatra y César se hicieron amantes y tuvieron a Cesarión.

Cleopatra dejó a su hermano menor Ptolomeo XIV como regente en el trono en Alejandría, y con su hijito viajó a Roma como reina vasalla; se alojaron en la villa de César. El hecho de que César hubiera tenido un hijo con una reina causó gran escándalo, porque los republicanos romanos eran alérgicos a los reyes desde que se deshicieron de Tarquino.

Asesinado César en el Senado en el 44 AC, Cleopatra intentó infructuosamente que Cesarión fuera nombrado su heredero. Pero Octavio, hijo adoptivo de César ya adulto y bien vinculado, disputó la sucesión. Cleopatra entonces ordenó el asesinato de su hermanito y elevó a Cesarión a corregente de Egipto. Comenzó una relación con Marco Antonio (que era casado ya por cuarta vez) y tuvo con él tres hijos. Por pedido de Cleopatra, Marco Antonio hizo ejecutar a la otra hermanita y potencial rival en el trono de su amante.

Cleopatra financió y apoyó militarmente las campañas de Marco Antonio en Partia y Armenia. Marco Antonio se divorció de Octavia (hermana de Octavio), se casó con Cleopatra y adoptó un estilo más monárquico que republicano, causando otra vez estupor e indignación en Roma. Octavio, hábil populista, capitalizó esa antipatía popular y les declaró la guerra. Con su hábil general Agripa los venció decisivamente en la batalla naval de Actium en el Mar Egeo.

Cleopatra y Marco Antonio huyeron en la nave capitana a Egipto, las tropas de Agripa los persiguieron, y derrotado Marco Antonio también en tierra, se suicidó. Temerosa de ser llevada prisionera a Roma y desfilada humillantemente como trofeo de guerra en la procesión del triunfo, Cleopatra se suicidó dejándose morder por una serpiente. Cesarión fue asesinado por orden de Octavio, quien se convirtió en el primer emperador romano: César Augusto. Los hijos de Cleopatra y Marco Antonio fueron en cambio llevados a Roma al cuidado de Octavia, la exesposa del padre.

Otra reina tuvo una experiencia aún menos feliz. Sucede que la famosa *pax romana* del relato de los vencedores (orden, comercio y prosperidad a cambio de lealtad) enmascara la opinión de los sometidos: «*solitudinem faciunt, pacem appelant*» (crean desolación y la llaman paz), según el suegro bárbaro de Tácito. Se trata de **Boudica**, miembro de la elite británica que colaboraba con la ocupación romana. Era la esposa del aliado (no un súbdito, técnicamente) caudillo tribal de la zona del hoy Sussex. Al morir su marido, este cedió testamentariamente la mitad de su dominio al emperador y la otra mitad a sus dos hijas. Como se trataba de mujeres que quedaban a cargo, los romanos de *Londinium* (Londres) decidieron quedarse con todo; asolaron la región, violaron a las hijas y azotaron públicamente a la viuda desnuda, para establecer claramente quién mandaba.

Boudica juró vengarse, levantó a sus súbditos en el 60 DC y atacó a los romanos con idéntica brutalidad. Destruyó tres poblados romanos masacrando a sus poblaciones. El relato romano exagera (espero) diciendo que Boudica hizo colgar a las provinciales romanas, cortar sus senos y ponerlos en sus bocas.

Ese mismo sospechado sesgo misógino la describe como *«muy alta y fuerte, de físico viril, ojos penetrantes, voz ronca y cabellera enrulada roja que le llegaba a las caderas».* Como los griegos, los romanos no podían racionalizar a una «amazona» sin mitificar su imagen y hacerla formidable.

Derrotada finalmente como era inevitable, Boudica se suicidó con veneno para no ser capturada y humillada. Símbolo del espíritu independiente británico, la estatua de Boudica en su carro de guerra adorna el *Thames Embankment*.

Zenobia (240-274 DC) se convirtió a los 14 años en esposa del rey de Palmira, un estado vasallo romano. Asesinados su marido y su hijastro por un familiar en 267, Zenobia tomó el poder como regente de su hijo. Alentada por la crisis interna de Roma y la debilidad del imperio sasánida, decidió independizarse y forjar su propio, aunque efímero, imperio palmiro.

Fortificó su ciudad y, mediante una vertiginosa campaña de conquista militar, su imperio llegó a cubrir Egipto, Levante y Anatolia. Sitiada y derrotada por Roma en 272, fue llevada como rehén al emperador Aureliano. No está claro si murió ejecutada, por huelga de hambre o por enfermedad, pero la versión más optimista es que Aureliano, impactado por su presencia y su personalidad, la recluyó en una cómoda villa en Tívoli.

Matrimonio y familia

Casarse y procrear era un deber cívico; Augusto, por ejemplo, multaba a los solteros. Durante la era estoica era casi indispensable tener hijos varones para que fueran soldados y rindieran culto apropiado a su padre y ancestros. Una madre aumentaba su reputación si tenía muchos hijos y, más aún, si crecían para ser fieles ciudadanos.

El matrimonio era un acto privado que implicaba compartir intereses, actividades y propiedad. Solamente era necesario el consentimiento mutuo, sin ceremonia religiosa ni injerencia estatal. Las patricias en la era estoica o republicana se casaban a partir de los 12 o 13 años (frecuentemente a los 16) con hombres entrados en sus 20, siendo la norma una diferencia de edad de al menos una década. En el caso patricio, en que el hombre se casaba y divorciaba varias veces para cementar alianzas, aumentaba la diferencia de edad. En consecuencia, en la más alta clase social, si sobrevivían a múltiples partos, eran comunes las viudas jóvenes.

Como casi siempre, el matrimonio era negociado, un instrumento para cementar alianzas. Las plebeyas gozaban de mayor libertad para casarse y lo hacían ya en la adolescencia más avanzada (14-16 años o más). En casos de diferencias de clase social (por ejemplo, un patricio con una plebeya) era usual el concubinato. No era un deshonor ser concubina y, eventualmente, una concubina podría ascender a esposa, sobre todo si engendraba hijos.

El matrimonio patricio requería el consentimiento de ambos padres y los compromisos podían sellarse ya en la infancia. El compromiso era formal y tenía fuerza de contrato. Ante testigos se rompía una *stipula* (pajita) y se redactaban las cláusulas referentes a la dote (nuestras «estipulaciones»). El novio colocaba entonces un anillo de compromiso *en el cuarto dedo de la mano izquierda* como lo seguimos haciendo, porque se creía que contenía un nervio que llegaba al corazón.

Sin embargo, en esencia, el hombre y la mujer estaban casados si se declaraban casados, y descasados si uno de ellos lo declaraba también. El matrimonio *cum manu* (con cesión oficial de mano, es decir de la *patria potestas*) era más ceremonioso, pero la costumbre se fue perdiendo al llegar el Imperio. El *sine manu* (sin cesión oficial de mano) era originalmente más propio de la plebe y se consideraba matrimonio de facto luego de un año de cohabitación (*usus*), o por compra (*coempto*).

Como la clase patricia adhería más a los ritos tradicionales, la ceremonia podía volverse formalmente religiosa con ofrendas a *Júpiter* y se llamaba *confarreatio*, ceremonia con la cual se casaron Julio César y Calpurnia.

Las novias lucían pantuflas color naranja y un vestido tejido a mano, sujeto en la cintura con un cordel haciendo un nudo muy complejo (*nudus herculeus*) que el novio debía después desatar en el cuarto nupcial. El cabello de la novia se partía en seis trenzas y se cubría con un velo también naranja. Los novios juntaban sus manos y la novia declaraba entregarse el matrimonio tomando el nombre de su marido, diciendo simplemente, por ejemplo, *«ubi tu Caius, ego Caia»*.

Durante la fiesta en la casa de la novia se comía, bebía y cantaba, y el ritual incluía *darse de comer mutuamente torta los novios*. Luego ocurría el *deductio*: la novia se abrazaba a su madre y el novio la arrancaba de ese abrazo en medio de protestas y llantos fingidos; esta ceremonia rememoraba el ancestral rapto violatorio de las sabinas.

Luego ambas familias y los amigos marchaban alegremente en procesión con antorchas con flautas y cantos hasta la casa del novio. En la puerta, al igual que los griegos, la novia era alzada por las esclavas de la familia del novio *para cruzar el umbral*. El novio la esperaba adentro con una antorcha y una vasija con agua, simbolizando que estaba listo para proveerle sustento, luego le daba la llave de la casa y rendían juntos homenaje a los dioses domésticos de la familia de su marido.

La virtud de la *pietas* no tenía connotación puramente religiosa como hoy, sino que representaba el sentido del deber, lealtad y devoción también patriótica y filial hacia el *paterfamilias* y sus antepasados, lo que incluía la obediencia. Como ejemplo extremo de *pietas* filial, el *paterfamilias* (el varón de mayor edad en la casa) tenía autoridad absoluta y poder de vida o muerte sobre todos los que vivían bajo su techo; toda su familia (esposa, hijos y sus cónyuges, sus nietos) y los esclavos. Era una estructura patriarcal muy radical y propia de una sociedad militarista, con la notable y ya mencionada excepción espartana.

Solamente el *paterfamilias* podía comprar o vender bienes familiares, firmar contratos, y hasta disponer de la dote de su esposa, ejerciendo su *tutela mulierum perpetua* (tutela perpetua de la mujer) porque ella, si bien podía ser propietaria, no tenía la debida capacidad de discernimiento para administrar (*infirmitas consilii*). En teoría, el *paterfamilias* era el único titular legal del dinero y propiedades de todos los que vivían bajo su techo, no importara su género o su edad. En la práctica, no era tan así.

Si la esposa era acusada de un crimen, era derivada al *paterfamilias* para su juicio y castigo. Podía condenarla a muerte por infidelidad o hasta por robarle las llaves del vino. Podía hacer lo propio con sus hijos o venderlos como esclavos. La rigurosidad de la *patria potestas* era más declamada que ejercida, y ese poder de vida o muerte era raramente abusado; de serlo, sería objeto de la condena social.

Esposa, hijos y esclavos eran entonces *manicipia* (estaban en sus manos). Nuestro vocablo «emancipar» tiene su origen en que, durante la República, el padre «cedía la mano» (*manus)*, es decir la *patria potestas* al esposo. Pero si la mujer lograba ausentarse de su hogar tres noches seguidas al año, mantenía su independencia respecto de su marido. Si tenía más de tres hijos, también se emancipaba de su padre.

Durante el Imperio, la *patria potestas* del *paterfamilias* ya no se transfería al marido con el matrimonio. Curiosamente, eso le daba a la mujer cierto grado de independencia, porque el marido no tenía poder legal sobre ella y, como vivía separada de su padre, evitaba también su escrutinio.

Al morir su *paterfamilias* las mujeres quedaban emancipadas, pero si eran menores de edad se les asignaba un tutor, quien normalmente daba su consentimiento formal, pero no podía decidir sobre su propiedad ni con quién se casaría. Una joven podía peticionar un cambio de tutor si era demasiado controlador o entrometido.

Si bien tenían un poder legal supremo, en general, los romanos trataban a sus esposas con respeto, afecto, y hasta amor. La esposa compartía regularmente las comidas con su marido (él reclinado pero ella sentada) y, a diferencia de los griegos, concurrían juntos a cenas y eventos sociales, religiosos, artísticos y deportivos.

Era alta la incidencia de la muerte en el parto, como la de Julia, que desoló a Pompeyo y agrió su relación con su socio político, suegro y luego adversario, Julio César[22]. La incidencia era de uno en cincuenta, mayormente por hemorragia, obstrucción o infección. La cesárea (que no guarda relación real con el mito del nacimiento de Julio César) se practicaba como un recurso desesperado para salvar al bebe de una madre muerta o moribunda. Como la mortandad infantil era también muy alta (la mitad moría antes de llegar a la pubertad) las mujeres tenían en sus vidas unos diez embarazos, aumentando por repetición sus chances compuestas de muerte por esa causa casi al 20%.

Cuando nacía un bebito en la familia, al octavo día de probada su viabilidad de vida se lo presentaban al *paterfamilias*, poniéndolo sobre el piso. Si era varón y lo levantaba, era aceptado; si era nena la aceptaba indicando que la levantara una sirvienta. Los rechazados, generalmente por deformidad o porque ya era excesivo el número de nenas, eran expuestos, abandonados a su suerte en el umbral de la casa. Ser aceptado a la familia significaba ser aceptado al clan (*gens*), un grupo de

---

[22] Durante milenios las mujeres fueron utilizadas como bienes de cambio para cementar alianzas políticas o comerciales.

familias con un ancestro común (Cornelius, Brutus, Julius, Tullius, etc.).

La mujer mantenía oficialmente su nombre de soltera y le debía más lealtad a su padre que a su esposo. Los hijos en cambio tomaban el nombre del padre. Los varones recibían tres nombres: el propio (*prenomen*), el del clan (*nomen*) y finalmente el apellido familiar (*cognomen*); por ejemplo, Caius Julius Caesar. Como se utilizaba solamente un puñado de nombres propios, se agregaban cuartos y hasta quintos nombres para diferenciarse (p. ej., Publius Cornelius Scipio Africanus Maior). Las mujeres generalmente solo recibían el *nomen* de su clan (Cornelia, Julia, Claudia, Livia, Octavia, etc.).

La infidelidad y la infertilidad femeninas (siempre la culpable) eran las causales originales de divorcio, pero se debía devolver la dote cualquiera fuera la causa. Más adelante, el divorcio perdió su estigma social y dejó de requerir una causa grave; bastaba la decisión unilateral. Las divorciadas podían volver a casarse de inmediato, pero las viudas luego de un luto de diez meses, para evitar cualquier duda sobre la paternidad en el caso que hubieran quedado embarazadas antes de la muerte del marido, para no complicar la sucesión de los bienes. Ya en la era imperial, el divorcio se volvió epidémico, como veremos.

La religión y la mujer

Los romanos imponían su latín a los pueblos conquistados. Gracias a eso existen sus derivadas, las lenguas romances como el italiano, el español, el gallego, el portugués, el francés, el catalán, el provenzal y el rumano, y hay también tanto vocabulario de raíces latinas en el alemán y en el inglés. Sin embargo, no solo no imponían su religión, sino que absorbían y sincretizaban la suya con la de los pueblos conquistados.

Eran grandes consumidores de religión. Todas las cosas y dimensiones humanas estaban asociadas a dioses y diosas patronales. Cada faceta de la vida pública estaba empapada de fervor cívico-religioso, cada acto de gobierno precedido por un rito y una oración. Esa piedad fusionada con el patriotismo y con la familia, les dio ese carácter férreo e inclaudicable que les facilitó la conquista del mundo mediterráneo[23]. Por eso, cuando los primeros cristianos se negaron a rendirle culto a la divinidad el emperador, aunque fuera simbólico, eso se consideraba una peligrosa deslealtad, como una traición a la patria.

El mito creacional romano, a diferencia del griego, no hizo a la mujer como una especie secundaria al hombre, sino que, según Ovidio en su *Metamorfosis,* el primer ser humano fue simplemente eso, ni hombre ni mujer.

Visitemos el panteón romano, ya más una ciudad que un consorcio griego. Partiendo de la Tierra, la diosa *Tellus* o *Terra Mater*, los dioses y diosas se multiplicaron exponencialmente. Los romanos admitían tener demasiados dioses, unos treinta mil en total. Los dioses originales romanos no eran antropomórficos como los dioses griegos, sino más bien *numina,* espirituales, frecuentemente abstracciones de facultades y virtudes. Muchos objetos eran *sacer* (sagrados) y no debían ser profanados ni tocados. La religión romana original era entonces en cierta forma un retroceso a formas ancestrales de animismo,

---

[23]   Los romanos perdían batallas, pero rara vez perdieron una guerra. Como ejemplo de su terquedad, si le masacraban a una legión o a un ejército consular, Roma reclutaba y mandaba una fuerza mayor. Mientras que sin importar sus pérdidas nunca aceptaba ser derrotada, tampoco aceptaba victoria que no incluyera la sumisión total del vencido.

Fue testigo de esto Pirro, el rey macedonio que quiso ser heredero de las glorias de Alejandro e invadió Italia, «sufriendo» victoria tras victoria hasta declarar: «*Otra victoria como esta y volveré solo a casa*» (la victoria pírrica). Lo mismo le sucedió a Aníbal tras su hazaña de invadir la península por los Alpes con elefantes; nunca derrotado, ganó batalla tras batalla y llegó a las puertas de Roma, pero ya desgastado y sin recursos.

fetichismo, totemismo, magia, milagros, encantamientos, supersticiones y tabúes que les fueron legados desde la prehistoria italiana y las invasiones arias. Los relatos de milagros cristianos no les causaron entonces gran disonancia cognitiva.

Júpiter era el dios de los cielos. *Saturno* comenzó su carrera divina como el recuerdo de un rey mítico que unificó a las tribus y les enseñó la agricultura comunitaria. En el hogar ardía el fuego familiar, y se le enseñaba al niño que era el signo y substancia de *Vesta* (diosa del hogar), simbolizando la vida y la continuidad de la familia y que, con piedad religiosa, debía asegurarse de que nunca se extinguiera. De la misma manera, las vírgenes vestales custodiaban y alimentaban el fuego sagrado de la ciudad. Alrededor del fuego familiar había estatuillas representando a los dioses y espíritus familiares.

Sobre el dintel de la puerta del hogar reinaba *Jano* (dios de las puertas, los comienzos, las transiciones y los finales). Sus dos caras simbolizaban su actitud vigilante en la protección familiar. *Juno* era la diosa protectora de la nación, de las mujeres y de su fertilidad, mientras que los niños tenían espíritus protectores similares a los *ángeles de la guarda* cristianos.

Pero los romanos no pudieron resistir el encanto del antropomorfismo físico y de la personalidad colorida del panteón griego, y terminaron asimilando esos dioses a los suyos, sincretizándolos a su teología al por mayor, rebautizando dioses griegos con sus significados romanos. Así *Zeus* fue *Júpiter*, *Hera/Juno*, *Dionisio/Baco*, *Hestia/Vesta*, *Hefesto/Vulcano*, *Afrodita/Venus*, *Artemisa/Diana*, *Deméter/Ceres*, *Ares/Marte*, *Poseidón/Neptuno*, *Hermes/Mercurio*, *Anfitrite/Salacia*, *Atenea/Minerva* y *Hades/Pluto*. *Apolo*, sin embargo, fue apropiado sin ser traducido; siguió siendo *Apolo*. No se limitaron a apropiarse solamente de los dioses griegos, y sumaron a su panteón a *Isis* de los egipcios y a *Mitra* de los persas, y hasta a un par de dioses celtas. *Yahvé* no encajaba culturalmente porque no aceptaba otros dioses. Pero les rezaban hasta a los dioses que aún no conocían, por las dudas.

A propósito del monoteísmo, *Zeus* se volvió eventualmente un *Júpiter Optimus Maximus,* potenciado, idealizado y recto en su conducta (no ya libidinoso como en Grecia), elevado a la cima del panteón como juez de la moral, custodio de las leyes y de los juramentos, un dios por encima de los otros dioses. Es decir, lograron de alguna manera dibujar un ciclo que, partiendo del animismo, llegaba a una teología sofisticada. Esa sacralización y su idealización moral fueron quizás el abono para la aceptación del monoteísmo hebreo en su vertiente cristiana, otra muestra tal vez de la afición sincretista romana.

Había diosas poderosas. *Minerva* era la diosa de la sabiduría y la memoria, de los artesanos y los artistas. *Diana* era la diosa de la luna, de la virginidad, del parto, de los bosques y de la caza. Como en la dicotomía griega *Artemisa/Afrodita* separando la maternidad del sexo, *Juno Regina* era la reina de los cielos, protectora del matrimonio y la maternidad, por eso las novias preferían casarse en junio; *Venus,* en cambio, representaba el espíritu del amor, el deseo, el coito y su mes era abril, cuando se abrían (*aperire*) los capullos. Otras diosas importantes eran *Flora* (primavera), la ya mencionada *Vesta* (el hogar y la familia), *Ceres* (agricultura, de donde vienen nuestros cereales), *Salacia* (aguas saladas, esposa de Neptuno), *Luna* y *Fortuna* (como sus nombres lo indican).

En contraste con la griega, la institución sacerdotal romana era muy elaborada. El *paterfamilias* era el sacerdote casero, pero la devoción pública era conducida por *collegia* (asociaciones u órdenes) de sacerdotes, todos bajo el mando del *pontifex maximus,* cargo que aún hoy ostenta el papa. Esos colegios incluían a las sacerdotisas de *Isis* y a las vírgenes vestales. Durante el Imperio, los poderes temporal y espiritual se fusionaron en la persona del emperador, también *pontifex maximus* (rey-sacerdote).

El colegio sacerdotal más influyente era el de los nueve *augures* que interpretaban la voluntad de los dioses observando el vuelo de las aves y leyendo las entrañas de animales, un resabio etrusco. Nuestro «auspicio» proviene de *haruspices* (inspección de hígados). Los sacerdotes debían estar debidamente casados y sus esposas eran también consideradas sacerdotisas; si moría uno, el otro perdía su cargo.

La benevolencia o la piedad de los dioses se lograba ofreciéndoles sacrificios. Sacrificio proviene de *sacer* (sagrado, perteneciente a un dios), y los expertos en lo *sacer* eran los *sacerdotes*, más actores que teólogos. Los dioses eran celosos de la forma, por lo que los gestos y las palabras debían ser exactos; si se cometía un error, había que recomenzar desde el principio. El castigo por ofender a los dioses con ritos chapuceros era catastrófico (incendios, terremotos, erupciones volcánicas, plagas, etc.). *Religio* significaba la ejecución de los rituales *religiosamente*, con la mayor atención al detalle.

Las oraciones eran más recitaciones repetidas de encantamientos que monólogos petitorios específicos. El sacrificio consistía usualmente en entregar un poco de *pan y vino* al fuego sagrado. Luego se ofrecían *frutos de la tierra y del trabajo de los hombres,* vegetales o animales, incluyendo carneros, cerdos, caballos o bueyes. Las fórmulas recitadas sobre la víctima la transformaban en el dios receptor en cuestión, por lo que *el mismo dios era sacrificado.* Solamente las vísceras eran quemadas y el resto *se repartía para ser comido entre los presentes*, participando *comunalmente* entonces de la fuerza, la gracia y la gloria del dios.

La parte menos solemne de la religión eran las numerosísimas *feriae*, nuestros feriados y festivales, originalmente agrarios, que incluían en su variedad desde la *Paternalia* y la *Lemures* en honor a las almas de los difuntos, hasta los festivales del exceso y la promiscuidad, como la *Floralia*, la *Liberalia* (con procesiones tras un enorme falo) y la *Saturnalia* (del 17 al 23 de diciembre). La *Saturnalia* celebraba la agricultura y era un festival hedonístico de comida y bebida, invirtiendo las jerarquías para desactivar tensiones sociales (los amos sirviendo la mesa a sus esclavos, por ejemplo), haciendo *intercambio de regalos* y a veces de mujeres. El cumpleaños de *Mitra* se festejaba el 21 de diciembre. Es más, había tantos festivales que el calendario romano se volvió más una necesidad que una conveniencia.

Como dijimos, las vírgenes vestales constituían su propio colegio sacerdotal, estaban emancipadas de sus padres y respondían solo al *pontifex maximus*. Envueltas en túnicas y velos blancos, atendían el fuego estatal y lo salpicaban con *agua bendita* de la fuente sagrada de la ninfa *Egeria*. Estas sacerdotisas eran elegidas entre los seis y diez años y hacían votos de servicio y virginidad por treinta años, recibiendo a cambio honores y beneficios. Están registrados doce casos de sacerdotisas vestales halladas culpables de haber mantenido relaciones sexuales; fueron golpeadas con palos y enterradas vivas.

La moralidad sexual

Al igual que sus símiles griegos, los dioses romanos estaban más preocupados por la fastuosidad y la corrección formal de los sacrificios que les ofrecían, que por la conducta privada de los suplicantes. Al igual que con el caso de los griegos, a mayor prestigio familiar, más elevada estaba la barra de la conducta personal esperada por el resto de la sociedad. El foco moral estaba en la preservación de la familia y del Estado romanos, no tanto en la sexualidad.

Era una sociedad inherentemente conservadora, con gran reverencia y referencia a los valores ancestrales, *mos maiorum* (las costumbres de nuestros ancestros). La virtud de la *pietas* servía para moldear en el niño su carácter cívico: deber, entrega, disciplina, respeto a uno mismo (ser perseverante) a los antepasados y a los mayores, obediencia al *paterfamilias* y al superior jerárquico, decencia y dignidad. Significaba poner a la *patriam* primero, a la familia después y al individuo al final. La *fides* (fidelidad) significaba cumplir con las obligaciones a la patria, a la familia y la palabra empeñada. La *dignitas* era más que nuestra dignidad, incluyendo estatus, prestigio, buen nombre y honor, y era más importante que la autoridad formal. La *gravitas* implicaba comportarse con decoro, autocontrol emocional[24], dignidad, seriedad y severidad exentas de toda frivolidad. La *virtus* (deriva de varón) implicaba nobleza, valentía, virilidad, excelencia, mérito y energía. Indirectamente, estas virtudes simbióticas imbuían dignidad al nacimiento y a la muerte, fortalecían la unión familiar, alentaban la moderación sexual y la fidelidad matrimonial y fomentaban la procreación para mantener vivo el culto a los ancestros y también para darle soldados a Roma.

Hablemos primero de la moral de la era estoica o claramente republicana de Roma, hasta fines del siglo I AC. Siendo una sociedad con raíces agrarias (la forma más codiciada de propiedad seguía siendo la tierra) y, por ende, con un profundo sentido de la propiedad privada, se valoraba la virginidad de las novias y la *pudicitia* (modestia, pudor, virtud sexual) y fidelidad de las esposas.

Los mitos fundacionales romanos venían enmarañados de ansiedades sexuales. La primera instancia fue en el rapto violatorio de las sabinas en el 750 AC, cuando los romanos, en su afán de construir su Estado, suplementaron su inventario de mujeres fértiles con las de sus tribus vecinas. También, la

---

[24] Por ejemplo, estaba muy mal visto que las parejas se besaran en público, desnudando así sus emociones.

República independiente se funda en el 510 AC usando como detonante la violación de Lucrecia por Sixto, el hijo del último rey etrusco de Roma, Tarquino el Soberbio. La virginal Virginia fue apuñalada por su propio padre para evitar el oprobio de su violación (*stuprum*) por Apio Claudio. Estas anécdotas míticas fueron embellecidas por historiadores como Livio, para crear el ideal de mujer romana y su *pudicitia*.

El sexo era un derecho y un placer para el hombre, y un deber procreativo para la mujer. Si bien hay evidencias de amor profundo entre esposos, el motor principal era la procreación. El clan exigía que el hombre se divorciara de su mujer si esta le era infiel o si era infértil.

La falta de castidad podía ser castigada con el divorcio, una condena a ejercer la prostitución, la pena capital o el exilio. Augusto, en ejercicio de su perpetua *patria potestas,* exiló a una isla y nunca perdonó a su hija Julia, por adúltera. El esposo sí tenía libertad sexual, pero generalmente no se le permitía la violencia física contra su mujer. Sin embargo, según la legislación de Catón, el hombre que sorprendía *in flagrante delicto* a su esposa podía matarla en el acto. En el caso opuesto, la mujer que sorprendiera a su marido siendo infiel no podía tocarlo «*ni con las yemas de sus dedos*».

Las damas ponían gran esmero en su apariencia y usaban túnicas discretas, maquillaje y alhajas. La mujer usaba en su casa enaguas cubiertas por un vestido (*stola*) ceñido bajo sus senos y abrochado en los hombros y que le llegaba hasta los pies. Los burdos tejidos republicanos eventualmente dieron lugar a suntuosas sedas imperiales. Para salir a la calle, se cubría con una capa.

Eran muy aficionadas a los cosméticos y las joyas, y usaban el cabello recogido en un rodete en la nuca para lucir el cuello. Se valoraba el cabello rubio de las celtas y las germánicas, y muchas mujeres se lo teñían o usaban pelucas rubias. El patrón físico de belleza era tener pechos pequeños y caderas amplias; los senos grandes eran objeto de burla. El pecho femenino no tenía una connotación erótica (no la tuvo hasta la mojigata era victoriana) sino maternal, y una mujer bajo estrés emocional (viudez o guerra) desnudaba sus pechos como muestra de desesperación.

Se valoraba la actividad sexual moderada de hombres y mujeres; la hipersexualidad era considerada causa de enfermedad y debilitación física. Vulvas inflamadas o penes demasiado grandes (visibles en los baños públicos) eran vistos como prueba de una reprochable hipersexualidad. La violación era severamente castigada, más como un atentado contra la propiedad que contra la moral.

Hacia fines del siglo II AC comenzó una aguda disrupción por tensiones sociales, provocando el comienzo de la degradación política e institucional de la República y que acabaría estableciendo el Imperio. En paralelo, traería una relajación de la moral. Se entró de plano a la era epicúrea desde el 27 AC, con Augusto centralizando el poder como *princeps* (senador principal) en el Imperio. Es de notar que, contrariamente a la percepción popular de que la decadencia moral provocó la caída del Imperio, esta era de decadencia moral sucedió durante su pleno fortalecimiento y expansión. Si esa «degradación moral» fue la causa de la caída del Imperio, fue muy parsimoniosa, porque se demoró cinco siglos.

Así comenzó: los hermanos Gracchi habían dado inicio como tribunos (133 a 121 AC) a un movimiento de reforma agraria que culminó en sus asesinatos. Esto generó una revolución que desembocaría en una serie de cruentas guerras civiles de clase (pero ambas clases al mando de patricios) entre *optimates* (la facción aristocrática de patricios, senadores y caballeros ecuestres) y *populares* (la facción populista), como la de Cayo Mario vs. Sulla, y más adelante la de César vs. Pompeyo.

Este fue el anticipo del eterno conflicto entre conservadores y liberales dentro de la misma elite, y provocó una fuerte reacción oligárquica. Sucede que los patricios, envalentonados por sus victorias, descuidaron entonces sus deberes cívicos para buscar ávidamente la riqueza y despilfarrarla en hedonismo y lujos que la hicieran conspicua.

Entre tanta frivolidad y farándula se relajó la *patria potestas*, el matrimonio *cum manu* (formal, con «pedido de mano») entre los patricios perdió entonces su carácter sagrado y el divorcio se volvió endémico en la clase dominante, una manera de establecer efímeras alianzas políticas y traficar suculentas dotes, paradójicamente entre conservadores y liberales por igual. Por ejemplo, tanto Sulla como Pompeyo se casaron cinco veces. Toda mujer respetable de la clase alta se divorciaba al menos una vez; Juvenal cuenta de una señora que se casó ocho veces. Con semejante ejemplo de los patricios, y contra la tradición y el mandato del Estado, los ciudadanos romanos comunes comenzaron también a casarse menos *cum manu* o *sine manu*, a tener menos hijos que los inmigrantes, y los casados y casadas a ser infieles por igual.

Algunas grandes damas buscaban también la satisfacción sexual que no les brindaban sus maridos, con *cavalieri servienti* (gigolós) en serie. Si bien llegaban usualmente vírgenes al matrimonio, se sacaban las ganas de casadas y el adulterio femenino era un lugar común; estaba de moda acostarse con bailarines y con gladiadores. Juvenal señalaba que las damas entregaban sus dotes a sus maridos y sus cuerpos a sus amantes.

Los versos de **Suplicia** eran altamente eróticos, pero no causaban escándalo porque en su caso decía que los dedicaba a quien los inspiraba, su marido. El teatro empezó a utilizar actrices, particularmente en las populares farsas eróticas, con mucho sexo explícito.

Los baños normalmente tenían alas separadas para hombres y mujeres, o podían alternarse en los horarios. Hasta el reino de Adriano algunos baños podían ser mixtos, estando todos desnudos; el sexo casual era quizás uno de los atractivos de esta actividad social.

Un caso notorio de liberación sexual ya durante la era republicana (o de propaganda fruto de la ansiedad patriarcal) fue el de la bella (*pulchra*), inteligente y seductora **Claudia Pulchra,** esposa de Quinto Cecilio Metelo. Muy bien educada en griego y filosofía, fue una poeta notable y una proto-feminista que defendió valientemente los derechos de la mujer.

Según Cicerón, Claudia daba fiestas locas en la playa y en su casa, que derivaban en orgías. Provocaba escándalo saliendo con otros hombres sin manto y sin chaperona, besaba a hombres en público y los invitaba a cenar a su casa aunque su marido estuviera ausente, cuando la aburrían se buscaba otros, etc. Claudia fue perseguida judicialmente y fracasó un intento de asesinarla, quizá por su trasgresión flagrante y provocativa de todas las normas y formas del siglo I AC, quizá porque dejó un tendal de enamorados despechados o, más probablemente, por ser la hermana de Publio Claudio, un líder radical y enemigo implacable de Cicerón. Encima, Cicerón era sospechado por su abnegada Terencia de haber sido él también amante despechado de la hermana de su enemigo, a quien llamaba «*la Medea del Palatino*».

Un caso similar fue el de **Sempronia,** la joven esposa del cónsul Decimo Junio Bruto se mantuvo en el epicentro político de la crisis de la República en el sigo I AC. Muy inteligente y bien educada, escribía poesía, mantenía una conversación interesante, era encantadora y carismática y muy independiente y decidida. Apoyó el complot de Catalino y parece haber sido su amante, seduciendo a otros hombres para sumarlos a esa causa y mandando asesinar a los que la resistían. Muy acometedora sexualmente, era ella quien tomaba la iniciativa con sus amantes y sabía bailar con la sensualidad de una prostituta, aunque estas pueden haber sido exageraciones misóginas del historiador Salustio

Otro caso notable fue el de **Julia**, hija única de Augusto con su segunda esposa Escribonia. A pesar de haber estado casada en secuencia con Marco Marcelo, con Agripa y luego con Tiberio, tuvo el atrevimiento de fornicar en el mismo podio donde su padre había decretado su legislación moralizante como reacción al libertinaje endémico. Augusto la exilió a una isla sin hombres y no la quiso volver a ver, ni siquiera en su lecho de muerte.

Pero la notoriedad de las infractoras nos puede llevar a una generalización apresurada si no tenemos en cuenta a la minoría (o mayoría) silenciosa; el hecho que se provocara tanto escándalo es un claro síntoma de que esa inconducta era reprochable. No todas las damas se entregaban a la lujuria, obviamente. Algunas se dedicaban a la filantropía y la asistencia social, y se establecieron para eso clubes femeninos (*conventus matronarum*) que hasta estaban federados nacionalmente. Paradójicamente, siguieron vivos entonces los ideales estoicos de *pietas, gravitas*, *pudicitia* y *simplicitas* (sencillez) de la mujer abnegada. **Octavia** (cuarta esposa) siguió fiel a su Marco Antonio a pesar de sus múltiples traiciones, y cuidaba como propios a sus hijos exóticos. Su hija **Antonia** fue viuda casta de Druso y madre dedicada de Germánico, **Malonia** reprobó públicamente los vicios sexuales de Tiberio y se suicidó, etc.

Cuando hablamos de ocupaciones pecuniarias de las mujeres, no podemos soslayar la prostitución. Los hombres concurrían regularmente a los *lupanaria* (burdeles) y eso no era estigmatizado en absoluto. Las *meretrices* (prostitutas) al principio eran mayormente esclavas obligadas por sus amos a ejercer la triste profesión, pero comenzaron a dedicarse voluntariamente mujeres libres, y había prostíbulos que promocionaban tener trabajadoras de la clase alta.

Las trabajadoras sexuales estaban registradas con los ediles y debían usar una vestimenta diferenciante, toga masculina en vez de *stola* y manto como las damas honorables. La lista de precios estaba regulada por el Estado para que las hubiera al alcance de todos los bolsillos. Sus derechos dependían de su rango, por los que las prostitutas de clase baja y las camareras de las tabernas (quizá no habría mayores diferencias) no podían hacer denuncias por violación.

Las cortesanas de clase alta eran al estilo de las *hetairai* griegas, muy bien educadas en canto, música, baile y poesía, y capaces de mantener un diálogo cultural. La prostituta «fina» más célebre fue quizá **Mesalina**, la esposa de Claudio. Cuando su marido dormía, la emperatriz se escabullía a un burdel donde ejercía la profesión bajo el *nom-de-guerre* (seudónimo) *«Lysisca»* (perra loba). Plinio cuenta que Mesalina protagonizó una orgía épica tras desafiar a una prostituta veterana a una maratón sexual de 24 horas; Mesalina probó su atletismo sexual ganando 25 a 24, más de un cliente por hora, día y noche. Pero pueden ser exageraciones u operaciones políticas de Plinio contra Claudio.

Eran comunes también los prostitutos. La ley condenaba la homosexualidad, pero era tolerada por la costumbre y alabada por Horacio y Juvenal. La poesía erótica era indiferente al género. El rol homosexual pasivo era considerado afeminado, pero no así el rol activo. Era un derecho del *paterfamilias* saciar su necesidad fisiológica sexual con sus esclavas o esclavos indistintamente; eso tenía para él la misma trascendencia que orinar o mover el vientre. Por ejemplo, era parte del rol laboral de las esclavas de la casa el iniciar sexualmente a los hijos varones adolescentes de su amo.

Un emperador bisexual-homosexual activo fue Nerón. Lleno de remordimiento por haber matado de una violenta patada en el vientre de embarazada a su esposa Popea, la reemplazó con Sporus, un joven que era muy parecido a ella.

Nerón lo hizo castrar y se casó con él, haciéndolo oficialmente emperatriz (quizás el primer matrimonio gay). Ambos compartían el lecho con Pitágoras, otro esclavo con quien Nerón también se casó. El prolífico Nerón tuvo hasta una relación incestuosa con su propia madre.

Un emperador homosexual escandalosamente pasivo fue Heliogábalo, que daba cargos a sus amantes, siendo la categoría del puesto proporcional al tamaño del pene. Se lamentaba de no tener más orificios en su cuerpo y ofreció una fortuna al médico que pudiera transformarlo en mujer reemplazando su pene por una vagina, pero ninguno quiso correr el riesgo de realizarle semejante cirugía. Era tan afeminado y extravagante hasta para la corte romana, que fue asesinado a los 18 años por su propia Guardia Pretoriana.

El travestismo tampoco hacía levantar una ceja. Julio César era o fue en su juventud bisexual (de adulto fue un vigoroso heterosexual y mujeriego empedernido). A los 20 años se hizo pasar mucho tiempo por mujer en la corte de Nicomedes IV de Bitinia y habría tenido una relación homosexual pasiva con el rey. Tiberio gustaba vestirse de mujer para sus orgías en Capri, y Calígula se aparecía en banquetes vestido de *Venus*. El lesbianismo, en cambio, era categóricamente desaprobado socialmente, no importaba el rol de la participante, y a las lesbianas se las llamaba *tribades* o *fricatores* (las que se refriegan).

Justiniano, embriagado de fervor cristiano, recién en el siglo VI DC convirtió a la homosexualidad masculina en crimen merecedor de la pena de muerte. El lesbianismo, si bien objetable desde siempre, se volvió ilegal únicamente en el caso de participar una mujer casada, por tratarse de un caso particular de adulterio.

Las clases altas, conscientes de la diferencia entre sexo y procreación, se volvieron escépticas respecto del *más allá* y de la necesidad de tener una prole para ser debidamente honrados en sus tumbas. Tampoco era imperioso parir soldados terratenientes, ya que el ejército se había vuelto profesional y la defensa de las fronteras había sido tercerizada a «auxiliares», mercenarios extranjeros. En consecuencia, bajó notablemente la natalidad en las clases alta y media, pero fue más que compensada demográficamente por la fecundidad de las clases más bajas y los flujos de inmigrantes. La ciudad de Roma se volvió insoportablemente populosa, llegando en su pico al millón de almas, algo inusitado en la Antigüedad. Pero la soltería y la esterilidad patricias alarmaron a Augusto, al punto de instituir multas a quienes siguieran solteros.

Los métodos anticonceptivos y abortivos eran variados en sus formas mecánicas y químicas. Desde prolongar la lactancia, usar vejigas de cabra como preservativo, frotar el pene con aceite de cedro, embadurnarse con savias pegajosas la vagina o tener un amante eunuco como métodos anticonceptivos, hasta intervenciones mecánicas o pociones abortivas. Muchos niños indeseados eran arrojados a la basura, por lo que revolver la basura era frecuentemente una fuente gratuita de esclavos.

Si bien los filósofos y la ley condenaban el aborto en la letra, este se practicaba abiertamente y estaba virtualmente despenalizado. Dijo Juvenal: *«Las mujeres pobres soportan los peligros del parto y las inconveniencias de la lactancia, pero ¿cuán frecuentemente el lecho dorado cobija a una embarazada? Tan grande es la habilidad y tan poderosas son las drogas del médico abortista».* Y le recomienda a un marido: *«Alégrate y dale la poción porque si lo tiene, podrías verte padre de un niño etíope».*

*

Más allá de la probable neurosis reaccionaria de Catón, Cicerón, Salustio, Plinio y Juvenal, lo cierto es que la mujer romana en general, quizá no tan escandalosamente, llegó a tener mayores libertades que muchas de sus contemporáneas en el mundo helenístico. Si bien eran inferiores en la ley no lo eran tanto en las costumbres; los hombres romanos no las consideraban sus pares pero las admiraban, el trato en la pareja matrimonial era más equitativo, y no las odiaban como parecían hacerlo los griegos.

La Roma imperial fue entonces una cultura relativamente muy liberal para la mujer occidental. La influencia judeocristiana en la Antigüedad tardía y en la Edad Media, empeoraría drásticamente su condición, y la mantendría sometida hasta el Siglo XX.

8. Hebrea

> *«Tu esposa será como una viña fértil en tu casa, y tus hijos serán como brotes de olivo alrededor de tu mesa»*
>
> Salmo 128:3

Acabamos de ver la condición de la mujer en el mundo grecorromano. Veamos ahora nuestra otra vertiente cultural como occidentales, la que nos llegó de Levante a través del cristianismo tras su conquista de Roma.

Como el resto de la Fértil Medialuna, fue también un crisol de pueblos que interactuaban comercialmente y que se invadían unos a otros por migración o por conquista, provocando miscegenación entre etnias y lenguas, y sincretismos entre religiones. Ni siquiera se está seguro de que los fenicios fueran original o puramente semíticos, por ejemplo.

La zona original y crítica de mezcla era Anatolia, el corazón de la Medialuna y la cuna de la agricultura. Como dijimos, hay una fuerte correlación entre agricultura y religión, por lo que se favoreció allí el sincretismo religioso. Por ejemplo, los frigios, arios originarios de los Balcanes, ocuparon Lidia (Anatolia occidental) tras el colapso hitita (invasores anteriores arios), adoptaron a la ancestral diosa madre *Ma* local y la rebautizaron como *Cibeles*. *Cibeles* se enamoró del joven *Atis*, quien se castró en su honor. La pareja *Cibeles-Atis* de los frigios era equivalente a la de *Astarte-Adonis* de los fenicios, *Afrodita-Ares* de los griegos, *Isis-Osiris* de los egipcios e *Ishtar-Tammuz* de los mesopotámicos. En honor a esa misma diosa del amor se practicaba la prostitución sagrada en sus templos en toda la cuenca mediterránea. Llamativamente, en todas las culturas menos en la hebrea que, a pesar de haber sido también fruto de ese crisol, tuvo idiosincrasias diferenciantes y muy llamativas.

Los judíos

De esa mezcla «globalizada» llegamos entonces a uno de los pueblos que desde el 3000 AC habitaban en la Mesopotamia y quizá también en la península arábica. Este pequeño y peculiar pueblo pastoril legó a la humanidad una superlativa obra literaria de historia, moral y poesía: la *Biblia*, y las tres religiones más influyentes de hoy. Tuvo más impacto cultural directo entre los «occidentales» que los poderosos imperios de Babilonia, Egipto, Asiria o Persia. Dotados de gran inteligencia y tenacidad, sus descendientes hoy en día producen una desproporción de empresarios, profesionales, artistas, científicos y premios Nobel (0,2% de la población mundial y 23% de los premios Nobel, cargando intelectualmente como cien veces su peso).

Originalmente un pueblo pastoril de beduinos nómadas, fueron aparentemente fruto de la miscegenación mesopotámica semita (se decían provenientes de Ur, en Sumeria) con arameos siríacos y también con invasores indoeuropeos arios. Por ejemplo, la nariz aguileña y los pómulos prominentes son un rasgo fisonómico ario/hitita. Además, es inexplicable la coincidencia de raíces de sustantivos, más de lo que ocurriría por casualidad, entre el proto-germánico y el hebreo antiguo. Debió haber habido entonces una comunicación lingüística estrecha y hasta genética entre ellos. Hay dos posibilidades: o bien tribus semitas merodearon por Europa central o, más probablemente, tribus arias merodearon por la Medialuna.

Por el 2200 AC migraron al Levante, el corredor vital entre Asia y África que fue un campo de batalla entre las dos grandes civilizaciones fluviales, y era la delgada ruta comercial que conectaba a Egipto con Anatolia y con Mesopotamia. Eso expuso a los hebreos a muchas influencias culturales a la par que desarrollaban una cultura muy distintiva. Los hebreos se fueron asentando en la región que los romanos llamaron Palestina, nombre que vamos a adoptar nosotros regionalmente, para simplificar.

La primera mención histórica de «hebreos» de parte terceros data del 1200 AC, lo que indicaría que alcanzaron su identidad como nación étnico-religiosa durante o tras el colapso de la Edad del Bronce por el ataque de las «gentes del mar» (celtas provenientes de Tracia: los aqueos o filisteos). Debilitados los reinos dominantes egipcio, anatolio y mesopotámicos, la población hebrea se consolidó en dos reinos: Israel y Judá. Se suele usar el término *hebreo* para la fase nómada y pre monárquica, y *judío* para la fase de la monarquía en adelante. Pero, junto con el término *israelita*, se suelen usar también intercambiablemente.

El pueblo hebreo de la era nómada del *Génesis* y del *Éxodo* era un pueblo pastoril, belicoso y agresivo, que en nombre de su dios *Yahvé* masacraba a los hombres vencidos y tomaba solamente a sus mujeres vírgenes, matando también al resto de las mujeres y de los niños. Sus «jueces» no eran magistrados, sino sacerdotes guerreros.

Pero una vez organizados como nación en doce tribus lideradas por jueces-guerreros-sacerdotes, más federadas patriarcalmente que formando un estado unitario, se volvieron reacios a mezclarse con otros pueblos y la endogamia generó sus distintivas características fisonómicas.

Saúl (el primer rey judío), *David* y *Salomón* fueron figuras posiblemente míticas, ya que no hay mención de su existencia (que debería haber sido notoria) en relatos de terceros por fuera de la *Biblia*. *David*, sucesor de *Saúl* (el primer rey), tomó Jerusalén y se volvió el primer rey-sacerdote por el 1000 AC. De allí en más, el rey era el «ungido» (*Mesías*). Salomón

(970-930 AC), *«hijo de David»*, asesinó a todos sus rivales para asegurarse el poder. La grandiosidad del rico imperio salomónico en el apogeo como nación es ciertamente una exageración idealizada y anacrónica (fue descripto siglos después), y no se han encontrado rastros arqueológicos del célebremente fastuoso Primer Templo de Jerusalén (Siglo X AC), pero sí de modestas construcciones anteriores.

Salomón Impuso fuertes impuestos y gastó extravagantemente en palacios y templos, no solo dedicados a *Yahvé* como el magnífico Primer Templo, sino también a los dioses de sus múltiples esposas extranjeras (regalos diplomáticos en ambas direcciones). Salomón logró combinar el placer epicúreo con una administración bien organizada, si bien dispendiosa, estableciendo la ley y el orden en el reino. Si uno les cree a esas *Escrituras*, llegó a acumular *«setecientas esposas y trescientas concubinas».* Eso echaría sombra sobre su proverbial sabiduría; debe haber sido a la vez un gran atleta sexual y un masoquista.

La situación de la mujer

La relación del judaísmo con la mujer era ambivalente, digamos hasta bipolar. Menos del ocho por ciento de los personajes citados en la *Biblia* son mujeres, y solamente son mencionadas las que, por buenos o por malos motivos, alcanzaron prominencia. Incluimos entre ellas a **Eva** y su fatídica metida de pata, por supuesto.

Por un lado, Isaías llama a Jerusalén *«la hija de Sión»,* la sabiduría está representada como una mujer, y la palabra compasión deriva de la de vientre femenino. No obstante, Eclesiastés dice: *«he encontrado un hombre entre mil, pero no una mujer entre mil»,* Salomón las considera *«la esencia de la estupidez humana»,* Saúl advierte a Jonatán que David *«es hijo de una mujer perversa y rebelde».* Ezequiel compara la apostasía de Israel con ser una ramera y Oseas con una adúltera.

Sin embargo, la *Ley* consideraba a la mujer un ser humano completo y, mientras que algunas leyes la consideraban subordinada, otras le otorgaban igualdad de derechos. La mujer cuidaba de la casa y de su familia, pero algunas trabajaban de parteras. Las hijas ayudaban en la casa y a cuidar los rebaños. Pero hubo mujeres consideradas sabias o profetas y elevadas a jueces. Y la mención de la mujer rica en 2 *Reyes* por Elías (*su* casa y *su* tierra) indica que algunas pudieron ser propietarias.

Pese a su rol subalterno, la mujer era objeto de autoridad y dignidad, y muchas son destacadas así en las *Escrituras*: **Sara**, **Raquel**, **Myriam**, etc. Las hubo que lograron confrontar el poder masculino, como **Abigail** (calma al sanguinario David), **Esther** (esposa del rey persa Jerjes, que descalabra una conspiración para matar a los judíos y convence al rey de matar a los enemigos de los judíos), **Jael** (que le clavó una estaca de carpa en la sien al general enemigo cuando dormía), **Dalila** (que traiciona a Sansón, cortándole el pelo y robándole la fuerza), y **Judith** (que sedujo y degolló al general enemigo Holofernes cuando dormía). Otras mujeres notables fueron **Hagar** (la esclava de Abraham y Sara que es madre de Ismael, el mítico ancestro de los árabes), **Rahab** (la prostituta de Jericó que traiciona para ayudar a los judíos en su conquista, volviéndose así virtuosa y santa - Mateo la cita como ancestro en su genealogía de Jesús), **Deborah** (profeta y juez), **Huldah** (profeta), etc.

Es sugestivo que en varios de estos casos el fin justificara los medios; la mujer traiciona y asesina, pero por una buena causa nacional. También es llamativo que hubiera mujeres entre los jueces y los profetas.

La mujer laboriosa que se sacrificaba por su familia era idealizada. El quinto mandamiento de la *Ley Mosaica*, honrar al padre y a la madre, santificaba la familia, subsidiaria solamente al Templo en la estructura social. Como buena sociedad pastoril y bélica, era patriarcal, aunque hubiera comenzado matriarcal en el Génesis («*el hombre dejará a su padre y a su madre para unirse a su mujer*»). Ya en estadio patriarcal *Yahvé* le dice a la mujer: «*tu deseo es para tu esposo y él reinará sobre ti*».

Eran admiradas las mujeres muy hermosas, como la otra **Tamar** (hija de David, hermana de Absalón), las hijas de Job, y **Esther**, la esposa del persa Jerjes. Las mujeres cantaban y bailaban, y ya sabemos del poder seductor de **Salomé**, la sobrina e hijastra de Herodes, quien tras complacer al rey con su sensual baile le pidió la cabeza de Juan el Bautista servida literalmente en bandeja.

Matrimonio y familia

Las leyes hebreas del matrimonio, la propiedad y la moralidad, sometían en general a la mujer al hombre. La estructura era patriarcal, aunque sin el radicalismo griego, y la mujer «*vivía en las sombras, en vez de en la luz de la vida*» y «*su esencia como ser humano era su función de compañera del hombre*».

El padre regía sobre sus esposas, hijas solteras, hijos varones y sus esposas, nietos mientras viviera, y sus esclavos. Los hijos varones eran producto de su testículo derecho y las hijas del izquierdo. La tierra era del padre, y los hijos le debían obediencia absoluta. Podía casar a sus hijas a su gusto o venderlas como esclavas. Pero como la familia era la unidad productiva más eficiente, la labor imprescindiblemente comunitaria atemperaba la disciplina paterna.

El matrimonio era esencial para que la mujer tuviera una vida completa; se realizaba como persona gracias al amor de su marido. Lograban un equilibrio entre el amor y el matrimonio de conveniencia; si bien el novio y el padre de la chica negociaban, ella podía dar su opinión al respecto. De la autoridad de su padre pasaba a la de su marido y de quedar viuda a la de su cuñado (el *levirato*, una práctica común en Asia), pero sin el rigor de la *patria potestas* de los romanos.

El matrimonio estaba estrechamente vinculado con la Alianza; *Habereth* (esposa) derivaba de *berith* (alianza entre Israel y *Yahvé*). No es casual entonces que al anillo que llevamos en el dedo anular izquierdo llamemos *alianza*.

El hombre podía iniciar el divorcio, pero no la mujer, cuyo testimonio tenía menos peso. Las viudas, sin embargo, eran protegidas por la comunidad.

El ritual matrimonial era muy elaborado. Comenzaba con la visita del pretendiente portando un contrato nupcial, una considerable suma de dinero y vino. Negociaba el precio de la novia con el padre y los hermanos mayores. Alcanzado el acuerdo, la novia era invitada a la estancia y daba su consentimiento (rara vez se opondría a la voluntad de su padre). Sellaban el acuerdo bebiendo de la misma copa de vino, dando así comienzo al proceso de esponsales que podía durar un año entero, cada uno viviendo en la casa de sus padres. Pero desde ese comienzo se debían fidelidad.

En la boda propiamente dicha los invitados esperaban en la casa de la novia (como en la parábola de Jesús de las diez vírgenes y sus lámparas). El novio llegaba acompañado de dos amigos testigos, y la novia, luego de ser purificada en un baño ritual, era llevada en procesión con antorchas a la casa o habitación que había procurado el novio, donde tendría lugar la ceremonia. Con una breve fórmula seguida por una bendición, la novia era entregada a su marido y se firmaba un nuevo contrato firmado por los dos testigos del novio.

Después la pareja era conducida a la habitación nupcial y al lecho nupcial. Los dos amigos testigos permanecían de guardia fuera de la entrada de la habitación hasta que el novio los hacía entrar para darles la buena nueva (o mostrar la evidencia) de que el matrimonio había sido exitosamente consumado. La novia salía entonces del cuarto sin su velo y con gran regocijo comenzaba la fiesta con comida, vino, baile y canto, y que podía durar una semana.

Si bien el marido tenía la autoridad legal, la mujer gozaba de gran influencia sobre él. Pero como había poligamia (mayormente cuñadas viudas y concubinas), las mujeres secundarias no tenían el mismo poder. Resaltando la ambivalencia, el hecho que Lot, como veremos, ofreciera sus hijas vírgenes a extraños en vez de confrontarlos, muestra a la mujer como algo descartable (pero Lot es criticado por eso).

El segundo logro necesario para que la mujer se realizara como tal era ser madre. Ser estéril era considerado una maldición. Como siempre, era preferible tener hijos varones que mujeres, por el tema de la dote.

La palabra hebrea para ser humano es «nacido de mujer». Ya sabemos cómo son las *yiddishe mame* (madres judías) con sus hijos varones, y cómo son los varones judíos con sus madres (*«la mano que hamaca la cuna mueve al mundo»*).

La religión y la mujer

Los semitas acadios, siríacos y cananeos reconocían desde la Edad de Bronce a una divinidad creadora superior llamada *El* o *Ilu*, *Elí* en arameo, *Elohim* para los hebreos, cuya esencia abstracta competía con el visible y tangible *Baal* (uno de sus dos hijos) de los cananeos, fenicios y mesopotámicos, asociado al sol. Al llegar el primer milenio AC, *Elohim* se había sincretizado con el dios *Yahu* de Canáan (afluente de la cultura hebrea y fuente de los fenicios), el dios del trueno y también hijo de *El*. Es decir, los hebreos sincretizaron a su Dios a partir de *Elohim* (*El)* y de *Yahu*, combinando cualidades del dios-padre y del otro dios-hijo de los cananeos, enemigo de su hermano *Baal*. Es más, *Isra-El* significa «el que lucha con *El*».

Yahu se convirtió en Samaria en *Yahvé (YHWH), que* heredó de *Elohim* el privilegio de ser el superior de todos los dioses. Por un tiempo fue representado como un toro, un becerro o una serpiente, dándole un sentido fálico, hasta que se decidió que Dios no podía ni debía ser representado (aniconismo). Si bien no declaraba ser el único dios, ordenó ser el único que debía importarles a los hebreos.

El ancestral sacrificio humano o animal para aplacar la sed de sangre de los dioses fue un lugar común en toda la cuenca mediterránea. En su estado más primitivo, el sacrificio era un trueque especulativo, un soborno *quid pro quo* (*si los dioses me dan la victoria, les sacrifico un buey*). En su evolución se volvió un anticipo propiciatorio (*yo primero sacrifico algo muy valioso o querido por mí, como mi buey o hasta mi hijo, y con eso espero benevolencia*). En este último sentido se vuelve el antecedente de la mortificación y del martirio (*entrego hasta mi propia vida*).

El sacrificio de un hijo se manifiesta regionalmente en el de *Abraham* con *Isaac* y el de *Agamenón* con *Ifigenia*, como ejemplos. En las civilizaciones euroasiáticas, pero no en las americanas, los humanos fueron siendo reemplazados por animales, los mejores del rebaño. Eventualmente se sacrificaron animales menos onerosos. El ofrecido a *Baal* o a *Elohim* con el tiempo se había reducido a un sacrificio humano menos cruento y más simbólico: ofrecer el prepucio de los bebés.

En la teología original hebrea no había infierno sino *Sheol,* un *más allá* frío y oscuro, sin la presencia divina. El castigo doloroso de *Yahvé* era en vida, aquí y ahora. No había tampoco cielo, la recompensa a la virtud y la fidelidad a Dios era en esta vida.

Ese *Elohim-Yahvé* fue evolucionando con el tiempo, tanto en esencia como en temperamento. Del henoteísmo (el Dios de nuestro pueblo es el mejor, lo servimos a Él y no a otros dioses: «*no tendrás otros dioses delante de mí; Dios está en la reunión de los dioses; en medio de los dioses juzga*») evolucionaron al monoteísmo (el nuestro es el único y verdadero dios). Más llamativamente radical fue su trasformación de riguroso y violento *Dios de los Ejércitos* en *Dios del Amor*. Eso se debió a sus interacciones (por comercio y/o sometimiento) mayormente con Egipto, Asiria y Persia.

Así, por sincretismo, creencias hebreas muy atávicas fueron influenciadas por otras tradiciones regionales y devinieron en el judaísmo. De Canaán vinieron las figuras de *Elohim* y de *Yahvé*. De la muy bélica Asiria vino el henoteísmo y la figuración como *Dios de los Ejércitos* que ostentaba su dios nacional *Ashur*. De Egipto vino el concepto de la resurrección que se filtró en el cristianismo. Del zoroastrismo persa, los conceptos de dios único, de la eterna lucha entre Dios y Satanás, de la batalla final de Armagedón entre ambos, del cielo-infierno, y del *Mesías*. El rey persa Ciro fue un *Mesías* o «salvador» porque los liberó de la captura babilónica y financió la reconstrucción del Templo de Jerusalén en el 516 AC, que había sido destruido por los babilonios en el 579.

Médicamente, los judíos fueron entusiastas de la profilaxis y de la dieta, aunque su capacidad quirúrgica no pasaba de la circuncisión. Ese rito no era solamente un sacrificio «humano» a Dios, sino una precaución higiénica. Pero como dato llamativo, la alianza con *Yahvé* se firmaba con la circuncisión masculina (una señal tangible y visible), no con la femenina

Sin embargo, las mujeres tenían un lugar en el culto, mayormente en las procesiones de victorias militares, en los peregrinajes y en los funerales. Si bien tenían roles en el Templo, no había sacerdotisas ni prostitutas oficiales como en Canaán y en casi todas las otras culturas religiosas de la región. Tenían roles fundamentales en la religiosidad del hogar, y eran sanadoras y parteras.

Los judíos no estaban tampoco exentos de sincretismo. *Ezequiel* cuenta de mujeres judías que ofrecían pasteles a *Asherah la «reina de los cielos»* (*Ishtar, Astarte*), lloraban por *Tammuz* y usaban amuletos. *Jeremías* no parece escandalizado por el culto femenino a *Asherah* como diosa de la fertilidad y el amor sexual, dos aspectos valorizados por la cultura hebrea.

La moralidad sexual

La ambivalente actitud hebrea hacia la mujer está enmarcada por las *Escrituras*; o viceversa, las *Escrituras* están enmarcadas por la actitud hacia la mujer. La creación del ser humano por el mismo Dios como hombre y como mujer en cierta medida jerarquizaba a la mujer [25]. En la versión de la costilla, Eva es el

---

[25]   *Génesis* 1:27 (y *Génesis* 5:1-2 coincide) dice: *«Varón y mujer los hizo, los bendijo y les puso de nombre Adán»*. Es decir, nuestro primer ancestro parece haber sido un par de siameses, detalle que se le ha escapado a todos los grandes teólogos, excepto a Aristófanes. La versión que aparece en *Génesis* 2:21 es la de la costilla (separando igual a la mujer del cuerpo del hombre), porque *«no es bueno que el hombre esté solo»*.

Una curiosa leyenda folklórica aparece posteriormente en el *Talmud Babilónico* reeditado en el siglo VIII de nuestra era, la de *Lilith*. Ciñéndose a la creación simultánea del barro, Dios crea a *Adán* y a *Lilith* como su primera esposa. *Lilith* rechazó subordinarse a *Adán*, le dijo que eran iguales porque ambos fueron creados del mismo barro, discutieron, *Lilith* invocó el nombre de Dios y huyó volando, abandonando así a *Adán*. Duró bien poco la luna de miel y llegó el primer divorcio. *Adán* le comunicó la triste novedad a *Yahvé*, quien mandó tres ángeles a convencerla de regresar a casa. Como *Lilith* se negó, Dios la condenó a que cien de sus diabólicos hijos concebidos con el arcángel *Samael* (el que se rebela y urde el pecado original, identificado con o paralelo a *Satanás*), mueran cada día. *Lilith* se venga entonces dedicándose a lastimar bebes, hacer sufrir a las parturientas y provocar eyaculaciones nocturnas a los hombres.

Lilith fue sincretizada de la teología mesopotámica de *Lilitu*, un demonio femenino, un monstruo nocturno, un gato salvaje, la serpiente en el Árbol de la Vida Eterna que frustra a Gilgamesh. Es también la *Johi* de los persas. Noten la correlación entre la serpiente (símbolo fálico) diabólica de la caída de Adán y la mujer. Ser una ser mujer asertiva y rebelde equivalía a ser, como hoy, una bruja perversa, una *feminazi*.

acto final de la creación. La sexualidad no era vista entonces como un acto solamente procreativo, sino como partícipe de la creación.

Es tras la caída y por su culpa, que la mujer se volvió sometida al hombre. Si bien la creación de la mujer no fue un castigo divino como lo era para los quizá más despabilados griegos, Eva es quien se dejó tentar por la serpiente (un símbolo a la vez diabólico y fálico), desobedeció y corrompió a Adán, y nos llevó entonces a todos a la perdición[26]. Gracias a ella nos echaron del dulce ocio del Jardín del Edén, se nos acabó el plan de subsidio divino y desde entonces tenemos que ganarnos el pan con el sudor de la frente.

Esto se debe a que los hebreos trataban entonces con un Dios con un carácter muy complicado, que condenó a la mujer a parir con dolor, a la serpiente a arrastrarse, y que marcó con esa culpa a todos los descendientes de Adán, el «pecado original». Dada, como dijimos, la tremenda influencia que las *Escrituras* hebreas han tenido sobre nuestra cultura occidental, esa actitud hacia Eva ha marcado por dos milenios nuestras relaciones entre los géneros.

Como había que «crecer y multiplicarse», honraban a la madre de prole numerosa. Se ensalzaba así la maternidad y el celibato era un pecado; era obligatorio estar casado a los 20 años (los rabinos también, por eso sorprende tanto la soltería de Jesús a sus 33). La mujer solterona, virgen o infértil, era despreciada.

Métodos anticonceptivos como el *coito interruptus* (ese fue el pecado de *Onán* - hijo de *Judá* - con su cuñada viuda *Tamar*, al no querer cumplir con el mandato del levirato con la viuda de su hermano, no la masturbación manual), el aborto y el infanticidio eran aberraciones inaceptables, en contraste con el

---

[26] Para muchos aún hoy, el sexo y el conocimiento destruyen la inocencia y la felicidad, alejándonos de Dios.

pragmatismo al respecto del resto de las civilizaciones de la Antigüedad.

La moral general comienza con el quinto mandamiento, el mandato de honrar a los padres. Los cinco mandamientos finales son negativos, prohibiciones; no matar, no cometer adulterio, no robar, no dar falso testimonio y no codiciar.

El séptimo mandamiento en su forma original en *Éxodo* 20:14 y *Deuteronomio* 5:18 dice *«no cometerás adulterio»*. No dice «no cometerás actos impuros» o «no fornicarás», ese es un adorno catequístico; ambas fuentes originales no hablan del sexo prematrimonial masculino. El hombre podía ser polígamo, pero sabemos que el adulterio de la mujer casada era la obsesión general de los pueblos agrarios debido a la exigencia de legitimidad en la sucesión de la propiedad de la tierra. Adulterio para los hebreos significaba entonces tener relaciones con una mujer casada o que había sido comprada por otro hombre, porque eso era una violación a la *propiedad*. La adúltera y el infractor eran lapidados por la comunidad, hasta morir.

Posteriormente al *Decálogo,* la fornicación estaba prohibida a las mujeres solteras o casadas, pero era una ofensa venial en el caso masculino. Hasta el *Talmud,* el divorcio era libre para el hombre, pero muy difícil para la mujer.

No hay mandamiento contra la violación, aunque está implícito en el debido respeto a la propiedad ajena. Lo más espantoso era que, si un hombre mayor violaba a una niña, podía borrar su culpa resarciendo económicamente al padre con cinco monedas de plata y casándose con ella (*Deuteronomio* 22:28-29).

Como muestra de las múltiples contradicciones de esa compilación de libros de diversos autores y épocas, otros reglamentos obligaban a la mujer a probar su virginidad en su noche de bodas so pena de ser lapidada. No obstante, la prostitución era común y no se prohibía frecuentar prostitutas extranjeras.

El octavo y décimo mandamientos consagran el principio de propiedad; el décimo es el que trata a la mujer como propiedad del hombre al mismo nivel que su casa, su esclavo, su esclava, su buey y su asno.

Hay también un llamativo culto a la sensualidad. El canto de Salomón, o *Cantar de los Cantares*, es un poema idílico sobre el amor, entre romántico y erótico, al mejor estilo mesopotámico: «*... (mi amado) yacerá toda la noche entre mis pechos*» ... «*a su sombra apetecida me he sentado, y su fruto es dulce a mi paladar*» ... «*haced que mi huerto exhale fragancia, que se esparzan sus aromas; entre mi amado en su huerto y coma sus mejores frutas*» ... «*mi amado metió su mano por la apertura del pestillo, y mi corazón se conmovió dentro de mí. Yo me levanté para abrirle y mis manos gotearon mirra y mis dedos mirra, que corría sobre el pasador*» ... «*tu ombligo es un ánfora redonda, donde no falta el vino y tu vientre, un montón de trigo, de lirios rodeado*». En estos y otros calentísimos versos, casi de *soft porn*, el poeta parece tener una fijación con los pechos, con comerse mutuamente la fruta y con emisiones de mirra en pechos y pestillos. La mujer y su amante se desean, y la atracción física y la consecuente consumación aparecen como normales y bellas. Proverbios admira «*la belleza del vuelo del águila, del deslizar de la serpiente sobre la roca, de la barca surcando el mar y del hombre moviéndose sobre una doncella*». Dice, como más adelante San Pablo, que «*es mejor casarse que arder*».

Uno de los pasajes más perturbadores del *Génesis* (el 19) habla de Lot y sus hijas. Dos ángeles visitan a Lot en Sodoma y él les brinda hospitalidad en su casa. Los sodomitas rodean la casa y reclaman que los entregue, obviamente para «sodomizarlos». Lot de ninguna manera va a romper las reglas de la buena hospitalidad y entonces ofrece a cambio al populacho prostituir a sus dos hijas vírgenes (¡¿!). Lot es insuperable como buen anfitrión, pero como no era exactamente el tipo de entretenimiento sexual que tenían en mente, los sodomitas las rechazan. Los ángeles entonces los enceguecen y ordenan a Lot que abandone Sodoma con su familia porque va a llover el escarmiento. La mujer de Lot queda convertida en una estatua de sal por haber desobedecido y mirado para atrás desde el puente, de puro curiosa por ser mujer, la explosiva destrucción celestial de Sodoma. Luego, las hijas de Lot lo emborrachan para seducirlo y quedan incestuosamente embarazadas tras dos noches de sexo loco. Y como es lo usual en el *Antiguo Testamento*, la culpa es de la mujer.

En todo caso, la pederastia y la sodomía habrían sobrevivido al castigo de Sodoma y Gomorra. Hay rasgos de homoerotismo en la profunda amistad entre *David* y *Jonatán*, el hijo de *Saúl* (*David* por su lado era también prolífico con las damas). Sin embargo, el *Levítico* y el *Deuteronomio* condenan a las mujeres que se visten como hombres, a los hombres que se visten como mujeres y a los hombres que tienen relaciones homosexuales. Si bien el acto homosexual entre hombres merecía la pena de muerte, no se menciona el de entre mujeres.

El aborto está prohibido, salvo en caso de peligro de vida de la madre; unívocamente, se elige a la madre.

*

En síntesis, si bien lejos de la liberal política de género de Egipto, la situación de la mujer hebrea era relativamente mejor que la de la de Grecia. Estaba subordinada al hombre; se paraba *detrás* de su esposo y *ayudaba* en el culto, pero gozaba de respeto e influencia social.

Es un claro abuso hermenéutico el que perpetran los fundamentalistas cristianos al justificar la subyugación de la mujer con las Escrituras. Con el mismo celo, en el siglo XIX se justificaba la esclavitud, tomada como normal tanto en el

Antiguo como en el Nuevo Testamento y sendas bulas papales, y los mormones justificaban la poligamia hasta el siglo XX.

Pero pronto llegaría un hecho portentoso: el triunfo de una pequeña secta disidente judía en el Imperio romano y su posterior dominio del mundo helenístico. Era una joven religión que en poco tiempo pasó de ser perseguida a ser oficial, única y perseguidora. Una religión que sincretizó lo bueno y lo malo de las tradiciones hebreas, helenísticas y romanas. En el caso de la mujer, le esperaba aún lo peor…

9. De Cristiana a Medieval

> *«Las mujeres no deben ser ilustradas ni educadas de manera alguna. Deberían, de hecho, ser segregadas porque son la causa de espantosas e involuntarias erecciones en los hombres santos»*
>
> San Agustín de Hipona

El despertar cristiano en Roma

La difusión del cristianismo dentro del mundo romano se debió precisamente a los canales de comunicación con que los romanos se conectaron con sus conquistas: caminos, vías marítimas comerciales y dos lenguas francas, el latín y el griego, lo que facilitó la difusión de ideas.

Durante los dos primeros siglos de nuestra era, el cristianismo fue visto en Roma como una secta judía radical. Para el año 200 habría solamente unos 200 mil cristianos en el Imperio, entre una población de entre 50 y 60 millones (menos del 0,4%). Era una religión urbana, restringida a las ciudades y sin mayor interés en convertir a las clases rurales, a las que llamaban *pagani* (peyorativo de aldeanos, campesinos, de donde quedó nuestro pagano).

Los romanos, como buenos helenísticos abiertos al sincretismo, eran generalmente tolerantes en materia religiosa. Pero tanto los judíos como su secta cristiana resultaban irritantes porque, al ser enérgicamente monoteístas, se negaban a rendir culto u ofrecer sacrificios a los dioses del panteón, ni siquiera al mismísimo emperador. Nadie se tomaba demasiado en serio la «divinidad» del emperador, pero su culto era visto como una expresión patriótica de identidad (como nuestro himno nacional o la jura a la bandera). Habíamos mencionado la simbiosis romana entre religión y Estado; desobedecer esas normas de *pietas* (la «religiosa» expresión de lealtad y de piedad filial) equivalía a una traición a la patria.

Hubo una diferenciación en el trato de Roma a los judíos y a los cristianos. Durante los tres primeros siglos de cristianismo los romanos consideraron al judaísmo *religio licita*, porque supieron operar hábilmente dentro del sistema, pero al cristianismo *superstitio*, por ser una secta atea (respecto de sus dioses) y subversiva, por no respetar las diferencias de clase entre amos y esclavos. Encima, con tanto hablar de amor podía corromper las virtudes marciales de sus conversos.

Normalmente entonces al judío, salvo durante sus rebeliones, se le daba un pase por tratarse de una religión reconocida como genuina. El cristiano en cambio, de ser denunciado a las autoridades, era acusado de dicha falta de *pietas* y llevado a la justicia. Generalmente se le daba la oportunidad, sin necesariamente hacer plena apostasía, de prometer y cumplir con rendir culto al emperador en los festivales oficiales, aunque fuera de manera nominal. Hay transcripciones de magistrados (como Plinio el Menor) insistiendo y rogando casi al reo para que aceptara este trato.

Sin embargo, se hizo popular entre muchos cristianos el empecinarse y no ceder, haciendo así legalmente inevitable la ejecución. El martirio público era bienvenido como la posibilidad de ser actores en el drama cósmico del fin de los tiempos. Heroico y ejemplar, el martirio era visto por los fieles como un boleto de primera clase al cielo (total, el regreso de Cristo detonando el fin de los tiempos y el juicio final, era inminente, según *Mateo* 24:36 «*... no pasará esta generación hasta que todo esto suceda...*»). Algunos hasta se delataban a sí mismos. Como dijo Diderot marcando la diferencia entre heroísmo y fanatismo, *«el verdadero mártir espera la muerte, el entusiasta (fanático) se abalanza hacia ella»*. Tal conducta era incomprensible para los pragmáticos paganos; casi tan surreal como percibimos nosotros a las sectas que se suicidaron colectivamente porque esperaban ser arrebatados al espacio por seres superiores extraterrestres.

A partir del siglo III hubo tiempos de tolerancia alternados con persecuciones esporádicas, otras ad hoc, otras institucionales, generalizadas o localizadas, unas muy cruentas (bajo Severo, Decio y, sobre todo Valeriano) y otras exageradas quizás en el relato cristiano. Por ejemplo, las documentadas por los mismos romanos (que documentaban todo) suman una acumulación de diez años de persecuciones con ejecuciones en los primeros trescientos años de nuestra era. De la correspondencia entre el emperador Trajano y su buen amigo el gobernador Plinio, resulta evidente que para ellos era más una molestia que una misión persecutoria.

Los motivos imperiales de las persecuciones fueron generalmente más políticos que teológicos: culpar a los cristianos del incendio de Roma cuando Nerón, la sospecha de ser una quinta columna durante las invasiones bárbaras o por negarse a demostrar públicamente su lealtad al emperador.

Muchos fueron linchados también espontáneamente por el populacho enardecido. Para el pagano romano, la manera de aplacar a los dioses patronos era ofrecerles sacrificios. Como los cristianos se negaban, eso rompía la *pax deorum* (el favor de los dioses) y estos, ofendidos, castigaban al pueblo con catástrofes. Ergo, la culpa de los terremotos y de las plagas era de los cristianos. Siempre la gente diferente se volvió un oportuno chivo expiatorio, como los judíos, los gitanos y las brujas en la Europa cristiana, y los inmigrantes en general, aún hoy, entre nosotros.

El relato incluye los martirios en Cartago de las jóvenes madres **Santa Perpetua** y **Santa Felicidad** que, culturalmente, debían resultar repugnantes hasta para el pagano más piadoso y, ciertas o míticas, tuvieron un indudable poder propagandístico.

La conquista cristiana del Imperio y sus consecuencias

Llegaría, casi impensadamente, el momento en que el cristianismo conquistaría Roma y, por ende, el mundo helenístico. Paradójicamente, las otrora víctimas se convertirían en victimarios.

Miremos primero el trasfondo histórico. En las cinco décadas del 235-284 DC Roma había sufrido una crisis casi terminal: invasiones, guerras civiles y fractura en tres del imperio, plagas, presiones impositivas, inflación por dilución de la cantidad de oro en las monedas y depresión económica. Tanto es así, que la «crisis del siglo III» es tomada como el comienzo de la Antigüedad Tardía, la antesala del Medioevo. La crisis comenzó con el asesinato del emperador Severo Alejandro por sus propios oficiales.

Durante los siguientes cincuenta años lucharon caóticamente entre sí unos veintiséis pretendientes al trono imperial. El Imperio se dividió temporariamente en tres, declarándose independientes un imperio galo (Galia, Bretaña y por un rato Iberia) y un imperio palmiro (Anatolia, Siria, Palestina y Egipto, bajo Zenobia), dañando el comercio entre esas provincias y fomentando el localismo.

Por lo difícil que era gobernar el Imperio, finalmente reunificado y apaciguado, en 293 Diocleciano lo dividió, esta vez por diseño en dos, Oriental y Occidental, con un emperador (*Augustus*) y un lugarteniente y heredero designado (*Caesar*) en cada mitad, conformando así la *Tetrarquía*. Al ascender cada césar a augusto, elegiría a un sucesor calificado como césar para que se fuera fogueando en la administración. Mediante esta meritocracia, esperaba acabar con las luchas sucesorias fratricidas y el poder hereditario dado a descendientes incompetentes, dementes, perversos o degenerados como Calígula, Nerón, Cómodo, Caracalla y Heliogábalo. Diocleciano y Maximiano se erigieron en augustos, y eligieron a Galerio y Constancio como césares.

Al jubilarse por mutuo acuerdo los co-augustos Dioclesano y Maximiano, las ambiciones personales y el deseo de ser sucedido por un hijo entre los co-césares ascendidos a co-augustos, Galerio y Constancio, hicieron colapsar el sistema y provocaron feroces guerras civiles. Finalmente, el implacable Constantino (hijo de Constancio) logró vencer en la batalla de Puente Milvio (313) a su cuñado Majencio (hijo de Maximiano y hermano de Fausta, la esposa de Constantino) y pudo consolidar para sí el poder en Occidente.

Ya había disgusto familiar; Constantino había hervido viva en una bañera a Fausta por sospecharla de adulterio con su hijo mayor Crispus (por su concubina Minervina), a quien también hizo ejecutar. Los sacerdotes paganos le informaron que los crímenes de matar a su esposa y a su hijo eran de tal severidad, que no podían ser subsanados por sacrificio alguno a los dioses. Para los sacerdotes cristianos, en cambio, su Dios perdonaba cualquier pecado.

Constantino dijo haber tenido una visión antes de la batalla: una cruz arriba del sol con un cartel que decía *«Con este signo conquistarás»*, que interpretó como una promesa de victoria si las letras *ΓP* (Chi y Rho, las dos primeras de Cristo en griego) eran pintadas en sus estandartes y en los escudos de sus soldados para diferenciarse de la tropa romana enemiga. Otra versión es que hizo pintar cruces, lo que tiene poca credibilidad porque la cruz apareció como ícono cristiano hacia fines del siglo IV o en el V. También dijo que el mismísimo Jesús se le apareció en sueños.

La victoria en Puente Milvio se interpretó como milagrosa y demostró el superior poder militar del Dios de los cristianos. Majencio se ahogó en el Tíber arrastrado por su pesada armadura tras caer su caballo del puente al río. Constantino hizo dragar el lecho para rescatar el cadáver de su cuñado, lo decapitó, y entró a Roma con su cabeza montada en una pica.

En el mismo 313 Constantino firmó el *Edicto de Milán* legalizando al cristianismo (haciéndolo *religio licita*) a la par de las otras religiones permitidas. No más persecuciones y martirios cristianos entonces; libertad religiosa y tolerancia para todos. Constantino luego se declaró cristiano, pero no se bautizó y retuvo el título de *pontifex maximus* pagano.

La conversión genuina o solamente política de Constantino es debatible por su sostenido historial de violencia y, sobre todo, porque mantuvo los atributos de divinidad pagana que le correspondían como rey-sacerdote. Seguía profesando el culto a *Apolo* y su arco triunfal y las monedas acuñadas lo muestran con la deidad solar *Sol Invictus* sincretizada del mitraísmo persa. En la dedicación del arco se hicieron sacrificios a *Apolo*, a *Diana* y a *Hércules*. Es más, mantuvo el calendario solar juliano en vez del lunar hebreo.

Nunca sabremos si Constantino se convirtió por el citado milagro celestial o porque el cristianismo perdonaba hasta los pecados más infames, y ni siquiera si fue sincera su conversión. Sin embargo, resulta llamativa su elección, porque los cristianos representaban en ese momento no más del 10% de los habitantes del Imperio. Más bien, puede haber visto al cristianismo como una herramienta política para darle una identidad que reflejara la complejidad del Imperio, porque no era una religión nacional sino universal. Uno podía ser ciudadano romano de origen galo, cartaginés, romano, sirio o griego y también ser cristiano. Pero este fue quizás uno de los hechos fortuitos[27] que torcieron la historia, porque hizo posible la rápida metamorfosis del cristianismo de débil secta perseguida, a lo que hoy es.

Como *pontifex maximus*, Constantino actuó de facto como árbitro y cabeza de la Iglesia. Convocó y presidió el Concilio de Nicea en el 325 para unificar la doctrina frente a las divergencias teológicas, corregir la herejía arriana y estandarizar el *Credo Niceno* que se reza hasta hoy. No es que le interesara el tema de fondo teológico, sus motivos eran políticos; no quería que en la religión que él había elegido para dotar al Imperio de una nueva identidad nacional hubiera cismas, divisiones o matices que no eran convenientes.

En síntesis, Constantino habilitó al cristianismo dándole legitimidad y poder político (lo fusionó con el Estado), e insufló también nueva vida y gloria al Imperio. A pesar de su caída en Occidente en 476, perduró como Imperio romano de Oriente y luego bizantino hasta la caída de Constantinopla en manos de los otomanos casi un milenio más tarde, en 1453. La Iglesia ortodoxa lo considera un par de los Apóstoles, el número trece.

---

[27] El dicho *«Los que no conocen la historia están condenados a repetirla»*, atribuido a Napoleón (y a otros), tiene valor relativo. La historia está llena de «cisnes negros», eventos imprevistos e impensables para los contemporáneos. Por eso, es inútil tratar de repetir el pasado o de pronosticar el futuro. Nadie en su sano juicio en el siglo III DC hubiera apostado dinero a que el cristianismo conquistaría el Imperio, que en el siglo VII que el islam conquistaría desde la India hasta Portugal, que a partir del siglo XVI la pequeña Inglaterra forjaría un imperio donde no se pondría el sol ni que en 1914 el pequeño partido bolchevique dominaría un imperio soviético durante setenta y cinco años, etc. Otra hubiera sido nuestra historia occidental si Aníbal destruía Roma, si los moros tomaban Francia e Italia, si Lutero era capturado y ajusticiado, si los otomanos conquistaban Viena., etc. Es por eso por lo que los historiadores suelen ser pésimos profetas.

Nosotros, los *occidentales*, le debemos ser una civilización también *cristiana.*

Con Julián el Apóstata hubo una regresión oficial al helenismo neoplatónico en 360-63, pero en 380 mediante el Edicto de Tesalónica, el emperador Teodosio sí hizo al cristianismo la religión *oficial y exclusiva* del imperio. Se dio vuelta la mesa y se declararon *superstitio* el judaísmo, el zoroastrismo, los cultos misteriosos y hasta la misma religión de los dioses olímpicos romanizados. Con Teodosio I se acabó la «tolerancia tentativa» (siempre que no molestes) de la diversidad religiosa que siempre había sido inherente al helenismo. Los cristianos pasaron así de perseguidos a implacables perseguidores.

Declarar al cristianismo primero religión lícita y promoverla (Constantino) y luego hacerla oficial y exclusiva (Teodosio) pudieron ser sendas maniobras políticas para unificar un imperio extremadamente diverso, extenso y que se seguía desmoronando desde la crisis del siglo III. Quizá le compró así casi cien años más de vida al Imperio en Occidente o, por el contrario, al autorizar la destrucción de los templos paganos, eliminar sus festivales y ordenar apagar el fuego vestal, terminó con casi un milenio de tradición e identidad patriótica romanas, apurando así su caída.

El triunfo monopólico del cristianismo tuvo consecuencias buenas, algunas no tanto, otras muy feas. Fue un asalto feroz a la cultura grecorromana. Templos, monumentos e imágenes «paganas» fueron demolidos a martillazos. Los libros irreemplazables de la Biblioteca de Alejandría, que para ser protegidos de las turbas cristianas estaban guardados en el espectacular templo de Serapis (la joya máxima de Alejandría), fueron quemados. El mismo y magnífico *Serapeion* fue totalmente demolido por Teófilo, Patriarca de Alejandría hacia fines del siglo IV, tras el Edicto de Tesalónica de Teodosio.

Mujeres de la Antigüedad tardía

El Imperio, durante este período de conversión y afianzamiento del cristianismo, fue un escenario tumultuoso y conflictivo para las mujeres, atrapadas en el tira y afloje del conflicto entre el cristianismo y el paganismo helenístico (Constantino convertido, Julián el Apóstata regresando al paganismo, Teodosio imponiendo el cristianismo por la fuerza, etc.).

La emperatriz romana **Helena de Constantinopla** (250-330) fue la primera esposa del tetrarca Constancio y la madre de Constantino. Tuvo una destacada presencia en la corte imperial. Dice la leyenda que su oración y su piedad lograron convertir a su hijo y por extensión, al Imperio. En función de ese relato, Helena es considerada santa en las Iglesias romana, anglicana y en las ortodoxas, y venerada en la luterana.

Según el historiador Sócrates de Constantinopla, Helena viajó a Tierra Santa en el 326-28 fundando iglesias e instituciones de caridad. Los historiadores Gelasio de Cesárea y Rufino sostuvieron que Helena había encontrado el escondite de las tres cruces con que ajusticiaron a Jesús junto con los ladrones (o insurrectos) Dimas y Gestas. Cuenta la leyenda que estaban enterradas en el Gólgota, donde en el lugar de la crucifixión los «embusteros judíos» habían colocado una estatua de Venus (lo que resulta inverosímil si eran judíos, tanto por su religiosidad como por su aniconismo). La cruz de Jesús tenía todavía clavado el letrero de INRI, pero Helena no estaba segura de que fuera la legítima hasta que un milagro se lo revelara. Trajeron entonces a una mujer muy enferma y sin cura y, luego de orar, Helena la hizo tocar cada una de las tres cruces, hasta que la tercera la curó de inmediato, milagrosamente. Fragmentos de esa cruz se habrían repartido como reliquias entre muchas iglesias en Europa, Levante y el norte de África. Erasmo de Roterdam señaló con ácida ironía que, si se sumaban todos los fragmentos repartidos de la «cruz verdadera», habría suficiente madera como para construir un navío mercante.

Hipatia de Alejandría (360-415) fue una mártir de la filosofía y de la ciencia, y quizá la primera mártir del feminismo. Fue una filósofa helenística neoplatónica, astrónoma y matemática del *Mouseion* (biblioteca, universidad, centro de investigación, de donde deriva nuestro museo) muy popular y prestigiosa de principios del siglo V. Aunque sus escritos filosóficos se perdieron, se le atribuyen contribuciones a la astronomía y a la geometría, pero su labor habría sido más docente y de preservación que de investigación o invención.

Hermosa, pero célibe para evitar distracciones, fue la primera académica de ciencias exactas que conocemos. Se llevaba bien con el patriarca cristiano Teófilo, quien la respetaba. Pero Teófilo murió en 412 y fue sucedido en la cátedra episcopal por su sobrino Cirilo, personaje complicado que se peleaba con medio mundo.

Era lógico que surgieran pujas por el poder entre la Iglesia y el Estado. Mientras duró el Imperio, a nivel macro la Iglesia quedó subordinada al Estado (como era la costumbre romana), pero en las provincias comenzaron las fricciones entre obispos y prefectos. Hipatia parece haber quedado en el fuego cruzado de un conflicto político, al ser consultada por el prefecto romano Orestes en su disputa con Cirilo.

Por instigación u orden de San Cirilo[28], quien la acusó de pagana satánica (o quizá demasiado inteligente para su propio

---

[28]   Cirilo persiguió entusiastamente a los paganos y también a los judíos de su jurisdicción. Por sobre la autoridad civil de Orestes y al frente del populacho destruyó sinagogas, confiscó propiedades y expulsó de la ciudad a los judíos sobrevivientes. San Cirilo de Alejandría, padre y doctor de la Iglesia, sentó entonces tres pésimos precedentes:

-    Hasta entonces los filósofos, aunque fueran controversiales, eran intocables, por lo que el asesinato de Hipatia habilitó en la Iglesia la costumbre de reprimir ideas díscolas utilizando la violencia extrema bien, por ser mujer) y de haber evidentemente embrujado a Orestes, el carruaje de Hipatia fue interceptado en 415 por una turba de monjes. Fue llevada a la iglesia de Cesareum, allí frente al altar la desnudaron, le arrancaron los ojos, y luego la desollaron viva arrastrándola por las calles pavimentadas con conchillas. Después la descuartizaron y quemaron los pedazos (monjes meticulosos, si los hay).

Pasemos a Constantinopla más de un siglo más tarde. El emperador Justiniano I (el del famoso código) se había casado con una actriz porno y madre soltera de dos, **Teodora** (500-548), quien según el sesgado y vengativo historiador Procopio[29], ofrecía en el teatro su *burlesque*, espectáculos incluyendo sexo en vivo con actores y con animales. Por ejemplo, recreaba la escena de Leda con Zeus encarnado en un cisne: otros actores le colocaban semillas en su zona vaginal para que el cisne las picoteara.

Pero una vez hecha emperatriz, Teodora se transformó en una eficaz colaboradora de su marido, era capaz de mantenerse serena en una crisis y atizaba a su marido a tener coraje y decisión. Se abocó también a conseguir reformas sociales para proteger a la mujer de abuso físico y sexual, y de discriminación. Teodora fue quizás otra proto-feminista, la mujer más influyente y poderosa en la historia del Imperio bizantino y fue calificada como la *persona* más inteligente de su

---

- El antisemitismo cristiano: perseguir «*judíos deicidas*», origen de guetos y pogromos desde la Edad Media hasta el Holocausto
- La intromisión eclesial en temas políticos y el ejercicio efectivo del poder secular.

[29] La difamación de Teodora en boca de Procopio fue otro ejemplo de la deplorable costumbre grecorromana de atacar a hombres importantes vilipendiando o injuriando a sus mujeres, como los enemigos de Pericles atacando a Aspasia en Atenas y Plinio atacando a Claudio a través de Mesalina. Es una costumbre que, lamentablemente, heredamos y mantenemos (Eleonor Roosevelt, Eva Perón, Hillary Clinton, etc.).

era. Fue corregente con su marido, tuvo un desempeño decisivo durante los disturbios de Niká y brillante en la construcción de Hagia Sophia, fundó monasterios, protegió a obispos, y es santa en la Iglesia ortodoxa.

Cae el Imperio y llega la Edad Media

En 476 el soldado romano y jefe germánico Odoacro depuso al último emperador romano de Occidente, quien irónicamente se llamaba Rómulo Augusto por el fundador de Roma y por su más grande emperador. Como tenía solo 16 años no lo ejecutó; de lástima lo pensionó. En un acto de fuerte simbolismo envió la insignia imperial a Constantinopla, marcando así el fin de la Roma imperial en Occidente. Odoacro se autoerigió en rey de Italia, pero no en emperador, e Italia dejó de ser romana para pasar a ser germánica.

La caída de Roma se atribuye popularmente a que la opulencia relajó «la moral y las buenas costumbres». En realidad, las costumbres se comenzaron a relajar notablemente con Augusto al pasar Roma de república a imperio y eso sucedió cinco siglos antes. Entonces, si dicha relajación fue la causa, fue un detonante más bien parsimonioso. Gibbon sostuvo todo lo contrario; en su obra cardinal *Declinación y Caída del Imperio Romano* atribuyó la caída a que el cristianismo, por su embate contra la religión romana, hizo perder los valores identificatorios y tradicionales, así como las virtudes marciales y cívicas.

Todo eso pudo ser, pero creo que ambas posturas pecan de reduccionismo; la causalidad pudo ser mucho más compleja. Pesaron también la degradación de república a monarquía absoluta, el aumento del poder político de los militares y su rol de arbitraje del trono imperial, la dispersión del poder central entre Roma y Constantinopla, y la migración masiva de tribus bárbaras que buscaban seguridad frente al empuje de otras tribus aún más bárbaras (los hunos de Atila). Pero, sobre todo, cayó por una simple limitación física: con tanta conquista había demasiada frontera que defender y se entrenó y empleó para eso a los mismos bárbaros germanos que provocaron la caída final. El Imperio, muy probablemente entonces, sucumbió consumido por su propio éxito, siguiendo el ciclo natural de vida de todos los imperios.

Lo prodigioso no es que hubiera caído en Roma, sino que perdurara en Constantinopla por un milenio más. Bizancio se mantuvo políticamente unido, civilizado y culto, mientras que Europa veía desintegrar sus infraestructuras física, educativa, burocrática y comercial. A través de Bizancio, Roma siguió alimentando a nuestra cultura. Mantuvo vivas allí las artes, la letras y el derecho. Constantinopla aún se denominaba como «romana», pero fue gradualmente migrando del latín al griego y de romana a bizantina. Se fue transformando en un híbrido entre Europa y Asia, como corresponde a su posición geográfica como puente entre ambos mundos. La relación entre Bizancio y Europa se volvió complicada y se abrió una gran brecha cultural[30] que eventualmente acabó en un cisma teológico.

A pesar de la descomposición política y el consiguiente caos provocado por guerras territoriales entre caudillos, algunas pocas instituciones perduraron, sobre todo en Italia. La Iglesia ocupó parte de ese vacío y mantuvo una parcial pero relativamente eficaz estructura administrativa, económica,

---

[30]   Como nota de color, en el 972 como parte de una alianza militar contra los turcos, la princesa bizantina Teofanía fue dada en matrimonio a Otto II, emperador del Sacro Imperio Romano Germánico (que como bien dijo Voltaire no fue ni sacro ni ya imperio ni romano). Con bizantina sofisticación, la dama exigía bañarse diariamente y comía con tenedor en vez de con las manos, excentricismos que le valieron el escarnio inicial de la grasienta y hedionda corte «imperial» germánica. En la misma línea, un siglo más tarde en Tierra Santa causaba estupor entre los sofisticados, cultos e higiénicos árabes, que los nobles y caballeros cruzados fueran tan brutales, ignorantes, groseros… y hediondos.

cultural y educativa. Las *diócesis* habían sido las subdivisiones administrativas de las provincias romanas (nuestros partidos, departamentos o condados) y los obispos (*episkopos*: inspector o supervisor) mantuvieron esa nomenclatura, combinando funciones de señor feudal o trabajando en estrecha asociación con él.

Con la caída del Imperio colapsó la educación secular general, ya irregular per se. La educación monástica que la reemplazó en el medioevo era muy restringida y exclusiva para ciertos estamentos sociales, omitiendo generalmente a las mujeres; pero era mejor que nada.

Las órdenes sociales de la Edad Media eran tres: *«los que combaten, los que rezan y los que trabajan»*; pero no estaban distribuidos en proporciones parejas. Si agrupamos a los dos primeros (nobles y clérigos) y les sumamos burgueses comerciantes, médicos, abogados y funcionarios cívicos, alcanzarían típicamente a solo un 5-8% de la población total; y no debía ser muy profunda per se la educación de los combatientes, más enfocados en las destrezas marciales. El resto eran mujeres, campesinos y artesanos (los que trabajan), en su abrumadora mayoría analfabetos, a los que no valía la pena (o se consideraba hasta inconveniente) educar. Es decir, con seguridad, más del 90 % era analfabeto.

Fue una era de creencia universal. No había ateos ni escépticos; nadie cuestionaba ni dudaba, al menos públicamente. Hasta las artes plásticas y musicales se transformaron en servidoras de la religión; solamente podían reflejar la belleza de Dios. Las artes debían inspirar pensamientos que llevaran a la oración y no al hedonismo. La música no vocal, por ejemplo, no enseñaba cristianismo, por lo que solamente el canto litúrgico estaba permitido: pocas voces, nada de instrumentos musicales y nada de ritmo que incitara al baile. El arte no podía ser egocéntrico, sino enfocarse en lo divino; es por eso por lo que los artistas generalmente no firmaban sus obras, porque eso sería soberbia humana.

El término *Edad Media* es peyorativo. Fue usado por Petrarca para denominar a los penosos siglos entre la época clásica del Imperio romano y el *Renacimiento* de su gloria en Italia. Convencionalmente se la ubica entre el siglo V y mediados-finales del XV; más puntualmente, desde la caída formal del Imperio romano en Occidente en el 476 hasta la caída de Bizancio en 1453 o, alternativamente, el triunfo de Castilla y Aragón con su captura de Granada y su descubrimiento de América en 1492. Científica, social y artísticamente fue un milenio poco productivo, con poco cambio y mucha continuidad, pero signado en Europa por el control de la Iglesia sobre la política y la cultura, y por una serie de sismos y cismas dentro del cristianismo. Fue una era de crisis política en Europa, en la que los caudillos militares se erigieron en reyes o señores feudales y se disputaron el poder con los papas y obispos.

No sorprendentemente, la *«oscura Edad Media»* o *«era teocrática»* o *«era de la fe»* tiene entre nosotros una reputación de violencia, barbarie, ignorancia, represión religiosa y oscurantismo. Sería un milenio perdido, similar en sus efectos al colapso también culturalmente calamitoso de la «edad oscura» al fin de la Edad del Bronce en Oriente Medio y en Grecia, pero fue mucho más insidiosa en su duración. Duró diez siglos, hasta que vino el Renacimiento y nos «rescató».

Pero tratando de ser intelectualmente honestos, esa perspectiva peca también de reduccionismo y es una generalización tal vez algo injusta. La actitud represiva y dura de la Iglesia fue quizá necesaria para recuperar un módico orden necesario para su milagrosa *supervivencia como institución*, en medio del caos provocado por el vacío político y administrativo tras la caída del Imperio. Si bien el alfabetismo y la cultura se refugiaron exclusivamente en los monasterios y mucho de la cultura clásica se perdió por acción u omisión (borraban pergaminos clásicos para reciclar el valioso medio para escribir obras religiosas), en medio del caos general *la llama del piloto siguió al menos encendida.*

La situación de la mujer

Durante la teocracia cristiana de la Edad Media europea, la mujer perdió sus liberalidades educativas, laborales, matrimoniales y sexuales romanas. Cumplió los roles de esposa, madre, campesina, artesana, prostituta y monja.

Las mujeres que debían trabajar hilaban, fabricaban cerveza y ayudaban a sus maridos artesanos o comerciantes. Otras eran curanderas o proveedoras de hierbas sanadoras (o venenosas). Eran contadas sus oportunidades de ejercer liderazgo, usualmente como abadesa o como reina regente.

Mujeres de la Edad Media

Santa Brígida de Kildare (451-525) es uno de los santos patrones irlandeses, pero su historicidad es discutida. Vale la pena señalar que su nombre es el de una diosa pagana celta, por lo que se sospecha un sincretismo propagandístico. No fue ni la primera ni la última vez que ese fin justificó los medios para la Iglesia.

Santa Hilda de Whitby (614-80) fue realmente una princesa de Northumbria y fue protagonista en la cristianización de los anglosajones.

Zoe Porfirogéneta (978-1050) fue emperatriz de tres emperadores bizantinos. Vemos su imagen en un mosaico de Hagia Sophia (Figura 18). Era hija de Constantino VIII, quien heredó la corona de su hermano Basilio II. Como Constantino no tenía hijos, decidió casar a su hija Zoe (ya de 50 años) con Romanos Argyros, un noble funcionario diez años mayor quien,

para volverse Romanos III tuvo que divorciarse de su esposa y casarse con Zoe. Sus denodados esfuerzos para producir un heredero con ella fueron infructuosos frente a la inflexible menopausia. Fuera de la cama se llevaban mal y Romanos apareció muerto en su bañera.

Con muy moderada aflicción, esa misma noche Zoe se casó con su joven amante (32 años menor), quien el siguiente día fue coronado como Miguel IV. Adoptaron al sobrino de este como sucesor. Muerto su segundo marido, asumió el sobrino como Miguel V y exilió a Zoe. Enardecido el pueblo porque la emperatriz era muy popular, destronaron a Miguel.

Zoe hizo co-emperatriz a su hermana Teodora, pero dos meses más tarde se casó con un nuevo joven amante, quien asumió como Constantino IX (22 años menor). Ocho años más tarde murió Zoe a los 72 años.

Aún anciana, su sexualidad era asertiva, su belleza era legendaria y atraía a amantes mucho más jóvenes con su cabellera rubia, su cuerpo esbelto siempre envuelto en tenues túnicas y su piel blanca, diáfana y sin señales de envejecer. Seguramente, fue la combinación de una genética generosa con prodigiosos cuidados cosméticos.

Santa Hildegarda de Bingen (1098-1179), doctora de la Iglesia, usaba báculo episcopal y es quizá la abadesa más célebre. Fue una intelectual de nota: ávida compositora musical, artista de iluminaciones en libros sacros y autora de libros espirituales y también académicos sobre medicina y ginecología, moralidad sexual, salud y nutrición.

A pesar de su clara condena del lesbianismo, tuvo una muy cercana relación con su asistente, hermana de un arzobispo quien, alarmado, decidió separarlas. Hildegarda envió cartas insultantes al arzobispo y hasta al mismo papa. Aunque tuvo otros actos de rebeldía contra la jerarquía masculina y por eso ella y su congregación fueron temporariamente excomulgadas y se les prohibió hasta cantar, sus escritos no son proto-feministas como algunos sostienen. Sincera o astutamente, aceptaba ser una «pobre y débil mujer».

Eleonora (o Leonor) de Aquitania (1122-1204) fue una mujer formidable (Figura 19). Como duquesa de Aquitania tras la muerte de su padre en 1137, fue la princesa más solicitada matrimonialmente de toda Europa. Era legendariamente hermosa, culta y extremadamente decidida e inteligente. Había recibido una buena educación que incluía latín, música, literatura, matemáticas, astronomía, historia y ajedrez.

Condujo tropas y participó de la Segunda Cruzada acompañando a Tierra Santa a su primer marido, Luis VII de Francia, con quien la vemos en la figura. Se llevaban mal, porque Luis había sido formado para una carrera clerical, era muy devoto y casto, y había accedido al trono por la muerte accidental de su hermano mayor. Para Luis el sexo matrimonial debía ser el estrictamente necesario para la procreación, mientras que para Leonor eso no era suficiente.

Hubo un escándalo, porque Leonor despreciaba a su marido (*«creí casarme con un rey, pero me casé con un monje»*) y mantenía un afecto sospechosamente profundo y público por su joven y apuesto tío Raymond, príncipe de Antioquía. Luego de tener dos hijas con Luis, pidió la nulidad de su matrimonio, concedida por el papa Eugenio III, por no haber ella dado un heredero varón al trono de Francia y por consanguinidad en cuarto grado.

Inmediatamente, Leonor se casó con Enrique Plantagenet, conde de Anjou y duque de Normandía, su primo tercero y futuro Enrique II de Inglaterra, con quien tuvo cinco hijos varones (tres fueron reyes) y tres mujeres, a pesar de ser el suyo un matrimonio tumultuoso. Distanciada ya de su marido irremediablemente, este la tuvo prisionera en una torre por apoyar la rebeldía de los hijos. La muerte de Enrique la liberó, y durante la Tercera Cruzada fue regente de su hijo, Ricardo «corazón de león».

En Poitiers, Leonor presidió la Corte del Amor, siendo mecenas de trovadores y caballeros, donde dio origen al culto del *amor cortés* y de los buenos modales. El amor cortés fue el idealizado estilo romántico medieval caballeresco. Usualmente no llegaba a la consumación, pero era expresado lírica o simbólicamente (llevar sus colores en las lides) sin ofender a ningún pariente de la dama; era más bien halagador.

Con sus hijas, presidían como juezas de disputas amorosas entre sus cortesanos, un *reality show* medieval, en vivo. Uno de sus fallos se fundamentaba en que es imposible el amor verdadero dentro del matrimonio.

Otra figura notable fue la también doctora de la Iglesia **Santa Catalina de Siena** (1347-80), terciaria dominica, canonizada por su lealtad a Roma durante el cisma con Aviñón. Fue un ejemplo de penoso ayuno, mortificación de la carne y castidad virginal. Cuando sus padres quisieron casarla se negó rotundamente, alegando que ya estaba casada con Cristo. Cristo, la Virgen, varios santos y el rey David se habían presentado en su cuarto y Cristo la había tomado por esposa, usando de anillo el prepucio sanguinolento de su circuncisión (quedó de santa reliquia).

Juana de Arco (1412-1431) es la máxima heroína francesa y fue canonizada como mártir por su rol heroico en

defensa de Francia y del futuro Carlos VII durante la Guerra de los Cien Años. Gracias a ella (Figura 20), el rey fue consagrado y coronado. Sin embargo, celoso de su popularidad, el rey no levantó un dedo cuando Juana fue capturada y entregada a los ingleses y sus inquisidores para ser injustamente juzgada y ejecutada en la hoguera a los 19 años, por herejía (sus visiones), por tener relaciones sexuales con demonios y por vestirse de hombre. Lo hacía para combatir y así evitar ser violada; usaba un enterito de cota de malla que le sirvió contra los infructuosos embates de un conde inglés. Al vestirse de guerrero, Juana había activado el mito griego de usurpación fálica de las amazonas, que seguía latente en el inconsciente colectivo occidental; la mujer que usurpara atributos masculinos era un agravio al orden establecido y a la masculinidad; debía ser destruida.

Christine de Pizan (1364-1430) fue autora y poeta en la corte de Carlos VI de Francia. Su obra cumbre es el *Libro de la Ciudad de las Damas*, en el que argumentaba contra la misoginia y a favor de la educación de todas las mujeres, y que inspiró muchos siglos más tarde a Simone de Beauvoir.

Isabel de Castilla (1451-1504) presidió sobre el final de la Edad Media y el despuntar del Renacimiento (Figura 21). Casada con Fernando de Aragón, sus respectivos gobiernos se mantuvieron separados, e Isabel fue una excelente administradora, reorganizó su burocracia y bajó drásticamente el crimen. Financió las exploraciones de Cristóbal Colón.

Junto con su marido completaron la Reconquista, expulsando a los últimos moros de Granada y ya que estaban, se pusieron a perseguir también a los judíos, expulsándolos violentamente en 1492 y estableciendo la deplorable Inquisición Española. Bajo el mando de Torquemada, esa institución investigaba, torturaba y ejecutaba moros y judíos conversos al catolicismo, pero sospechados de duplicidad (moriscos y marranos). Por su implacable celo religioso, recibió el título de *«la Católica»* de manos del papa Alejandro VI (el tristemente notorio Borgia, también español). En 1974 Isabel fue ascendida a *«sierva de Dios»*.

Matrimonio y familia

La familia seguía funcionando como una unidad económica productiva, además de sus roles reproductivos, educativos y religiosos. Sobre todo, en las clases altas, el matrimonio continuó siendo un arreglo político o comercial, y los novios usualmente no se conocían hasta el momento de su compromiso. El amor, con suerte, vendría con el tiempo, o al menos algún grado de afecto o de amistad.

Las niñas se casaban adolescentes, a partir de los 13 o 14 años (debían ser mayores de 12), con hombres usualmente ya en sus veinte o treinta. Continuaba la tradición de la dote de la familia de la novia para el novio, pero era contrarrestada con una contradote («el precio de la novia»), que equilibraba económicamente la transacción.

Una vez acordado el compromiso, se clavaba un anuncio en la puerta de la iglesia, para que cualquier objeción surgiera a tiempo. Los impedimentos eran la consanguinidad, para evitar el matrimonio incestuoso (podría llegar a impedirse hasta el cuarto grado de consanguinidad), que uno de los novios hubiera tomado órdenes religiosas, que ya hubiera estado casado, o que el sacerdote celebrante hubiera matado a alguien (¿!).

En esa época la ceremonia nupcial, de haber sido hasta entonces en la historia un evento privado que tenía lugar en el hogar, comenzó a volverse un evento público celebrado en un templo. Era aún diferente a la de hoy, oficializada ritualmente recién por el Concilio de Trento en 1563.

La ceremonia, de realizarse fuera del hogar, se llevaba a cabo afuera, a las puertas de la iglesia, la novia frente a la puerta izquierda y el novio frente a la derecha. En ese momento, el celebrante volvía a preguntar si alguno de los presentes tenía alguna objeción válida contra la boda. Luego de dar su libre consentimiento, intercambiar los anillos y recitar los votos, el celebrante los declaraba marido y mujer. Una vez culminado este ritual, los novios entraban juntos para la misa nupcial. Seguía una fiesta para familiares y amigos.

En el siglo XII, al requerir sanción clerical para ser válido, la Iglesia transformó al matrimonio de un simple contrato en un sacramento solemne, dando mayor seguridad a la mujer. Además, el milenario derecho familiar de digitar el matrimonio quedaba reemplazado por el derecho individual de dar el libre consentimiento, un cambio revolucionario. Aunque la supresión del divorcio le quitaba a la mujer una vía de escape de una situación desgraciada, tampoco permitía su abandono por parte del hombre.

Curiosamente, la violación y el adulterio no eran causales de nulidad matrimonial (el eufemismo católico respecto del divorcio). En matrimonios de la realeza, cuando engendrar hijos herederos varones era imprescindible para la sucesión, además de la impotencia masculina o la estrechez vaginal que impidiera el coito, o de la voluntad explícita de no engendrar hijos, había bastante latitud eclesiástica para declarar la nulidad matrimonial. Por ejemplo, si un tercer o cuarto grado de consanguinidad (muy común en la endogamia de la nobleza) no había sido impedimento matrimonial y había gozado de la debida dispensa, podía ser igualmente utilizado como causal de nulidad. El divorciado por «nulidad» podía volver a casarse por la iglesia. Habrán notado que Leonor de Aquitania utilizó el cuarto grado para anular su primer matrimonio, y se volvió a casar por la Iglesia con un primo en tercer grado[31].

Heredaba mayormente el primogénito, sobre todo las propiedades. Los hijos menores nobles debían normalmente elegir entre ser guerreros o clérigos, y las hijas mujeres entre casarse o consagrarse a un convento.

La religión y la mujer

Dijimos que el rol que le cabía a la mujer en la Iglesia medieval no era el de mística combatiente como Juana de Arco, sino el de monja. Las de la nobleza podían llegar a ser abadesas, un nivel superior equiparable en jerarquía al episcopal (también reservado a la nobleza). Sin embargo, es de notar que en la Iglesia primitiva hubo diaconisas, pero ese rol fue prohibido en el Concilio de Orange (411) y eso fue ratificado en el de Epaona (517) y en el Segundo de Orleans (533). El rol de diaconisas fue también rechazado de plano en 2020 por el papa Francisco. Es decir, el trato flagrantemente discriminatorio contra la mujer dentro de la Iglesia, perenne hasta el día de hoy, es un producto medieval y no una tradición de la Iglesia primitiva.

Las nobles abadesas tuvieron inicialmente un poder relativamente alto sobre sus congregaciones y la administración de esas propiedades, sobre todo en la tradición céltica de las islas británicas. A veces presidian monasterios mixtos de monjes y

---

[31] ¿Por qué la Iglesia imponía esos límites? No porque la preocuparan los efectos genéticos de la endogamia, sino los políticos. Los matrimonios endogámicos entre las casas reales creaban poderosas alianzas. La Iglesia trataba de retrotraer el concepto romano de la familia extendida (el poderoso clan) al concepto de la familia nuclear, más controlable.

monjas. Con el tiempo, le pareció aconsejable a la jerarquía acotar el poder de las abadesas y ponerle límites a la educación de sus monjas; saber más de los necesario y conveniente las insubordinaba.

La Inquisición castigaba también a las herejes ya muertas. Hacia 1300 destruyó la tumba, quemó el cadáver y desparramó las cenizas de la mística **Guglielma de Bohemia**, que se había declarado la encarnación femenina del Espíritu Santo (doble blasfemia, porque encima, era mujer). Sus seguidores, los *guillemitas*, fueron eliminados.

Notoriamente, quemaron en la hoguera a **Manfreda de Pirovano**, prima de Guglielma y de los Visconti que entonces gobernaban Milán; ser de sangre noble no protegía de la jurisdicción de la Inquisición. Esta religiosa había fundado la orden y escrito la regla de las *Umiliatas*. Predicaba a sus monjas que Guglielma había sido en efecto la encarnación de Dios y que ella, Manfreda, estaba destinada a ser papisa. La Inquisición no perdió tiempo en apagar esa absurda y peligrosa blasfemia (especialmente por su feminismo); su orden fue finalmente abolida en 1571.

La castidad sacerdotal era más un ideal que una práctica (y pareciera que eso mucho no ha cambiado). A pesar del celibato sacerdotal decretado inicialmente en el siglo V, muchos sacerdotes se casaban incluso después de ser ordenados, frecuentaban prostitutas o tenían abiertamente amantes de uno u otro sexo. El celibato fue promulgado más explícitamente durante el Segundo Concilio Lateranense de 1139 pero, aun así, fue ampliamente violado hasta fines del Renacimiento por clérigos, obispos, cardenales y papas. Una bella y trágica historia es la del clérigo benedictino Abelardo y Eloísa: un amor prohibido del siglo XI que inspiró numerosas obras literarias y románticas[32].

Aparte de a herejes y apóstatas, la Inquisición perseguía también a las **brujas**. Dos inquisidores dominicos encontraron las raíces de la filiación demoníaca de las brujas en *la inferioridad y perversión natural de las mujeres*, a quienes acusaban de seducir a los pobres clérigos. Kramer y Sprenger, que se dedicaban con ahínco a cazar **brujas** (probablemente viejas solteronas o viudas excéntricas con demasiados gatos), publicaron en 1497 su célebre (*bestseller*) tratado académico *Malleus Maleficarum* (el *Martillo de las Brujas*), que durante 200 años fue ampliamente citado en los juicios y cruentas ejecuciones de las mismas por eminentes demonólogos (sí, hay expertos hasta en demonios…).

---

[32] El verdadero legado filosófico de Pierre Abélard fue opacado por la Iglesia debido a su rebeldía y a su conducta sexual. Adrede, Abelardo (37) pidió al canónigo Fulbert que lo hospedara en su casa en Paris a cambio de dar clases particulares a su sobrina Eloísa (17). Confesó Abelardo en su autobiografía que *«se intercambiaban más besos que ideas y mis manos tocaban más sus senos que a los libros»* y también, que no dejaron goce sexual por explorar. Como era predecible, Eloísa quedó embarazada y ambos huyeron a Bretaña donde se casaron y nació su hijo, quien falleció poco después. Tras encontrarlos, Fulbert hizo castrar a Abelardo, quien, entonces ya más tranquilo, retomó entonces la docencia académica mientras que Eloísa se retiró al convento de Paraclet, del que llegaría a ser la abadesa.

No obstante, la pareja mantuvo una prolongada y apasionada correspondencia, sustituyendo los encuentros carnales por una redacción muy encendida (un antecedente al *sexting*). Su pasión nunca llegó a extinguirse. Eloísa le escribió, por ejemplo, que sentía pasión abrasadora por él hasta en el momento que recibía la Eucaristía, y que prefería renunciar al cielo antes que renunciar a esa pasión por su marido. Están enterrados juntos en el cementerio de Père Lachaise, en Paris.

La raíz estaba en la perversión natural de las mujeres. Las mujeres eran débiles, histéricas, abiertas a la tentación, etc. Como Eva, eran responsables de la caída de la humanidad.

Las brujas eran, entre otras cosas, culpables de infanticidios y de robarles el pene a los hombres. Una curiosidad: todas las orgías confesadas bajo presión por las brujas eran heterosexuales; el problema no era el lesbianismo, sino el efecto corruptor de las mujeres sobre los hombres[33].

Esa misoginia fue heredada de los escritos de San Pablo y de los santos doctores de la Iglesia del medioevo, como Jerónimo, Agustín y Tomás:

- *«Como en todas las Iglesias de los santos, las mujeres cállense en las asambleas; que no les está permitido tomar la palabra, antes bien, estén sumisas como la ley lo dice. Si quieren aprender algo, pregúntenlo a sus propios maridos en casa; pues es indecoroso que la mujer hable en la asamblea».* – San Pablo, Apóstol (*1 Corintios* 14:34-36)

---

[33] En realidad, la caza judicial de brujas comenzó en el Siglo XV (1420 en los Alpes occidentales). Se sancionó oficialmente en el Concilio de Basilea en 1437. Allí expusieron varios demonólogos «especializados» en satanismo y brujería, que describían minuciosamente grotescos aquelarres con sacrificios de infantes, etc. Con la invención de Gutenberg, la histeria colectiva se extendió panfletariamente como reguero de pólvora por Europa. La cereza del sundae la puso el Papa Inocencio VIII con su Bula de 1484 ordenando a la Inquisición la destrucción de las «brujas».

Fueron víctimas: parteras, aborteras, viejas dementes, solteronas excéntricas y claro que mujeres solas con propiedades codiciadas (al principio, si eran denunciadas y condenadas, el denunciante se quedaba con sus posesiones; la misma metodología que se aplicara a herejes y a judíos). Es claro entonces que la ignorancia misógina en la Iglesia tiene raíces históricas profundas, pero llamativamente más virulentas que sus orígenes judíos e independientes de la cultura romana (mucho más igualitaria en temas de género) con la cual se hizo el sincretismo. Esta novedad ideológica evolucionó y floreció con los increíbles escritos al respecto de varios Doctores de la Iglesia (Clemente de Alejandría, Tertuliano, Agustín, Tomás).

- *«La mujer es la puerta al demonio, el camino a la iniquidad, la picadura del escorpión; en una palabra, una especie peligrosa».* – San Jerónimo de Estridón (el traductor de la *Biblia*, la *Vulgata*)
- *«Las mujeres no deben ser ilustradas ni educadas de manera alguna. Deberían, de hecho, ser segregadas porque son la causa de espantosas e involuntarias erecciones en los hombres santos».* – San Agustín de Hipona
- *«Como individuo, la mujer es débil y defectuosa por naturaleza, tanto de mente como de cuerpo».* – Santo Tomás de Aquino.

Pero también, la misoginia estaba validada por el libro del *Génesis* («*… tu deseo será para tu marido y él tendrá domino sobre ti*»). Se podía fundamentar además en Aristóteles, quien desde el punto de vista biológico había concluido que la mujer era inherentemente inferior, por contener «humores» demasiado fríos como para poder producir semen.

Otro síntoma o ejemplo de la neurótica misoginia de la Iglesia medieval es la curiosa mutación del relato de la relación entre Jesús y María de Magdala (la Magdalena). Una hagiografía medieval de la Magdalena la había mezclado con María de Betania (hermana de Lázaro y Marta), con la mujer anónima que ungió a Jesús con caros perfumes y con María de Egipto, una anacoreta penitente y, según la Iglesia oriental, una exprostituta que purgó sus pecados durante treinta años en el desierto.

Lucas dice que María de Magdala viajaba con Jesús y sus discípulos y ayudaba a sufragar los gastos de su ministerio, por lo que se supone que era pudiente. En los *Evangelios Sinópticos* (*Lucas*, *Mateo* y *Marcos*) ella es testigo de la crucifixión y la sepultura y fue la primera, o parte del grupo de las primeras, en ver a Cristo tras su Resurrección. Los evangelios gnósticos (apócrifos, fuera del consensuado canon oficial) van más allá y la pintan como la más cercana a Jesús de todos los discípulos, despertando los celos de Pedro. Hay tradiciones y leyendas que van aún más lejos y, especulativamente, la convierten en la esposa de Jesús (un *rabí* no podía ser soltero), o al menos en su compañera íntima.

Quizás el mito de la prostituta reformada y penitente en el desierto que desaparece así de la escena sea una reacción extrema a la también tan extrema humanización de Jesús. En el espíritu medieval de horror carnal, quizá la Magdalena tuvo que ser así calumniada[34].

La otra paradoja es que conviven la entusiasta devoción hacia la Virgen y Madre (a quien se dotó de dones sobrenaturales en su propia concepción y muerte) con el ya anacrónico rol subalterno de las mujeres en la Iglesia católica, ya que no pueden ser ni sacerdotisas, ni siquiera diaconisas, ni ocupaban siquiera cargos de relevancia en la estructura administrativa hasta hace un par de años.

La moralidad sexual

La sexualidad de la mujer medieval estaba acotada por las creencias, las supersticiones y los decretos de la Iglesia, y por las actitudes de los hombres. En su esencia más simple, la sexualidad servía solamente para la reproducción dentro del

---

[34] Sin embargo, en la mayoría de las posteriores representaciones renacentistas de la Crucifixión y Descenso, o en las «*Noli me tangere*» (Cristo resucitado pidiendo a Magdalena que no lo retenga), Magdalena fue reivindicada y representada como joven, bella y muy cercana a Jesús y a su Madre. Solamente Donatello la representó fea y penitente, mientras que Correggio, Bronzino y Veronese la representaron positivamente.

En La era victoriana en Inglaterra y en Irlanda, los asilos «Magdalena» era donde contra su voluntad se encerraba a las prostitutas y a chicas adolescentes que habían «pecado» y cuya familia quisiera «enderezar». Allí eran explotadas laboralmente y abusadas física y mentalmente por religiosas.

vínculo matrimonial. Cualquier otra actividad sexual estéril como el onanismo, la masturbación, la felación o la sodomía, aunque fuese heterosexual y matrimonial, era pecaminosa. El hombre debía dominar el acto sexual, y la mujer tenía que someterse a sus turbios designios adoptando un rol pasivo. Solamente estaba permitida la posición «normal» del misionero, todas las otras eran consideradas formas de sodomía.

Las supersticiones incluían la de que la mujer era naturalmente apasionada, ardiente, insaciable, seductora y objeto y sujeto de tentación, por lo que su sexualidad debía ser socialmente controlada. El hombre, en cambio, era rudimentario y de poco autocontrol, por lo que se justificaba así el doble estándar, aún vigente.

Otra superstición común era que, para concebir, ambos debían alcanzar el orgasmo. Por eso, la mujer violada que quedaba embarazada no tenía recurso legal alguno, porque «se había probado que le había gustado». Las dolencias de los órganos sexuales femeninos en solteras eran ignoradas, porque solamente podían proceder de mujeres sexualmente activas.

La sexualidad de la mujer se desarrollaba confinada entonces al matrimonio, exclusivamente con su marido y con objeto de procreación. La sexualidad matrimonial era tolerada, pero no dejaba de ser algo malo en sí mismo, siendo la castidad de los religiosos un estado moral superior. Como había dicho San Pablo, solo si no se podía ser célibe, *«… mejor es casarse que abrasarse».* Como lo había hecho antes San Jerónimo, el dominico Vincent de Beauvais sostuvo en el siglo XII que *«un hombre que ama demasiado a su esposa es un adúltero»* (y ese absurdo fue parafraseado por Juan Pablo II en nuestra era). Sin embargo, a pesar de ser apenas toleradamente lícita, la actividad sexual marital estaba prohibida los domingos, los viernes, algunos miércoles, las fiestas de los santos, en períodos de ayuno en el Adviento o la Cuaresma, durante la menstruación, durante postparto o durante la lactancia.

Al casarse, el marido se hacía automáticamente dueño de los bienes de su mujer. Tanto la ley civil como la canónica permitían el abuso físico de la esposa por su marido, o de sus sirvientes por ambos.

Dentro del matrimonio la mujer debía absoluta fidelidad[35], mientras que fuera del matrimonio se le demandaba virginidad y castidad. Su sexualidad solamente podía ser exhibida en bordados que le cubrieran el pelo o en un ropaje suntuoso. El adulterio femenino era uno de los peores pecados sexuales, no tanto así el masculino. Si bien le estaba prohibido al marido matar a su esposa infiel, difícilmente sería castigado por hacerlo. Aparte de las causas de nulidad, la mujer podía solicitar su separación por maltrato, pero su vínculo matrimonial seguiría intacto y no podría volver a casarse.

Redundaría decir que tales estándares de moral eran más efectivos en la clase propietaria y no entre la plebe; la naturaleza humana siempre rebalsa los márgenes de la legislación clerical. Por ende, las relaciones prematrimoniales y extramatrimoniales eran un lugar común en el pueblo y en la nobleza masculina. El señor feudal ejercía el *juris primae noctis* (derecho de pernada) con, o muchas veces sin, el consentimiento de su súbdita. La campesina o sirvienta que andaba sola por ahí era fácil víctima de violación a manos de superiores sociales o de soldados.

La promiscuidad masculina con prostitutas o de nobles con concubinas, siervas y campesinas era tolerada, no así la de las damas, por supuesto. Sin embargo, y como siempre, la historia nos sorprende con excepciones. El *Schwabenspiegel*, escrito por un franciscano alemán en 1275, permitía a las

---

[35] El muy mentado uso del cinturón de castidad para garantizar la fidelidad cuando el marido partía a las Cruzadas es un mito moderno. No hay rastros de este artefacto antes del siglo XVI, lo que lo haría renacentista en vez de medieval. Fue sin embargo una rareza, y se difundió recién en el siglo XIX como aparato para evitar la masturbación femenina y hoy en día, como un juguete sadomasoquista.

mujeres solteras mayores de 25 años (ya irremediablemente solteronas) y que no hubieran tomado los hábitos, mantener actividad sexual sin consentimiento de su padre y sin riesgo de ser desheredadas. Implícitamente, ese sabio franciscano entendió que la satisfacción sexual era una necesidad y un derecho también de la mujer.

La prostitución no era aprobada, pero era tolerada por la Iglesia como un mal menor, era regulada por autoridades municipales o eclesiales y resultaba ser una conveniente fuente de recaudación de impuestos. Permitía la descarga de la agresividad de los hombres y actuaba también como válvula de escape para evitar la masturbación y la homosexualidad. ¡Masturbarse era hasta peor que frecuentar prostitutas! Según el consejo dejado por San Agustín, *«Un mundo sin prostitutas, es un mundo consumido por la lujuria y la sodomía».*

Las Cruzadas trajeron de vuelta la pederastia de su paso por las tierras griegas, y había brotes de comportamiento homosexual en monasterios y conventos. Debemos aclarar que la palabra *homosexual* fue acuñada recién en el siglo XIX. La homosexualidad, antiguamente tolerada por los romanos, era considerada *sodomía* por los cristianos, afín al satanismo y a la par de la herejía, el judaísmo (¡?) y la lepra (¡?). Sin embargo, en la Alta Edad Media y por resabios culturales helenísticos, la homosexualidad no fue duramente castigada, sino que recibía pesadas penitencias. Para el papa Gregorio III (papado 731-741), correspondían 160 días de penitencia por acto entre mujeres y 360 entre hombres.

Para los romanos, la conducta objetable del homosexual masculino había sido el rol pasivo, no así el activo. Por ejemplo, el amo romano tenía derecho a satisfacer sus necesidades viriles con cualquiera de sus esclavos, sin importar su género. El concepto de que las relaciones homosexuales son pecaminosas no importa el género y no importa el rol, es un concepto cristiano. La *Torá* condenaba al hombre que «yaciera con otro hombre», sin discriminar entre los roles activo o pasivo, pero es de notar que prohibía la homosexualidad masculina pero no mencionaba la femenina. De la misma manera y por su tradición judaica, San Pablo habla explícitamente de la homosexualidad masculina, así, sin roles. Esa falta de distinción entre los roles iba entonces de contrapelo al paradigma grecorromano.

Santo Tomás de Aquino (1225-74) reafirmó a San Pablo y rescató del *Antiguo Testamento* el término *sodomía* para que abarcara las relaciones homosexuales de cualquier tipo, incluyendo a las que ocurren entre mujeres. No había palabra específica para describir al lesbianismo. Como tal, *lesbianismo* es un término acuñado también en el siglo XIX en la Inglaterra victoriana gracias a su redescubrimiento de Safo de Mitilene. Más tarde el concepto de sodomía se extrapoló también al sexo anal, aunque fuera entre hombre y mujer y, finalmente, a casi a cualquier forma de acto sexual que no estuviera abierto a la concepción.

Aquino fue categórico en condenar la homosexualidad como violatoria de la *«ley natural»*, lo que revela que no sabía mucho de antropología ni de biología; es decir, de lo natural. La pena escalaba desde castración en la primera ofensa, desmembramiento la segunda, a hoguera la tercera y la vencida. Más tarde, la homosexualidad masculina pasiva podía recibir la pena de muerte directa de manos de la Inquisición dominica.

Hildegarda de Bingen había condenado unívocamente también el lesbianismo, aunque en menor grado que el adulterio. Había, sin embargo, en la Iglesia primitiva una curiosa ceremonia religiosa llamada *adelphopoiesis* (creación de hermanos), que unía a dos personas del mismo sexo en un vínculo fraternal de «hermanos espirituales», como los soldados romanos San Sergio y San Baco. Es discutido entre los historiadores si se legitimaba así una unión homosexual, platónica o no.

Había gran rechazo religioso a la anticoncepción, al aborto y al infanticidio. No obstante, el viejo dicho *«si non caste tamen caute»* (si no eres casto sé cauto) data del siglo XI. Se contaban los días respecto de la menstruación, se conocía obviamente el efecto de la lactancia, se practicaba el onanismo del coito interruptus, se usaba el ungüento espermicida de acacia y miel de los antiguos egipcios, se insertaban esponjas embadurnadas en miel para atrapar el semen o se usaba sal de roca como espermicida.

El aborto era debatido entre los pensadores de la época. Si bien el infanticidio recibía una condena unánime, la idea de que el aborto fuera ilegal no era ampliamente compartida. Muchos sugerían que el feto no era una persona hasta que se hubieran desarrollado sus extremidades y que no recibía el alma hasta cuarenta días después de su concepción. Otros pensaban que eso ocurría 120 días después, como aún lo sostiene el islam según el *Hadiz* y las opiniones de sus académicos religiosos. Que la vida comience en el instante de la concepción es un concepto protestante, o sea, posterior a la Reforma. Eso no significa que la Iglesia aprobara el aborto temprano, sino que la pena sería menor (p. ej., penitencia o exilio).

Seguía siendo útil el efecto abortivo, pero peligrosamente tóxico, de la planta de *silphium* (silfio). La ciencia médica de la época creía también que podría ser efectivo el jugo de granada, de enebro o de ruda, forzando la menstruación que acabaría con el embarazo, pero no sabemos si pensaban que un simple retraso implicaba indefectiblemente un embarazo.

Cuando el embarazo era ya inevitable, otra estrategia era ocultarlo lo más posible con corsés, o *«irse unos meses de peregrinaje»* para tener el bebé en un convento, dejarlo en adopción o entregarlo a la familia del padre (muchas veces receptivos a hijos varones, aunque fueran bastardos). Y si eso no era una opción para la mujer pobre, estaba el infanticidio. La justicia civil era comprensiva, y la eclesiástica miraba para otro lado.

*

En conclusión, el cristianismo a pesar de su inicial prédica igualitaria acabó empeorando la situación de la mujer respecto de la era romana.

No todo efecto eclesial fue negativo, por supuesto. Hubo avances en los derechos humanos que se anticiparon al concepto de *igualdad* de la Ilustración racionalista. En medio del caos, con su foco en la estabilidad familiar, el cristianismo brindó una plataforma de orden moral y de templanza.

Tras un largo milenio medieval, la nostalgia de todo lo clásico (griego, helenístico y romano), cambiaría la manera de pensar con el Renacimiento. Veremos a continuación si los nuevos o renacidos paradigmas mejoraron, o no, la situación de la mujer.

10. Humanista y Renacentista

> *«Raramente la gran belleza y la gran virtud viven juntas»*
>
> Petrarca

El inicio del Renacimiento se superpone cronológicamente con la Baja Edad Media. Fue anticipado por Dante Alighieri en Florencia en el siglo XIV, incipiente pero aún medieval. Si bien en su *Divina Commedia* el Dante transmite humanísticamente su angustia por personajes queridos (su maestro homosexual y los amantes adúlteros Francesca de Rímini, y Paolo Malatesta, por ejemplo), sigue pensando con el rigor del escolástico; por haber pecado por la debilidad de la carne, indefectiblemente tenía que encontrarlos en el Séptimo Círculo del Infierno de su *Divina Commedia*.

Ser «renacentista», en cambio, implicaba una nueva manera de pensar. Repasemos entonces la coyuntura histórica y social que provocara tal evolución del pensamiento.

El trasfondo del Renacimiento

Después de un milenio de relativa estabilidad (por no decir estancamiento) en el pensamiento, en la cultura y en el arte, ¿qué provocó el Renacimiento, por qué en Italia y por qué en Florencia? Vamos a analizar cinco causas interrelacionadas y retroalimentadas entre sí: (a) las estructurales, (b) el cuestionamiento de la autoridad política, (c) una fortuita catástrofe demográfica, (d) la erosión de la autoridad eclesial y (e) el cambio en el pensamiento filosófico.

Veamos las *causas estructurales* (a): Italia era la región más urbanizada de Europa, donde más y mejor habían sobrevivido la infraestructura y la organización romanas. Pero Italia era más un concepto geográfico que una nación; era un conglomerado de pequeños principados y repúblicas (mayormente ciudades-Estados) cuyo vínculo era la herencia común de estar situadas en el núcleo del glorioso y recordado Imperio romano, de tener dialectos cercanos y de compartir una misma fe. El orgullo del pasado común romano era su *romanitas*, su «mito energizante», un llamado a recuperar esa grandeza perdida. Si bien es cierto que había diferencias políticas que se arrastraban desde el siglo XII entre güelfos y gibelinos (un conflicto no teológico sino político respecto de la autoridad temporal del papa frente a la del sacro emperador), se sentían todos miembros de una sola confesión cristiana, una sola cultura y, gracias a una alianza contra Francia como enemigo en común, había una relativa paz interior.

Era una región muy rica, la más rica de Europa. Italia contenía la ciudad de Roma, sede de la fe cristiana en Europa. Roma atraía el turismo de peregrinos de todo el continente y cuantiosas donaciones en descargo de los requisitos de la caridad, enriqueciendo fabulosamente a la primera corporación global, la Iglesia católica romana. Durante las Cruzadas, las ciudades-estados marítimas italianas (Génova, Pisa, Venecia, Amalfi), ya puertos naturales para el incipiente comercio interregional, lo fueron también para la compra de pertrechos y el transporte marítimo de los cruzados (evitando así Bizancio y el arduo cruce por tierra de Anatolia), enriqueciéndose también tremendamente. Generar excedentes de riqueza implicaba que la oligarquía podía destinar capital al mecenazgo de artistas para que embellecieran sus ciudades y hogares.

Donde había comercio de larga distancia eran necesarios la moneda de intercambio y el crédito. El sistema bancario y de seguros moderno apareció entonces en Florencia, Venecia y Génova. Luca Pacioli inventó la contabilidad de doble entrada y en Florencia la perfeccionaron e inventaron los estados contables que aún utilizamos. Florencia inventó también los bonos del gobierno (al 5% de interés anual) y ofrecía una moneda estable respaldada por su peso en oro, el *florín,* que se volvió la moneda confiable del intercambio comercial internacional (el euro de entonces). Cincuenta países adoptaron el florín y aún hoy se llama así la moneda de Hungría (el *forint*).

Aparte de contar con Pisa como su puerto vasallo y ser rica gracias a su sistema bancario y también a su excelente industria textil, Florencia era una república constitucional desde el golpe burgués del 1283. La jerarquía no estaba dictada por la nobleza hereditaria, sino por el mérito y el éxito personal. Era una *meritocracia* de burgueses (industriales, mercaderes y banqueros), no de príncipes, donde se valoraba al individuo por sobre lo colectivo.

Había (en teoría, como siempre) igualdad ante la ley entre nobles, ricos y pobres. Se había abolido el feudalismo, liberando así a siervos para que sirvieran de mano de obra industrial. Todos los propietarios votaban, pero los nobles no participaban en el gobierno colegiado; no podían ocupar cargos públicos. Es más, había una clara separación entre Iglesia y Estado; constitucionalmente, estaba también prohibido que los clérigos ocupasen cargos públicos. Eso ayudaba a liberar a la educación y al pensamiento de sus bretes doctrinales.

Se comenzó a cuestionar entonces en Italia *la autoridad política* (b). Cuestionarla era hasta entonces algo impensable, porque era delegada por Dios. El statu quo, *«la gran cadena de ser»*, imponía por decreto divino un orden social vertical e inamovible, aceptado hasta entonces mansamente por cada uno en el estamento social que le había tocado: el mismo que el de sus padres. Rebelarse contra un superior era como desobedecer a Dios, un pecado mortal. Esa estratificación se vivía hasta en la Iglesia: los nobles o ricos (educados) comenzaban su carrera eclesiástica como obispos, cardenales, abades o abadesas, mientras que los plebeyos (que iban de no tan bien educados a analfabetos funcionales).

Campesinos y burgueses habían sufrido la devastación de la terrible Guerra de los Cien Años (1337-1453) que comenzó entre Inglaterra y Francia, pero para volverse un conflicto paneuropeo entre catorce estados. Toda esa destrucción a tierra arrasada había sido la resultante del pretendido honor y de las ambiciones de dos reyes.

Con la extraordinaria generación de riqueza empezó a cuestionarse también la falta de movilidad social. A nivel civil, ya habían ocurrido revueltas de burgueses, de campesinos y de obreros textiles, como la de los campesinos en Flandes (1323-28), las de la *jacquerie* y la de *harelle-maillotins* en Francia (1358 y 1382), la de *Cola di Rienzo* en Roma (1344), la de los *ciompi* en Florencia (1378) y a de los *peasants* en Inglaterra (1381).

Veamos ahora *la causa fortuita* (c) que catalizara el Renacimiento. Para algunos historiadores fue la terrible Peste Negra, la plaga bubónica de 1347-50 que mató entre un tercio y la mitad de la población de Eurasia. Si bien hubo varias plagas anteriores, esta encontró a Italia muy mal parada; había sufrido una serie de sequías y hambrunas y su población estaba malnutrida y débil. Además, como Italia era la región más urbanizada de Europa, se facilitó el contagio. La naturaleza siempre encuentra maneras de lidiar con la superpoblación…

La población de Florencia, por ejemplo, cayó en un 60% (de 100 a 40 mil). El comercio mermó, los negocios y la economía se contrajeron. Pero luego de toda crisis viene una recuperación y esta trajo oportunidades, tanto por aumento de la demanda como de la oferta. Mientras tanto, en los campos, la gran pérdida de mano de obra hizo que subiesen los salarios y mejorara el estándar de vida, empoderando así a obreros y campesinos.

Hubo también entonces una crisis de fe o, al menos, de la *autoridad eclesial* (d). Por un lado, el bienestar económico tiende a relajar el estoicismo religioso y la pérdida de la disciplina va mano en mano con el aumento del escepticismo. Pero en paralelo, el sólido edificio medieval de la autoridad absoluta de la Iglesia también comenzó a mostrar grietas. La reputación de la Iglesia, desgastada por el fracaso de las Cruzadas, la cruel brutalidad desplegada contra los herejes y la flagrante corrupción clerical, además comprometida por los castigos divinos de la gran hambruna y de la Peste Negra, se dañó aún más con el Cisma de Occidente (1378-1417) en el que hubo dos y hasta tres papas simultáneos entre Aviñón y Roma. Fue un verdadero papelón que empañó el prestigio de la institución. Me imagino la perplejidad del Espíritu Santo sobre cuál elección inspirar y quién sería el legítimo (e infalible) Vicario y representante exclusivo de Cristo en la tierra.

Espiritualmente, la impresión de que la peste era un castigo divino aumentó en algunos las prácticas de piedad extrema, como la autoflagelación en público de bandas itinerantes de penitentes. Para otros aumentaron los vicios (porque total, todos moriremos).

Por otro lado, la desproporcionada muerte de sacerdotes y monjes durante la plaga (daban los ritos de extremaunción a los moribundos, se contagiaban y contribuían a contagiar a muchos otros) hizo que la Iglesia tratara de recuperar personal y reclutara rápido y mal a muchos oportunistas. La Iglesia se volvió entonces tan corrupta que provocó indignación entre los fieles, lo que fomentó la pérdida de autoridad clerical y alimentó el caldo de cultivo de la futura Reforma. Esa desacralización, *no de la fe cristiana en sí, sino de la reverencia hacia el clero,* es evidente en las mordaces obras de Boccaccio como su *Decamerón* y de Chaucer en sus *Cuentos de Canterbury*.

La pérdida del poder eclesial fue en beneficio del crecimiento del poder secular, plantando la semilla del absolutismo monárquico que sobrevendría en el Barroco. Consecuentemente, todas las formas artísticas dejaron de celebrar casi exclusivamente a Dios, para celebrar también al gobernante, y al hombre. Se representaron también reyes y mujeres hermosas, y se compusieron madrigales.

La combinación de riqueza comercial y erosión de la autoridad política y religiosa hizo que cambiara también *la manera de educar y de pensar* (e). Tanta riqueza requería la administración y la regulación del comercio, lo que demandaba una educación secular por fuera del dominio eclesiástico y escolástico del latín, la retórica y la teología. Había que saber también contabilidad (y para saber contabilidad era necesario aprender matemáticas), derecho civil para redactar contratos, e idiomas vernáculos para poder comunicarse con contrapartes comerciales extranjeras. Fuera de las grandes ciudades-Estado italianas la Iglesia había monopolizado la educación, pero como los monasterios habían sido diezmados por la peste, se instalaron también escuelas laicas en muchas otras ciudades. Se empezó así a educar más secularmente entonces a los hijos de la burguesía (mercaderes, médicos y abogados). Pugnaron para que para acceder a la educación superior no fuera prerrequisito tomar órdenes clericales (¿por qué no ser universitario y poder casarse?).

Estaba servida la mesa para cambios sociales y culturales, nuevas maneras de pensar y educar, y la búsqueda de una reforma religiosa. Estábamos listos para una *liberalización del pensamiento*.

El humanismo

El cambio en el pensamiento fue entonces un factor fundamental. Dijimos que el cimiento intelectual de la Edad Media había sido la *escolástica*. A pesar de sus raíces aristotélicas (incluyendo la lógica y la epistemología empirista de Abélard), lo cierto es que el paradigma subyacente y general que impedía un mayor progreso era que el *hombre ya sabía todo lo que era necesario saber.* Como en el centro de todo estaba Dios, las *Escrituras* dictadas o inspiradas por Él contenían *todo* el conocimiento necesario. Si algo no figuraba en las *Escrituras* (como la entomología, por ejemplo) es porque no era importante; era raro que algún universitario escolástico eligiera estudiar los insectos, discernir sus especies y variaciones y disertar sobre el tema: eran creación divina, y eso era ya conocimiento necesario y suficiente.

Salvo honrosas excepciones (como Alfonso el Sabio, Enrique el Navegante, Pierre Abélard y otros pocos), se había perdido en el largo milenio medieval el espíritu de investigación y descubrimiento, la importancia de la razón como no subsidiaria a la fe, la curiosidad por discernir en vez de aceptar «misterios», la búsqueda del conocimiento por el conocimiento mismo y también del arte por el arte mismo. Todo eso volvería a Europa traído por el Renacimiento.

En vez de la *escolástica*, el fundamento intelectual del Renacimiento fue el *humanismo*. El concepto humanista se volvió de gran importancia por el redescubrimiento del valor de la Antigüedad clásica (*ad fontes*, volvamos a las fuentes), comenzando con el poeta Petrarca quien, al reeditar los escritos de Cicerón, resaltó la consistencia de la ética cristiana con el racionalismo griego y *«la vida bien vivida»* según Platón y las virtudes cardinales de los antiguos filósofos paganos, incluyendo el método racionalista y no teológico de la *filosofía natural* (la ciencia). Petrarca sostenía que los pensadores y los poetas (como él, el primer Poeta Laureado desde el Imperio romano) restaurarían la gloria grecorromana en Italia. Cicerón había postulado el concepto romano de *humanitas*, que a su vez se nutría de los conceptos griegos *philanthrôpía* (amar lo que nos hace humanos) y *paideia* (educación del niño como futuro ciudadano ideal de la *polis*, de donde deriva nuestra pedagogía). El sofista presocrático Protágoras (siglo V AC) había dicho que *«el hombre es la medida de todas las cosas»* y el autor romano Terencio: *«Homo sum: humani nihil a me alienum puto»* (soy un ser humano, y nada humano me es ajeno).

Esa síntesis entre el pensamiento cristiano y la filosofía clásica implicaba adoptar una perspectiva ética, pero en un contexto humano, con responsabilidades no solo para ganar la vida eterna sino para vivir debidamente en este mundo. Era la validación de la experiencia humana, la de la persona humana de Cristo y también de la nuestra. Se desempolvaba a Aristóteles (más allá de su lógica, reivindicando también su metafísica y su empirismo) y a Platón, pero sin abandonar a Jesús.

Pasó entonces el foco de Dios al hombre; y en Cristo mismo, de su divinidad a su humanidad. Cristo crucificado pasó de ser representado *patiens,* impertérrito a su tormento porque su *ethos* (carácter) era divino, a ser representado doliente, muerto y hasta ya en *rigor mortis* porque su *pathos* (sufrimiento, emoción, experiencia) era humano.

Petrarca revivió el mandato de Cicerón de cultivar las *humanidades*. Por humanidades se entendía en la época la gramática en latín y la retórica (ya útiles herramientas escolásticas), pero también el estudio de los clásicos grecorromanos, el derecho civil romano, las matemáticas, la astronomía, la poesía, la música, la contabilidad, la historia, la filosofía natural (las ciencias) y la filosofía moral, pero no ya desde el punto de vista exclusivamente teológico, sino volviendo a explorar la naturaleza física y la humana, como los antiguos griegos.

Si bien los monjes medievales de Europa habían destruido obras clásicas o reciclado sus pergaminos, muchos escritos capitales de la cultura griega habían sido compilados, preservados y traducidos al árabe y al persa en la Casa de la Sabiduría de Bagdad y los desarrollados por estudiosos de Córdoba y en Toledo. Muchos textos clásicos fueron encontrados en la biblioteca de Toledo tras su recaptura cristiana durante la Reconquista en 1085; fueron ahora traducidos del árabe al latín por la Escuela de Traductores de Toledo. También, tras la caída de Constantinopla en 1453, muchos académicos bizantinos huyeron hacia el Oeste trayendo consigo manuscritos originales griegos.

«Solo sé que no sé nada» nos volvía a decir Platón en su *Apología*, poniéndolo en boca de Sócrates. Para aprender había que comenzar por reconocer el no saber. Pasamos entonces de saberlo todo, a reconocer que sabíamos muy poco y que había mucho que aprender, reivindicando así a Abélard. Eso detonó la *revolución científica* iniciada por Copérnico, Galileo, Kepler y Giordano Bruno y plantó las semillas de la *Ilustración*, que llegaría algo más de dos siglos más tarde.

La situación de la mujer

Hablemos de la condición de la mujer en esa época, por ejemplo, en Italia. No mejoró en nada respecto de la Edad Media; el humanismo se enfocó en el hombre … pero no en la mujer. Salvo las pocas excepciones de la aristocracia que veremos enseguida, las mujeres fueron desalentadas de ser partícipes de la explosión artística y cultural del Renacimiento.

La mujer continuó sin tener derechos políticos y estaba legalmente sujeta a su padre o a su marido. Su deber fundamental en cualquier clase social era el de ser ama de casa y madre. Además de esas responsabilidades, las campesinas trabajaban codo a codo con sus maridos y las esposas de mercaderes los ayudaban en sus negocios. Hasta las damas de clase alta, a pesar de estar auxiliadas por sirvientes, participaban en las labores hogareñas cocinando, bordando, tejiendo u oficiando de anfitrionas.

En general, no se consideraba necesario darle a la mujer educación alguna. Las mujeres de clase alta solían recibir sí una educación muy básica: suficiente latín como para leer libros piadosos (nada de clásicos seculares que pudieran darles ideas raras) y las artes de gobernar domésticamente una casa noble, incluyendo algo de aritmética para llevar las cuentas.

Solamente una mujer de clase alta con talento y apoyo paterno podía recibir una educación humanística a la par de sus hermanos, que la capacitara para mantener una conversación profunda con artistas e intelectuales y le diera cierto sentido de independencia. Algunas mujeres fueron notables por ser intelectuales con peso propio, o por ser amigas de Botticelli, Leonardo, Miguel Ángel y Rafael.

Había una curiosa diferencia entre las cortes principescas como Milán, Ferrara, Urbino y Mantua, y las republicanas como Florencia y Venecia. Mientras que las damas nobles tenían alguna exposición social y cultural, las damas burguesas republicanas eran totalmente irrelevantes para el sistema. Paradójicamente entonces, era mejor ser mujer de clase alta en un principado que en una república.

Mujeres del Renacimiento

Lamentablemente, los historiadores se enfocan mayormente en detallar las vidas de las celebridades. Recorramos entonces el *jet set*.

Simonetta Vespucci, fue musa, modelo y amiga de Sandro Botticelli. Fue una célebre belleza clásica, famosa en todo el norte de Italia. Era prima política de Américo Vespucio, el cosmógrafo que se dio cuenta que Colón estaba equivocado en creer haber alcanzado las Indias y que América era en efecto un nuevo continente, y en cuyo honor el cartógrafo Martín Waldseemüller le dio su nombre.

Giuliano de' Medici (hermano de Lorenzo, asesinado por orden del papa Sixto IV) estaba profundamente enamorado de Simonetta, pero se cree que nunca pasó del sentimiento platónico a la consumación. En primer lugar, se seguía idealizando el *«amor cortés»* al estilo romántico medieval caballeresco que habíamos mencionado gracias a Leonor de Aquitania. Segundo, el interés comercial y político de su familia no le permitían el lujo de tener un affaire carnal con una mujer casada y de una familia florentina aliada y amiga, los Vespucci. La *«bella Simonetta»* murió a los 22 años, de tuberculosis.

Cecilia Gallerani provenía de una familia burguesa de Siena acomodada, pero no noble. Era muy culta, dominaba el latín, y fue una precoz poeta, música y cantante. Roto humillantemente su compromiso matrimonial con un Visconti por pago insuficiente de dote, a sus 14 años Cecilia ingresó a un convento. A sus 15 años, en una fortuita visita la conoció Ludovico «il Moro» Sforza, quien en el acto se enamoró, se la llevó puesta y la hizo su amante. Cecilia fue una graciosa anfitriona de tertulias con artistas y filósofos en la corte de Milán. Ludovico, sin embargo, y por estar comprometido bajo contrato desde adolescente, acabó casándose con la noble de 15 años Beatrice d'Este, pero mantuvo a Cecilia en palacio y ella le dio un hijo, César Sforza, futuro abad.

Beatrice d'Este, hija del duque de Ferrara, fue duquesa de Bari y Milán por virtud de su matrimonio con Ludovico Sforza. De gran belleza, elegancia y muy inteligente, había sido esmeradamente educada y también gustaba de conversar con artistas, poetas, diplomáticos y filósofos. En contraste con la gravedad y el talante taciturno de Ludovico, Beatrice era muy carismática y se puso al frente de las fiestas y tertulias, desplazando a Cecilia Gallerani del salón cultural, pero no de los afectos ni del lecho del duque. Murió a los 21 años en su tercer parto, y en la percepción popular, de «melancolía» por las flagrantes infidelidades de Ludovico. Además de con Cecilia Gallerani, le fue infiel con Bernardina de Corradis y con Lucrecia Crivelli, favoritas sucesoras de Cecilia (el Moro era bravo, y tuvo hijos con las tres).

Su hermana, la famosa **Isabella d'Este**, fue marquesa de Mantua por virtud de su matrimonio con Francesco II Gonzaga. Con similar educación, sensibilidad cultural y belleza que Beatrice, se la consideraba *«la primera dama del mundo»*. Dominaba el griego y el latín, y podía recitar los clásicos. También era una consumada música, cantante, bailarina y daba recitales en público. Entusiasta humanista y consentida gastadora compulsiva, creó una brillante corte en Mantua y encomendó esculturas, pinturas, manuscritos y partituras. Al ser capturado su marido Francesco Gonzaga, quedó de regente en Mantua y fomentó la industria textil.

La míticamente célebre **Lucrezia Borgia** fue uno de los cuatro hijos ilegítimos del papa Alejandro VI Borgia con su amante favorita, Vannozza dei Cattanei. Era la luz de los ojos del papa y cohabitaba con él en los aposentos papales. Sus mutuas pruebas de afecto en público incomodaban y fomentaban desagradables rumores. Las modestas ambiciones casamenteras de Alejandro para con su hija se vieron potenciadas con su ascenso de cardenal a papa y apuntó más alto que a un compromiso matrimonial previamente concertado, que fue sumariamente roto.

A los 14 años Lucrecia fue desposada en cambio con Giovanni Sforza, un *condottiero* (mercenario) hijo ilegítimo de esa familia, *signore* de Pesaro y Gradara. Cuando el parentesco con un Sforza «de segunda» le dejó de ser útil, Alejandro planeó el asesinato de su yerno. Alertado por Lucrecia, este pudo huir a Milán. A pesar de haber admitido Lucrecia la consumación, el papa decretó la nulidad matrimonial e hizo que su hija fuera declarada soltera y virgen. Presionado por su propia y pragmática familia, el pobre Giovanni recibió una compensación por declarar bajo juramento que era impotente.

Mientras duraba el proceso de anulación y su revirginización oficial, y con la complicidad de su sirvienta Pentesilea, Lucrecia tuvo un affaire con un mozo de cuadra del palacio llamado Pedro Calderón y quedó embarazada. Se mudó entonces a un convento para hacer un largo «retiro espiritual». Pentesilea y Pedro aparecieron apuñalados y flotando en el Tíber. Con el regreso de Lucrecia apareció un bebé en la corte papal, oficialmente hijo ilegítimo de Cesare o de Alejandro (según dos bulas contradictorias) y «sobrino» o «hermanito» de Lucrecia, con quien tuvo una relación de gran afecto y lo hizo vivir con ella.

A los 18 años Lucrecia contrajo segundas nupcias con Alfonso de Aragón, príncipe de Salerno e hijo ilegítimo del rey Alfonso II de Nápoles, primo de Fernando el Católico. Tuvieron un hijo. En el ínterin, una alianza de Borgia con Francia hizo inconveniente el parentesco con Nápoles. Apenas dos años después de la boda, Alfonso fue atacado por sicarios en la entrada de la basílica de San Pedro, pero sobrevivió a sus múltiples heridas. El papa hizo llevar a su yerno a su palacio *«para que sea mejor atendido»* pero, no sorprendentemente, tres días más tarde amaneció estrangulado. Se sospechó obviamente que Alejandro o Cesare Borgia, el violento hermano de Lucrecia, fueron los instigadores. Ser yerno del papa y cuñado del psicópata cardenal Cesare, tenía sus riesgos.

A los 21 años, la tercera fue la vencida y Lucrecia se casó con Alfonso d'Este, duque de Ferrara, viudo de Anna Sforza (sobrina de Ludovico, su cuñado) y hermano de las famosas Beatrice e Isabella d'Este. Tuvieron ocho hijos y Lucrecia se destacó como una culta y respetable duquesa humanista, buena anfitriona de tertulias. Alfonso la dejó participar también en la política de Ferrara.

Ambos se fueron infieles, Lucrecia con su concuñado Francesco II Gonzaga, marqués de Mantua y marido de Isabella d'Este; fue una relación puramente sexual que debió terminar cuando el prolífico marqués contrajo sífilis por otro lado. Los otros affaires conocidos de Lucrecia fueron con el cardenal, caballero hospitalario, intelectual y poeta Pietro Bembo (según lord Byron se escribieron las más hermosas cartas de amor de la historia; el affaire duró 16 años) y con el soldado francés Pierre Terrail, *chevalier* Bayard. Tras su décimo parto, Lucrecia murió de complicaciones a los 39 años y fue enterrada en un convento.

A los 15 años **Giulia Farnese** era la esposa de un apocado pero encumbrado Orsini. Su belleza adolescente deslumbró a Alejandro VI (cuarenta y tres años mayor) y la quiso como amante, desplazando a Vannozza dei Cattanei del lecho papal. Con el permiso de la familia Orsini, Giulia se mudó a vivir con Lucrecia Borgia a un palacio discretamente conectado mediante un túnel a los aposentos papales. Tuvo una hija con el papa, Laura (Borgia reconoció a diez hijos en total). Gracias a la complicidad de las sábanas, Giulia consiguió que su hermano Alejandro fuera hecho cardenal, el futuro papa Paulo III. Borgia la recicló, por vieja, al cumplir Giulia 25 años.

Giulia fue por quince años una eficaz gobernadora de Carbognano. Laura fue criada como Orsini, la familia supuestamente descendiente de la ancestral dinastía Julio-Claudia de la antigua Roma y que aportó genéticamente a varias casas reales europeas. Irónicamente, Laura se casó con un della Rovere, enemigos acérrimos de los Borgia.

Caterina Sforza era sobrina ilegítima de Ludovico, condesa de Imola y Forli, y enemiga acérrima de Cesare Borgia y de su padre, el papa Alejandro VI. Como era usual, a pesar de ser bastarda, fue criada en el seno de la familia Sforza. Fue una mujer formidable. Embarazada de seis meses a los 21 años, demostró su coraje encabezando un contingente de tropas en la toma del Castel Sant'Angelo. Culpada de asesinar a su marido

Girolamo Riario (capitán general de la Iglesia, sobrino de Sixto IV y partícipe del complot papal contra los Medici) para reemplazarlo en el poder, fue sitiada en su castillo de Forli y la amenazaron con matar a sus hijos si no se rendía. Parada entre dos almenas se levantó las faldas y mostrando sus genitales (al estilo del *anasyrmos* de Agnodice) les gritó: «*¡Tengo el instrumento para hacer otros!*»; levantaron el sitio. De viuda tuvo varios amantes, entre ellos un joven de 18 años, y después se casó con Giovanni «il Popolano» de'Medici.

Los Borgia la declararon ilegítima y procedieron a atacar sus dominios, tomando Imola y sitiando Forli. Alquimista (se preparaba sus propios productos de belleza), intentó hacer envenenar al papa, quien la llamó entonces «*il diavolo di Imola*», «*vampira della Romagna*» y «*virago cruelissima*». *Virago* era el epíteto para la mujer que luchaba como un hombre, porque resistió tenazmente los ataques del pontífice. Tras una heroica resistencia, su guarnición en Forli fue masacrada y ella tomada prisionera. Maltratada y encerrada en un calabozo, Cesare Borgia la visitaba frecuentemente y pretendía violarla, para humillarla. Para no darle el gusto, Catalina tomaba la iniciativa sexual en vez de victimizarse pasivamente. Finalmente fue liberada gracias a la corona de Francia y se retiró a un convento.

Figuras 22 a 25: Simonetta Vespucci (por Botticelli y por di Cosimo), Cecilia Gallerani y Beatrice d'Este (Leonardo).

Figuras 26 a 28: Isabella d'Este (Tiziano,) Lucrezia Borgia (Veneto) y Giulia Farnese (Rafael).

Figuras 29 a 31: Caterina Sforza (de Credi),Veronica Franco (Tintoretto) y Laura die Noves (Giorgione).

Laura di Noves probablemente haya sido la Laura idolatrada a la distancia por Petrarca, un amor imposible por estar ella casada con el conde Hugues de Sade (ancestro del famoso noble «sádico»). Laura está rodeada de laureles, significando su castidad. Ya hablaremos de Veronica Franco.

La robustez de algunas de las damas refleja los parámetros de la belleza femenina en esa era, enfocados en el potencial de fecundidad. Habrán notado seguramente también que, en los retratos italianos de la era, muchas veces se pintaba a las damas aristocráticas con los senos al aire y con un velo. Se trata generalmente de sus retratos de novia. En el contexto renacentista, el pecho descubierto indicaba fecundidad, castidad haciendo referencia a las valientes y virtuosas amazonas (combatían *topless*, pero el sexo para ellas era para la reproducción y no para el placer) y fidelidad. Tales obras eran usualmente comisionadas por el orgulloso consorte. Recién en el victoriano siglo XIX se comenzó a ver al pecho femenino con nuestros ojos mojigatos, asociándolo al erotismo en vez de a la maternidad.

Las brillantes excepciones que acabamos de mencionar incluirían también a **Elisabetta Gonzaga** (cuñada de Isabella d'Este y duquesa de Urbino, a quien vinculamos a Baldassare Castiglione[36], y **Vittoria Colonna** (poeta y marquesa de

---

[36] Una nota de la historia y cultura renacentistas. **Baldassare Castiglione** era un noble (rango de conde) de la estirpe Castiglione-Gonzaga, las dos familias más importantes de Mantua. Estudió humanidades en Milán, dominaba el griego y el latín, y compuso poemas en el vernáculo. Culminados sus estudios, frecuentó varias cortes italianas y europeas como soldado y noble-diplomático.

Tuvo gran éxito editorial con su *Libro del Cortesano*, un manual de caballerosidad, buenos modales, etiqueta y moralidad que nos ofrece una ventana al ideal de las costumbres de la época. Fue muy popular en las cortes europeas de los siglos XVI y XVII (108 ediciones en 1528-1616, un verdadero *bestseller*), siendo rápidamente traducido al castellano, francés, alemán, polaco e inglés; fue una gran inspiración para los diálogos de las obras de Shakespeare, por ejemplo. Castiglione se volvió una celebridad continental.

Del galante pero violento e inculto caballero guerrero medieval, el caballero del humanismo pasaba a ser un intelectual universitario ético y dedicado al deber cívico de servir a su ciudad-estado, fluido en los clásicos en sus originales griegos o latinos, elocuente en la oratoria y en la buena conversación. Debía ser hábil para hacer reír a las damas con su humor fino e ingenioso, ducho en esgrima, equitación, escribir poesía, leer música, tocar varios instrumentos, bailar, dibujar y pintar. Un soldado-intelectual-funcionario-artista-socializador completo, es decir, un «hombre renacentista».

Pero todas sus habilidades debían mostrarse siempre con humildad y sin arrogancia chabacana. Debía hacerlo con gracia, con *sprezzatura* (el

Pescara, amiga íntima de Miguel Ángel que vivía en Ischia, y que fue un destello en la relativa penumbra del Renacimiento en Nápoles).

Fuera de Italia, **Luisa de Saboya** (Figura 32) fue la madre de Francisco I de Francia y de Margarita de Navarra. Excelsa diplomática y considerada una de

delicado arte de saber disimular el propio arte, aparentando que uno no puso esfuerzo, pero sin caer en la apariencia obvia de falsa humildad), algo con lo que no se nace, pero que se podía aprender por imitación y con la práctica.

El caballero debía vestir elegante pero sobriamente, con menos ostentación de la correspondiente a su rango y, curiosamente, tratar a las damas como sus iguales y conquistarlas con admiración, respeto y cortesía, porque el amor era de esencia divina. Este trato parece inusual en la cultura patriarcal renacentista, pero Castiglione admiraba como estadista a la muy culta **Elisabetta Gonzaga**, duquesa de Urbino, y la tenía como el ideal de la mujer perfecta.

Castiglione, estuvo en Urbino al servicio de Guidobaldo da Montefeltro (el hijo del famoso condottiero Federico) y su esposa, la muy inteligente Elisabetta, quien era prima de Castiglione por parte de madre Gonzaga. Guidobaldo era inválido e impotente y no había logrado consumar el matrimonio. La Iglesia ofreció la anulación a Elisabetta, pero ella se negó. Prefirió cuidar a su marido; se querían «como hermanos», y mantuvieron una sólida sociedad política e intelectual. Por estar Guidobaldo postrado en cama, Elisabetta era la figura de autoridad visible, y la ejercía con sabiduría y justicia.

La «duquesa virgen» se sintió atraída por el viril, apuesto y culto primo Castiglione, y para Castiglione, Elisabetta fue como Beatrice para Dante o Laura para Petrarca, la figura femenina ideal. El duque, tras domar sus celos iniciales (Castiglione la cortejaba abiertamente al estilo «amor cortés», más ágape que eros, pero incluso en la recámara pegada a la alcoba donde vivía postrado el duque) aceptó con pragmatismo la situación y conformaron un equipo político, intelectual y sentimental; un *ménage à trois* (triángulo amoroso) quizá solamente neoplatónico, quizá no.

las mujeres más brillantes de su era, fue regente de su hijo y negoció un tratado de paz con Inglaterra, estableció una alianza con el sultán otomano Solimán el Magnífico contra los Habsburgo, y finalmente negoció el Tratado de Cambrai que puso fin a la guerra de Francia contra el emperador Carlos V.

Noten el contraste de estilos en los retratos de damas en Francia comparado con Italia.

Matrimonio y familia

Solamente las mujeres de las clases más bajas podían darse el lujo de casarse por amor. Las adolescentes de la nobleza o de la oligarquía republicana se sometían sin resistencia a matrimonios arreglados por sus familias, que sabían qué era lo mejor para ellas. La niña debía dar su «libre consentimiento» … bajo presión familiar. El objetivo de un enlace noble no era solamente procrear sucesores varones, sino también forjar una alianza política o comercial que beneficiara a ambas familias.

El acuerdo entre las partes era usualmente alcanzado años antes de la boda, a veces a la edad de tres años de la niña, lo que daba tiempo para amasar la dote hasta que fuera púber y pudiera casarse. En el caso de Cecilia Gallerani, su familia no pudo cumplir con su deber contractual, arruinándola socialmente.

Por el tema de la virginidad para la sucesión legítima, las damitas nobles se casaban siendo apenas capaces de procrear, típicamente a los 12-15 años con hombres ya establecidos, normalmente cercanos a los 30. De la virtud virginal de la adolescente dependía su valor en el mercado matrimonial, por lo que era celosamente cuidada por su familia. A mayor virtud de la niña y distinción familiar, mayor dote pagaría su familia para casarla y, en un círculo virtuoso, mayor sería el prestigio de la familia.

La dote era entonces substancial y consistía en artículos como ajuares, joyas y vajilla, pero idealmente dinero y propiedades. El novio, en respuesta, le regalaba a la novia joyas y el suntuoso vestido de novia que demostrara su riqueza, pero estos, por ser una notable inversión (*«por el matrimonio casi pierdo mi patrimonio»*), no pasaban a ser propiedad de la novia en caso de nulidad matrimonial. El esposo podía también vender el lujoso vestido de novia porque no sería apropiado ya para una dama casada y madre de familia; se esperaba que vistiera sobriamente. Los objetos de la dote y los «regalos» del novio se colocaban en cofres decorados llamados *cassoni*.

En una república de economía social de mercado como la florentina, controlada por la alta burguesía en vez de la nobleza, el Estado benefactor ayudaba a las jóvenes de buena familia, pero menos pudientes (o en el caso de familias de muchas hermanas), a poder ofrecer dotes dignas al mercado matrimonial y poder así mantener su clase o quizá lograr un ascenso social. Ser solterona (condena perpetua a los 25 años) era considerado causa cierta de inestabilidad emocional e histeria.

El ritual nupcial entre los ricos comenzaba por la firma del contrato de dote frente a notarios y testigos, seguido por una fiesta. Una vez logrado el acuerdo comercial entre los hombres de ambas familias, se fijaba la fecha de la boda y se hacía pública la intención, para dar tiempo a potenciales objeciones.

El contrato era extenso y meticuloso, y se redactaba en torno a los acuerdos sobre la dote (pagada por la familia de la novia a la del novio), a los negocios entre las familias y a las previsiones pertinentes en caso de muerte o viudez. El amor no era condición necesaria para la boda, y se esperaba que creciera con el tiempo al compartir la pareja alegrías y tristezas, prosperidad y adversidades.

El evento siguiente era el intercambio verbal del «libre» consentimiento mutuo y de los anillos (*anellamento)* en el hogar de la novia o en la iglesia, seguido por otra fiesta, y la procesión de la novia, el cortejo y el *cassoni* a la casa del novio, donde la boda sería físicamente consumada. Curiosamente, y quizá porque estas alianzas matrimoniales podían frustrar aspiraciones de terceros, estaba expresamente prohibido en Florencia arrojar piedras o basura a los cortejos nupciales. En su nuevo hogar continuaría la jovencita su entrenamiento de matrona bajo la autoridad de su suegra.

Técnicamente, para casarse bastaba expresar el mutuo consentimiento frente a testigos. El ritual sacramental, tal como lo conocemos hoy, fue cristalizado recién tras el Concilio de Trento (el de la Contrarreforma) en 1563. El *«ir a la misma cama»* de los novios en la noche nupcial era un ritual casi más importante y ceremonioso.

La expectativa de vida promedio de la población era muy baja (30-40 años), pero esa estadística está distorsionada por la altísima mortandad infantil, dadas las pobres condiciones sanitarias, los accidentes con animales, la guerra, etc. Un 30-50% moría antes de alcanzar la pubertad. Los que sobrevivían eran constitucionalmente fuertes (superando heridas, infecciones y enfermedades comunes) y podrían alcanzar la longevidad.

Las viudas eran devueltas a sus familias, que debían mantenerlas o suministrarles una dote para poder volverse a casar, pero los hijos quedaban bajo la potestad de la familia paterna. Tenían ellas mayor latitud para elegir a su próximo marido, aunque seguían siendo pragmáticas al respecto (riqueza, posición, etc.).

El afán por asegurar la sucesión con hijos varones y esa altísima mortalidad infantil, requerían de la mujer noble múltiples embarazos a término, más de diez. El embarazo y el parto eran tan riesgosos que las damas de clase alta hacían su testamento al enterarse.

Las mujeres de clases bajas se casaban más maduras y amamantaban por largo tiempo a sus hijos, el antiquísimo, aunque relativamente poco eficaz método de control de la natalidad para espaciar los nacimientos. Las damas ricas usaban amas de leche para sus hijos, y no tenían ese potencial beneficio natural de recuperación física y espaciamiento.

Como cada embarazo era un juego de azar (2-3% de chance de morir), cuantos más embarazos, mayores las chances de morir. Seis partos implicaban un riesgo del 15%; diez partos del 30%. Por eso los hombres enviudaban frecuentemente y, al revés que hoy, la expectativa de vida femenina era inferior a la del hombre.

Dado el ambiente patriarcal familiar, lo traumático del parto y la alta mortalidad de mujeres al pasar por él, muchas con más sentido práctico que místico optaban por la vida religiosa. En el convento recibirían educación, no había que correr con el alto riesgo de procrear al por mayor y, si eran nobles, hasta tendrían oportunidades de liderazgo.

La moralidad sexual

Comparativamente con la relativa templanza sexual durante la Edad Media, el Renacimiento parecería entonces hipersexual. Es evidente que la castidad prematrimonial de la mujer no era un valor tan sólido en las clases más bajas como debía serlo en las clases propietarias; no se puede explicar de otra manera el frondoso número de bastardos.

Abundaban los hijos ilegítimos y no tenían desventajas significativas respecto de los legítimos. Eran normalmente reconocidos, integrados a la familia extendida paterna y acomodados. Esa falencia de origen también podía ser subsanada eclesialmente, lubricando alguna palma episcopal. Es más, entre los d'Este, los de' Medici y los Sforza, los bastardos parecen haber tenido iguales chances de heredar el poder que los legítimos.

Se les enseñaba a las mujeres a ser fieles (como siempre, para asegurar la legitimidad de los herederos), sumisas y a tolerar las peculiaridades de conducta de sus maridos. Ser demasiado educada intelectualmente podía restar valor matrimonial por suponer una menor sumisión. Al igual que en la Edad Media, el divorcio permitido era la declaración eclesiástica de «nulidad», usualmente otorgada a monarcas por la incapacidad de su consorte de darle hijos varones viables para continuar su dinastía.

La declinación o liberación moral (según el punto de vista de cada uno) se suele correlacionar con la religiosidad y esta con el bienestar material. El aumento espectacular de la riqueza en Italia debilitó el ideal ascético, que había dictado la pobreza, en favor del epicúreo. El cuerpo humano era bello y la vida merecía ser disfrutada.

En paralelo, la pasión intelectual de los pensadores humanistas los podía llevar al escepticismo, en contraste con la piedad de los muchos y menos educados. Pero gradualmente, permearon también a las masas las dudas y cuestionamientos de las reglas de conducta. Una vez desacralizados los *Diez Mandamientos* como obra humana y no divina, se los podía cuestionar y ese código perdía su terror y eficacia. Los humanistas podían entonces ser tan corruptos o libertinos como el clero que criticaban. Igualmente, por las dudas, todos pedían los sacramentos en su lecho de muerte. Dudar e infringir no equivalía a hacer apostasía; el humanismo siguió siendo esencialmente cristiano.

Como desde siempre, otra alternativa para las mujeres pobres o venidas a menos era ser emprendedoras como prostitutas. Como los hombres no se casaban como hasta los 30 años y las «chicas buenas» eran decentes, visitar prostitutas era quizá la única opción sexual para los adolescentes y jóvenes, y era una alternativa fácil para los casados. Como la «ciencia» médica de la era prohibía las relaciones sexuales durante el embarazo, los hombres casados también resolvían tantos meses de veda con prostitutas o con amantes estables.

El adulterio masculino era entonces la norma, tolerado por la esposa y a veces correspondido por el de ella. En tales casos, el marido llevaba los cuernos con clase. Matar a la esposa por honor era una deplorable costumbre española, no civilizadamente italiana en esa época.

Las prostitutas bien educadas podían evitar la sórdida esquina y ascender al rango de meretrices, cortesanas, amantes estables o «favoritas». Una intelectual de buena familia era *cortigiana onesta* (cortesana «honesta»). Como las *geishas* japonesas y las *hetairai* griegas, los favores sexuales de las *oneste* eran secundarios a la buena compañía y la conversación; ellas eran un artículo suntuario del hombre exitoso, una amante oficial para presumir en público. Y antes que puta pobre o monja, tanto la viuda joven en aprietos económicos como la dama que no había podido conseguir marido, podían aspirar a ser la favorita de un hombre rico y poderoso, y darle también hijos con buen porvenir.

Fueron *oneste* célebres **Cecilia Gallerani** en Milán (amante de Ludovico Sforza y la dama del armiño pintada por Leonardo), **Veronica Franco** en Venecia (poeta e intelectual autodidacta que había sido abandonada por su marido médico; llegó a ser amante de Enrique II de Francia), **Imperia de Cugnatis**, quien ofrecía famosas tertulias culturales a estudiosos, artistas, poetas y prelados (al morir a los 26 años recibió honorable sepultura en la iglesia de San Gregorio), **Tulia d'Aragona**, la hija ilegítima del cardenal Aragón (una rubia tan hermosa que la recibían en las cortes como a una princesa), y **Vannozza dei Cattanei** (casada tres veces y, todavía casada, la favorita del papa Alejandro VI), madre de Cesare, de Lucrezia y de dos Borgia ilegítimos más.

La no tan educada y pobre era *cortigiana di lume* (cortesana «de luz»). La prostitución más pedestre era una institución bien establecida y tolerada hasta por la Iglesia en los Estados Pontificios. Era uno de los atractivos turísticos para los peregrinos a Roma, para los obreros de su reconstrucción, forasteros y sin familia, y para gran parte del clero curial con poca vocación religiosa desde el vamos, y menos por el celibato. Ayudaba entonces a mantener la paz social en una ciudad con muchos hombres solos y, por qué no, era para la Iglesia una atractiva fuente de recaudación del impuesto a esa actividad. Por ejemplo, había en 1490 en Roma 6.800 prostitutas registradas con el gobierno (la Iglesia) en una población de 90.000 almas (más del 15% de las mujeres). En 1519 el banquero Lorenzo Strozzi dio un banquete orgiástico a catorce invitados, incluyendo tres prostitutas y cuatro cardenales. En Florencia, el Estado regenteaba los prostíbulos municipales.

La prostitución era tolerada por la Iglesia también porque se consideraba un antídoto contra la notable y alarmante incidencia de la homosexualidad masculina, que se volvió un lugar común en Roma, Nápoles, Venecia y sobre todo en Florencia. Los alemanes usaban el argot «*firenz*» para denotar que alguien era gay. Si las chicas buenas eran intocables, mejor entonces que hubiera chicas malas a que los chicos se sacaran las ganas entre ellos. Era un «*mal necesario para preservar la moralidad*». Según el consejo dejado por San Agustín, «*Un mundo sin prostitutas, es un mundo consumido por la lujuria y la sodomía*».

La homosexualidad se daba especialmente en círculos humanísticos, donde las relaciones entre varones jóvenes y hombres mayores no eran más que un retorno casi obligatorio a las glorificadas fuentes griegas. Fueron abierta o discretamente homosexuales Botticelli, Donatello, Verrocchio, Leonardo y Michelangelo, entre otros. No era muy inusual ver hombres vestidos de mujeres y viceversa. Leonardo y su joven aprendiz/pareja de turno (como Salai y luego Metzi) gustaban pasearse por la ciudad con túnicas y calzas en rosa y lila, haciendo juego.

Las prácticas anticonceptivas y abortivas no eran diferentes a las de la Edad Media. El aborto era equiparado al filicidio y fue terminantemente condenado durante la Contrarreforma (Sixto V en 1588), pero durante el Renacimiento aún estaba en discusión en qué instante se insuflaba el alma, y el consenso era que recién a los 40 días de la concepción o con el primer movimiento detectable del feto. El criterio de que hay vida humana (con alma) desde el instante mismo de la concepción fue, como dijimos, tomado prestado de los protestantes tras la Reforma.

Espiando a la sexualidad por la mirilla del arte

A través del humanismo y su regreso a las fuentes, el Renacimiento había reaccionado frente al ascetismo medieval, resucitando los ideales estéticos grecorromanos y rescatando el desnudo y la sensualidad en pinturas y esculturas de temas griegos clásicos. Los griegos no se habían ruborizado por ver al cuerpo humano desnudo, un resabio quizás heredado de su rama genética celta. Los celtas combatían desnudos y los griegos competían también totalmente desnudos en los eventos atléticos;

en el caso de los espartanos, eso incluía a las doncellas. Como los renacentistas querían volver a las fuentes, los desnudos representados con buen gusto no podían ser pecaminosos.

El *Nacimiento de Venus* de Botticelli (Figura 33), nos recuerda al baño de Afrodita de Praxíteles. Si Cristo simboliza el amor divino, Venus encarna el amor humano, su contrapunto y metáfora. El *David* de Miguel Ángel (Figura 34) lleva el desnudo también a temas bíblicos.

En el Norte renacentista se le daba menos lugar a la sensualidad y más a la moralidad. De Jan van Eyck su *Retrato del mercader Giovanni Arnolfini y su Esposa* (Figura 35), muy jóvenes ambos. Él muestra autoridad y ella sumisión. Hay mucho de simbolismo idiosincrático de la época: los zapatos sacados, porque el matrimonio es terreno sacro; el perro, la fidelidad; la única vela encendida en el candelabro, Dios de testigo.

*

En conclusión, el humanismo no incluyó a ambos géneros humanos. La situación de la mujer durante el Renacimiento humanista no fue significativamente mejor que durante la escolástica medieval. Ser culta y asertiva era un beneficio para las pocas damas de alta alcurnia cuyos padres fueron lo suficientemente permisivos. La moralidad sexual fue de facto un poco más liberal para todas las clases sociales.

11. De Reformada a Barroca

> *«La mujer debe ser mujer y no puede ser hombre. Ella también es criatura divina y su rol en el Plan Divino es tener, cuidar y educar niños»*
>
> Martín Lutero

Reforma, Contrarreforma y el fin del humanismo

En el siglo XVI se inició en Alemania un nuevo cambio que esta vez sí transformaría a la Iglesia y alteraría la continuidad de la historia: la *crisis interna* de la Iglesia católica produjo un nuevo cisma que generó, esta vez en el corazón de Europa, nuevas Iglesias cristianas «protestantes», independientes de Roma doctrinal y administrativamente.

Las causales de la Reforma parecen haber sido:

- El humanismo como su quizás inintencionado abono filosófico, al liberar el pensamiento
- La invención de la imprenta por Gutenberg, lo que permitió que mucha más gente pudiera acceder a libros impresos de manera masiva, en vez de los carísimos manuscritos artesanales. Se le dio así a mucha gente el poder de leer e interpretar las *Escrituras independientemente del Magisterio de la Iglesia*. Es decir, la relación personal con la Palabra de Dios era ya posible sin intérpretes ni intermediarios. Además, la imprenta dio a luz al panfleto, el medio de las *redes sociales* de entonces, mediante el cual uno podía

publicar anónimamente protestas, críticas y proclamas subversivas, y «hacerlas virales» entre el pueblo
- Ciertamente, el disgusto dentro de la institución misma por la corrupción clerical y vaticana: la *simonía* (venta de cargos eclesiásticos), el *pluralismo* (ocupar varios cargos episcopales simultáneos sin ejercerlos), el *nepotismo*, la *venta de indulgencias* y el *libertinaje sexual del clero*, tanto heterosexual como homosexual
- Sobre todo, muy serias diferencias doctrinales respecto del «*camino de la Salvación*».

La Reforma comenzó con la prédica del sacerdote agustino Martin Luther (1483-1546), profesor de Teología Moral en la Universidad de Wittemberg. Detonó cuando publicó sus *95 Tesis*; legendariamente las habría clavado en la puerta de la iglesia del castillo de Wittemberg el 31 de octubre de 1517.

Lutero denunció el desapego de la doctrina católica a la conformidad con las *Escrituras*, la pobre espiritualidad suplantada con un excesivo número de sacramentos y la escandalosamente corrupta práctica de, para financiar la construcción de la magnífica basílica de San Pedro en Roma, vender indulgencias para la remisión de las penas temporales de los pecados (algo así como pagar por adelantado un descuento de la permanencia en el purgatorio).

Su intención fue protestar para reformar a la Iglesia por dentro, no provocar un cisma. Sus *Tesis* actuaron, empero, de chispa en un polvorín de malhumor social contra la Iglesia. Inspiraron también movimientos reformistas en Suiza y en Francia al mando de Ulrich Zwingli (Ulrico Zuinglio) y Jean Calvin (Juan Calvino), más extremos que los de Lutero. Por ejemplo, el calvinismo, mucho más radical, instaló en Ginebra una estricta dictadura teocrática que prohibía el baile y hasta la música.

El cristianismo europeo se bifurcó esencialmente entonces en dos caminos de salvación: uno en el Sur, mayormente basado en los sacramentos provistos por intermediarios (la Iglesia católica y sus sacerdotes) y otro en el Norte, mayormente basado en la *Biblia* y el arrepentimiento personal, sin tal intermediación. Mientras que el *sacerdote* católico era un *intermediario* entre el individuo y la gracia divina a través de los *sacramentos*, el *ministro* luterano debía ser un *facilitador* y maestro-guía de las *Escrituras*.

Para Lutero, cada uno debía leer la *Biblia* personalmente e interpretarla según su conciencia, no necesariamente aceptar la interpretación oficial del Magisterio. Eso que hoy nos puede sonar muy razonable era extremadamente revolucionario en su época. Sonaba como decir hoy que cada uno puede interpretar la Constitución a su gusto, haciendo caso omiso de la interpretación oficial de la Corte Suprema.

Como las autoridades mayores de la doctrina eran para Lutero las *Escrituras*, descartaba en consecuencia a los sacramentos e instituciones no basadas en ellas como el celibato, el culto a los santos, etc. Solamente los sacramentos del bautismo y de la comunión figuran unívocamente en las *Escrituras*, no así el resto (matrimonio, extremaunción, orden sacerdotal, confesión y confirmación, que eran para él ritos no sacramentales). Respecto de la Eucaristía, sostenía la *consubstanciación* (cuerpo y sangre de Jesús «en esencia» coexisten con el pan y el vino) y no la *transubstanciación* (el pan y el vino se transforman totalmente en el cuerpo y la sangre de Jesús y pierden su naturaleza, aunque mantengan tal apariencia).

Reconocía la virginidad perpetua y la inmaculada concepción de María. Pero estimar profundamente a María no significaba rendirle culto y apartarse de la piedad cristocéntrica; no había lugar para rezarle a María como mediadora o intercesora y menos como corredentora, ni tampoco para el resto de los santos (ponerlos en altares equivalía a idolatría, según Lutero).

Pero la principal diferencia teológica de Lutero era que en su doctrina de la salvación por la *justificación* afirmaba que el perdón de Dios para los pecadores se concede y recibe por su gracia (*sola Gratia*) a través de la fe en Cristo solamente (*sola Fide*, según San Pablo en *Gálatas* 2:16), con exclusión de las obras y de los sacramentos. Las buenas obras vendrían implícitas con la fe, pero sin la fe eran insuficientes. La salvación según Calvino era por *predestinación* (también apoyándose en San Pablo); quien se salvaba o no ya estaba decidido por Dios, y el ser humano no podía cambiarlo. Pero los denominadores comunes eran: *sola Scriptura, solo Christo,* y *sola Gratia* (es decir, no nos salvamos por mérito nuestro).

Tras fallidos intentos de compromiso (seguían frescos los dolorosos recuerdos del cisma definitivo con la Iglesia Ortodoxa, y del cisma temporario entre Roma y Aviñón), para el 1542 ya era obvio que, si no se podía reconciliar, la Iglesia de Roma debía responder con una Contrarreforma. Esta ratificó las diferencias doctrinales con los protestantes, adoptando una actitud enérgicamente antagónica y represora.

Del lado positivo, la Iglesia decidió educar mejor al clero, creando una explosión de seminarios profesionalizados en Europa. Se corrigieron también algunos de los vicios eclesiales denunciados por Lutero, como la simonía, el pluralismo y el nepotismo. Pero Pablo III estableció la **Inquisición** como ente centralizado en Roma (ya no una facultad diocesana local, excepto en España y en Portugal) para decretar y hacer cumplir qué era *verdad* y qué no en teología, extirpando las «herejías»[37].

---

[37] Además de en España, la Inquisición ya tenía penosos antecedentes, como la salvaje represión de la herejía de los cátaros en el Languedoc durante la Cruzada Albigense (1209-24), y por denunciar la corrupción eclesial, los terribles martirios del Dolcino de Novara y su hermana Margherita (1303), la traicionera emboscada y martirio del teólogo Jan Hus (que entre otras herejías predicaba la igualdad entre los hombres y

Luego, Pablo III convocó al Concilio de Trento (1545-1563) que definió teológicamente a la Iglesia, pero por contraposición a las diversas corrientes protestantes. Su misión no era consensuar sino confrontar teológicamente al protestantismo y ratificar la doctrina católica, erradicar por la fuerza las ideas heréticas, reafirmar la supremacía de Roma encarnada en la autoridad papal y confirmar los siete sacramentos frente a los dos de los luteranos; obras y sacramentos vs. *sola Fide* y Magisterio vs. *sola Scriptura*. La Compañía de Jesús, fundada por el vasco San Ignacio de Loyola (los jesuitas), se utilizó como vanguardia de la disciplina y la obediencia a la doctrina y al papa.

En 1559 se estableció el muy lamentable *Index Librorum Prohibitorum* (índice de libros prohibidos) que establecía qué no se podía leer, con gravísimas sanciones a quienes poseyeran un libro prohibido o siquiera conocieran su contenido. Para asegurarse de que no fuera herética, toda idea debía ser aprobada antes de poder ser difundida. De allí los familiares *Imprimatur* (autorización a imprimir) y el *Nihil Obstat* (nada obstaculiza) que aún vemos en los libros religiosos oficializados por la Iglesia romana.

---

las mujeres) en el Concilio de Constanza (1415) y el del fanático dominico Savonarola (1498).

Margherita, Hus y Savonarola fueron quemados vivos, pero Dolcino recibió un tratamiento especial: lo subieron a un carro y durante su procesión por las calles de Vercelli mientras le arrancaban pedazos de piel y carne con pinzas al rojo vivo, le arrancaron los genitales y los miembros.

La Iglesia católica racionaliza la brutalidad de la Santa Inquisición haciéndola relativa a la cultura de su tiempo. Justamente, se llamaba «santa» porque era notoriamente pública (no una policía secreta) y los participantes estaban muy orgullosos de serlo; no había nada de qué avergonzarse. Irónicamente, afirma así la validez del relativismo moral que tanto critica.

Para ser justos, y como había ocurrido durante la crisis provocada por la caída del Imperio, para sobrevivir a esta nueva crisis la Iglesia católica no tuvo quizá una mejor opción que poner orden y disciplinar represivamente.

La Reforma protestante y la Contrarreforma católica generaron cruentas persecuciones entre «cristianos», guerras y masacres como, por ejemplo, la perpetrada por los mercenarios alemanes luteranos de Carlos V contra los católicos durante el *Saqueo de Roma* (1527), un conflicto bélico entre Carlos V y un grupo de príncipes luteranos de la *Liga de Schmalkalden* (1546-47), la persecución de los católicos contra los protestantes hugonotes en la *Noche de San Bartolomé* en Francia (1572) y la demográfica y económicamente catastrófica *Guerra de los Treinta Años* (1618-48).

Con Enrique VIII Tudor de Inglaterra se produjo otro cataclismo de la Reforma, un segundo cisma, pero no de corte doctrinal como el anterior, sino gratuitamente político, y detonado por temas maritales y de sucesión dinástica[38].

---

[38] Tras el saqueo de Roma en 1527, el papa **Clemente VII** era virtualmente rehén del emperador **Carlos V**. Con muy mal sentido de oportunidad, Enrique pidió en esa misma época la nulidad de su matrimonio con Catalina de Aragón, hija de los reyes católicos, por no haber logrado ella engendrar un heredero varón que no naciera muerto (la culpa era siempre de la mujer, obviamente). Enrique aducía que su incapacidad de engendrar herederos varones viables con Catalina era un castigo divino, por haberse casado por orden de su padre con la viuda de su hermano mayor Arturo, por entonces príncipe de Gales, aunque hubiera sido bajo dispensa papal (en esa época eso estaba prohibido por ser indirectamente incestuoso). Encima, Catalina era bastante mayor que él.

Al margen, el rey mantenía aventuras extramaritales con Mary Boleyn y otras damas de su corte. Pero se enamoró febrilmente de Anne Boleyn (Ana Bolena), hermana menor de Mary. La joven y bella Ana era más virtuosa (o más ambiciosa) que su hermana y se negó a ser una concubina; no habría consumación si no se casaban antes por la Iglesia. Ergo, la urgencia de destruir su alianza con los Habsburgo por querer un *upgrade* (mejora) a una mujer más joven y excitante.

Aunque tal nulidad era usualmente otorgada para preservar la sucesión dinástica, Clemente VII parece haber sido forzado a negarla bajo presión de su guardián Carlos V, casualmente el sobrino de Catalina. El papa habría sugerido privadamente al cardenal Wolsey, a la vez nuncio papal en la corte inglesa y lord canciller de Enrique, como un primer ministro (lindo conflicto de intereses), que Enrique repudiara a Catalina y se casara con Ana Bolena, pero con bajo perfil y sin pedir la nulidad oficial del mismísimo papa; con la de su arzobispo bastaba.

Enrique, que había sido nombrado *defensor de la fe* por León X por su crítica a Lutero (probablemente escrita en realidad por Tomás Moro), al margen de ser megalómano, era muy escrupuloso en materia religiosa y no quería medias tintas. Enfurecido porque le negaban algo para él muy razonable y muy a pesar de su propia ortodoxia doctrinal, rompió administrativamente con el papa y eventualmente se autoerigió en cabeza de la Iglesia de Inglaterra (cesaropapismo), siendo entonces excomulgado. Pero mantuvo la ortodoxia doctrinal, y a los luteranos y a los calvinistas a raya.

Hablando de cabezas, el corrupto Wolsey, quien se había enriquecido en el puesto más que el rey y, poco astutamente, había construido un palacio más suntuoso que el de su jefe (Hampton Court), por fracasar en su gestión perdió el cargo y su palacio, pero no la vida. Moro perdió literalmente la cabeza por negarse a aprobar la iniciativa de nulidad, pero como mártir ganó la santidad católica. Ana Bolena la perdió por irritar a su marido conspirando con los calvinistas. Para sacársela de encima (trágicamente para ella también, solamente produjo otra hija, Elizabeth) fue falsamente acusada de múltiples adulterios, incluso uno incestuoso con su propio hermano. Ambos fueron ejecutados.

Enrique antes de morir se casó otras cuatro veces (fue un paladín de la institución del matrimonio), pero decapitó solo a una esposa más: a Catherine Howard, treinta y tres años menor que él y que sí le metió los cuernos con un exnovio, algo comprensible considerando la obesidad, el olor pestilente de las pústulas y el estado de iracundia permanente del rey.

Al morir Enrique en 1547 fue sucedido por su hijo (de su tercera esposa, Jane Seymour) Eduardo VI de nueve años, quien murió enfermo a los 15 y sin engendrar sucesor. No habiendo otro varón en la línea, Eduardo

Una de las consecuencias morales y artísticas del fenómeno Reforma-Contrarreforma fue un cierto regreso al pudor o al *horror carnal*. Recordemos que, a través del humanismo, el Renacimiento había reaccionado frente al ascetismo medieval, resucitando los ideales estéticos grecorromanos y rescatado, por ejemplo, el desnudo y la sensualidad en pinturas y esculturas. La Contrarreforma reaccionó contra el humanismo acusándolo de haber habilitado la Reforma, y volvieron las eras mojigatas a ambos lados de la grieta religiosa del cisma:

- Como ocurriera tras el triunfo hegemónico cristiano en Roma, con la Contrarreforma volvió la neurosis sexual y se profanaron obras renacentistas originales pintándoles encima velos y taparrabos (como el del Cristo del Juicio final de Miguel Ángel en la *Cappella Sistina*), hicieron tapar penes de esculturas con hojas de higuera o hasta los castraron a martillazos. Fueron culpables de ese vandalismo fanático y escrupuloso los papas Paulo IV, Clemente XIII y, hasta en pleno siglo victoriano, Pío IX. Pero la prostitución y la

---

fue sucedido por **Mary**, la hija de Enrique con Catalina de Aragón, en 1553. Mary siguió siendo católica, por lo que los principales políticos protestantes quisieron proclamar reina a lady **Jane Gray**, bisnieta de Enrique VII, de 15 años y que fue reina de facto por nueve días. Pero el *Privy Council* (la «mesa chica» de ministros) y el *Parliament* apoyaron a Mary, y Jane fue acusada de alta traición y usurpación. Mary, comprometida con Felipe II de España, fue presionada por esa corte a decapitar a Jane y a su marido al año siguiente.

Mary se convirtió en la reina consorte de España, si bien nunca visitó ese país. Intentó abrogar la Reforma anglicana y encabezó una implacable persecución de los protestantes, quemando en la hoguera a más de 280 disidentes religiosos, legándonos así el «*bloody Mary*». No tuvo descendencia y padeció dos embarazos psicológicos, por lo que fue ridiculizada en toda Europa. Antes de morir en 1558 liberó de su arresto domiciliario a su media hermana **Elizabeth** Tudor (la hija de Ana Bolena) y, como no había más remedio, la reconoció como su sucesora legítima.

inconducta sexual de los hombres no mermaron, como siempre

- Los protestantes también se volvieron púdicos porque regresaron a la textualidad de las fuentes bíblicas hebreas. Como buenos asiáticos, los hebreos se habían escandalizado por la desnudez; por ejemplo, la peor humillación que los griegos podían infligirles a sus vencidos persas era hacerlos desnudar. Recordemos también que la primera reacción de Adán y Eva al despertar al conocimiento del bien y del mal, fue tomar conciencia de su desnudez y cubrirse con hojas de la higuera. Los protestantes también prohibieron los prostíbulos en sus dominios.

El fin del Renacimiento se debió entonces a las reacciones tanto de la Reforma como a las de la Contrarreforma. La Reforma, con su ascetismo y su regreso a las fuentes hebreas en vez de las helenísticas, y la Contrarreforma culpando al humanismo por la pérdida de la disciplina doctrinal.

Con la Inquisición, con sus espías y su *Index*, se acabó otra vez el pensamiento libre en el catolicismo. El pensamiento especulativo se volvió peligroso de externalizar; uno se jugaba la propiedad, la libertad y hasta la vida. Era más seguro acomodarse a la obediencia, mimetizarse en la manada, limitarse a lo autorizado y no explorar ideas nuevas, una regresión al pensamiento medieval que subordinaba la razón a la fe.

No fue casual entonces que Copérnico desarrollara y difundiera entre sus pares su cosmología heliocéntrica sin mayores consecuencias durante el Renacimiento, pero que Galileo, al extenderla tras la Contrarreforma, tuviera que retractarse humillantemente para salvarse de la hoguera, y que el dominico Giordano Bruno sufriera ese martirio por ser íntegro y negarse a retractar.

El Renacimiento humanista duró entonces solo un par de siglos, un fresco respiro entre dos eras de control del pensamiento. Nos ha legado *ideales* (nadie garantiza que ellos los practicaran) en nuestra psiquis colectiva; valores que damos por obvios, hasta inconscientemente. Algunos los resucitaron de los clásicos, otros los introdujeron ellos y algunos fueron reprimidos después, pero con la Ilustración volvieron al cauce común de nuestra cultura:

- Nuestro instinto por representar artísticamente personas y objetos con el mayor naturalismo posible (antes en la pintura, hoy con la fotografía)
- La autonomía individual y la dignidad de la condición humana (p. ej., toda vida humana es valiosa, un acusado es inocente hasta que se pruebe lo contrario, etc.)
- Nuestra reverencia hacia lo mejor de Grecia y de Roma
- La correlación y sinergia entre conocimiento, belleza, amor y verdad
- El pensamiento libre y crítico, y la libertad de expresarlo y divulgarlo
- La curiosidad científica y la capacidad de separar ciencia de religión (los humanistas nunca dejaron de ser cristianos piadosos)
- Que hay que educar al gobernante y también al pueblo. La educación no es solo para transmitir conocimiento, sino también para inculcar valores que formen al ciudadano
- El deber cívico de participar en el gobierno para servir a la comunidad
- La meritocracia, el derecho a enriquecerse del más capaz, industrioso o emprendedor, no importando su estamento original
- El aumento de la calidad mediante la competencia por concurso; elegir al mejor para encomendarle la obra
- La vigencia de las obras de Shakespeare y de Petrarca, porque reflejan las glorias y miserias de nuestra humanidad, que no han cambiado tanto
- El amor platónico, que podía considerarse pleno, aunque no hubiera consumación. Nuestros clichés ya cursis de «*...ponerla en un pedestal...el destello de sus ojos...amarla*

desde lejos…» son robados a Petrarca, de los sonetos a su Laura.

Mujeres de la Reforma

Veamos algunos casos individuales de damas notables a ambos lados de la grieta:

Katharina von Bora (1499-
1552) fue la esposa de Martín Lutero. Lo ayudó a definir la vida familiar protestante y a establecer un patrón para el matrimonio de los clérigos.

A los cinco años entró a un convento benedictino y a los nueve se cambió a uno cisterciense, por lo que debe haber recibido una buena educación. Con la ayuda de Lutero, varias monjas del claustro lograron huir del convento en 1523, escondidas en una carreta entre barriles de pescado. Sus familiares y conocidos no querían acogerlas en sus casas (desertar así era un crimen canónico y no querían ser cómplices), pero Lutero o ubicó a las refugiadas en casas de familia, les consiguió empleos o le encontró maridos. Katharina (Figura 36) rechazó a varios pretendientes y declaró que solo se casaría con Lutero. Él no tenía pensado casarse, pero cedió y se casaron en una ceremonia privada, ella de 26 años y él de 41. Aunque un matrimonio clerical no era inusual en la época, en este caso el de una monja con un sacerdote, tan prominente por su rebelión, era una jugada de relaciones públicas riesgosa para el movimiento.

Katharina tenía mucha personalidad y un temperamento muy fuerte; Lutero le dio latitud y autonomía (decía que temía menos confrontarse con Satanás que irritar a su mujer). Tuvieron seis hijos y cobijaron a cuatro huérfanos. Katharina administraba los bienes familiares con eficacia y servía de consejera y colaboradora de su marido, sobre todo en temas de moral familiar.

Marguerite de Navarre (1492-1549) fue una princesa francesa hija de la mencionada Luisa de Saboya, hermana de Francisco I y casada con Enrique II de Navarra. Margarita (Figura 37) fue la abuela de Enrique IV de Francia, el primer rey de la primera dinastía borbónica.

Gracias a su brillante madre, recibió una esmerada educación humanista; dominaba el latín, escribía y actuaba en el teatro. De soltera y junto con su hermano establecieron una notable corte cultural. Se la llamaba *«la mecenas de los educados en el reino de su hermano»*.

Rechazó amablemente (pero con muy buen tino) ser la esposa del futuro Enrique VIII de Inglaterra. Fue casada por conveniencia política con un noble muy mayor e ignorante. Viuda, ya madura y sin hijos, se casó con Enrique II de Navarra. Con él tuvo una hija (Jeanne d'Albret, la madre de Enrique IV) y a los 38 años un hijo que murió de muy pequeño.

Participó en la Reforma protestante. Fue amiga íntima de Ana Bolena (madre de Elizabeth I, quien le tradujo sus poemas al inglés) y de la reformista ginebrina Marie Dentière, y brindó su protección a protestantes perseguidos y exilados, como Calvino.

Sintetizó en su persona el Renacimiento y la Reforma. Fue célebre por su conducta piadosa, sus obras de caridad, y por caminar por las calles de Navarra sin escolta y atender los pedidos de cualquier necesitado. Mantuvo un salón literario y escribió poemas, cuentos y obras de teatro. Fue mecenas de Rabelais, y Leonardo falleció en su castillo en Francia.

Marie Dentière (1495-1561) fue una teóloga y escritora belga. En Ginebra colaboró activamente con Calvino. Participó del intento de disolver allí el convento carmelita, animando a las novicias a abandonarlo, a volver a sus familias y a buscar marido. Escribía en defensa de la mujer y era tenida por «demasiado audaz».

Jean d'Albret (1528-1572) era hija de Margarita de Navarra y madre de Enrique IV de Francia. Como reina de la Baja Navarra en 1560 convirtió su reino al protestantismo. Según los rumores, habría sido asesinada por orden de su consuegra Catalina de Medici justo antes de la boda de sus hijos Margot y Enrique, acordada para terminar con las guerras entre católicos y hugonotes, pero que resultó ser una artera emboscada para masacrar a los protestantes.

Para contraste, visitemos entonces a una contrarreformista militante, **Catalina de Medici** (1519-1589). Nacida en Florencia, hija de Lorenzo II, se casó a los 14 años con Enrique II de Francia en 1547. Impuso la elegancia y los modales florentinos en la corte francesa.

Enrique la apartó de los asuntos de Estado en favor de su amante, la duquesa Diana de Poitiers. Muerto Enrique, pasó a ser la regente de su hijo adolescente Francisco II y al morir este, de su otro hijo Carlos IX. Al morir Carlos en 1574 fue consejera de su otro hijo Enrique III (y me van a tener que disculpar por la confusa sopa de Enriques, Franciscos y Carlos, en Francia y sus alrededores).

La «mujer más poderosa de Europa en el siglo XVI» fue muy odiada por el pueblo y sus cartas revelan su crueldad e implacabilidad. Es acusada de ser la autora intelectual de la Masacre de San Bartolomé: en la boda de su hija la princesa Margarita (Margot) con Enrique de Navarra, príncipe hugonote que después se convertiría al catolicismo para asumir en Francia como el gran Enrique IV (el del pragmático *«Paris bien vale una Misa...»*), empezaron por asesinar a los invitados protestantes.

Justamente, la boda había sido pactada para cerrar la grieta y acabar con la guerra fratricida. Desembocó en una orgía de violencia; decenas de miles de protestantes fueron masacrados en Paris, y en los días siguientes en otras ciudades francesas, en un frenesí de histeria colectiva.

Su rival por los afectos de su marido había sido **Diana de Poitiers.** Huérfana de madre, fue criada como damita de compañía de Ana de Francia, hija de Luis XI, una mujer fuerte que ocupó la regencia durante la minoría de edad de su hermano Carlos VIII. A los 15 años la casaron con un noble de 45, nieto bastardo de Carlos VII. Viuda con dos hijas a los 31 años, se volvió una hábil administradora de los bienes familiares e hizo crecer notablemente esa fortuna. Fue dama de honor de Claudia de Francia (junto con Ana Bolena), Luisa de Saboya y Leonor de Austria.

A los 38 años se convirtió en amante de Enrique II, diecinueve años menor que ella (al estilo Macron), cuando este era Delfín de Francia y ya estaba casado con Catalina. Enrique la convirtió en su consejera, colaboradora y educadora de sus hijos, mientras crecía el odio entre Catalina y ella. Muerto Enrique, Diana crio a Diana de Francia, hija de Enrique con otra amante, Filippa Duci. Se sospechaba que la niña era en realidad hija suya.

Olimpia Morata (1526-1555) fue una niña prodigio italiana que se convirtió en una importante filósofa humanista protestante, lo que hizo que la desvincularan de la corte de los d'Este de Ferrara. Casada con un médico alemán por la iglesia luterana, continuó estudiando en Alemania filosofía, profundizando su estudio tanto de los clásicos como de la Biblia. Como Margarita de Navarra, sintetizó en su persona el Renacimiento y la Reforma. Murió por la peste a los 29 años.

Elizabeth I Tudor (1533-1603), hija de Enrique VIII y Ana Bolena, sucedió a su media hermana católica Mary en 1558. Revirtió sus políticas y reafirmó la reforma religiosa de su padre Enrique VIII. Isabel (Figura 38) reinó con distinción durante cuarenta y cinco años, oficializó la independencia de la Iglesia católica apostólica anglicana (reformista moderada), la hizo la Iglesia oficial

y se convirtió en su máxima autoridad; aún hoy la ejercen los monarcas británicos.

Se negó a contraer matrimonio con Felipe II de España, con Erik XIV de Suecia y con el archiduque Fernando-Carlos de Austria. A medida que fue envejeciendo fue creciendo el culto a su virginidad. Era apodada *«the virgin queen»* (la reina virgen) en homenaje al sacrificio de su felicidad personal y realización plena como esposa y madre, en favor de brindarle su indivisa atención al reino. En su honor fue nombrada la colonia y luego estado de los EE. UU., Virginia. Sin embargo, circulaban fuertes rumores de sus amoríos con Robert Dudley, conde de Leicester (noviecito desde su infancia), Robert Devereux, conde de Essex, François duc d'Anjou (hijo de Catalina de Medici y Enrique II de Francia), y los cortesanos sir Christopher Hatton y sir Walter Raleigh. Incluso, mantuvo un evidente *ménage à trois* con Catherine Parr (exitosamente viuda de su padre Enrique VIII) y Thomas Seymour.

Felipe II estaba obsesionado con arrancar de cuajo al protestantismo. La «Armada Invencible» zarpó de La Coruña con ciento treinta navíos con la intención de embarcar al ejército en los Países Bajos bajo el mando el duque de Parma, para llevarlo a invadir Inglaterra y reimponer allí el catolicismo romano. Entre la férrea defensa naval inglesa cargo de hábiles marinos y corsarios como John Hawkins y Francis Drake, y desafortunadas tormentas (evidencia para los ingleses de que la providencia divina estaba de su lado), la Armada Invencible tuvo que regresar diezmada, cediendo a Inglaterra el dominio de los mares.

La reina dio un memorable discurso celebratorio de su victoria que es muy revelador sobre el tacto político que debía mantener permanentemente, por ser mujer. Dijo: *«sé que tengo el cuerpo de una débil mujer, pero tengo el corazón y el estómago de un rey y, además, de un rey de Inglaterra».* Es una frase sexista, porque debía justificar su poder haciéndose andrógina.

Elizabeth, decidida, independiente e implacable, fue una excelente monarca. Durante su largo reinado hubo estabilidad, crecimiento y un gran esplendor cultural, con autores teatrales como Marlowe y Shakespeare.

El Barroco

Todas esas convulsiones y grandes religiosos en Europa provocados por la Reforma-Contrarreforma tuvieron obviamente impactos políticos, económicos, filosóficos, culturales y artísticos. Desaparecido el feudalismo, debilitadas las repúblicas italianas y el poder de Roma sobre los soberanos, volvió el absolutismo monárquico, nunca mejor encarnado que por Luis XIV de Francia[39], de quien fue llamativa la dicotomía

---

[39]   **Luis XIV**, *«le Grand»* y *«Roi Soleil»* (Rey Sol, lo que tiene una connotación arcaicamente divina) (1638-1715) con 72 años en el trono, fue el monarca que más tiempo ha reinado en la historia europea (Isabel II de Inglaterra lleva a la fecha 70 años).

entre la externalización de su piedad católica y su conducta sexual.

Adhiriendo al concepto del derecho divino de los reyes, cuya autoridad provenía directamente de Dios, Luis encarnó al absolutismo monárquico («*l'État, c'est moi*» - el Estado, soy yo). Luchó para acabar con el feudalismo que obstaculizaba su afán de centralizar el poder. Como bien dijo Sun Tzu, *hay que tener a los amigos cerca y a los enemigos, más cerca*; Luis obligó a sus nobles a convivir con él bajo el mismo techo en Versalles, lejos de sus dominios. Por estar todos estrechamente vigilados (y espiados), allí les era más difícil conspirar.

Absolutista en todo y fervoroso católico, quiso reeditar el principio *cuius regio eius religio* (de quien el reino, su religión, lo que significa que todos los ciudadanos tienen que adherir a la religión de su soberano) establecido para el Sacro Imperio por la Paz de Augsburgo de 1555. Tras derogar entonces el Edicto de Nantes, acabó con la tolerancia en Francia y persiguió a los hugonotes. No les permitía emigrar, sino que los quería obligar a convertirse al catolicismo.

Para eso instituyó las *dragonnades*, acuartelando soldados en casas de hugonotes, con licencia para maltratar, abusar y robar. Los 200 mil protestantes (mayormente profesionales, comerciantes y artesanos) que pudieron, huyeron. Los entre 300 y 400 mil que se convirtieron, fueron liberados de sus disruptivos «misioneros» y recompensados financieramente. Así logró eliminar prácticamente a la minoría protestante de Francia.

Luis se casó con María Teresa de España, con quien tuvo seis hijos. Piadoso católico, pero algo selectivo con los mandamientos, Luis le era entusiastamente infiel y tuvo al menos quince hijos naturales con ocho damas nobles. Entre ellas, la célebre *maîtresse-en-titre* (amante principal y oficial) Françoise-Athénaïs de Rochechouart, marquesa de Montespan, con quien tuvo siete. Generosamente, reconocía a sus hijos naturales y los incorporaba a las ramas *cadet* de la casa de Bourbon.

Tras morir María Teresa, Luis se casó en secreto (a voces) con Françoise d'Aubigné, marquesa de Maintenon, quien había sido la niñera de sus hijos con Mme. de Montespan. Esta segunda esposa era católica fundamentalista e influyó para que Luis endureciera aún más su actitud hacia los protestantes, fuera más patente su piedad y estricto cumplimiento personal del calendario litúrgico, y decretara la prohibición de las funciones de ópera y comedia durante la Cuaresma.

Una secuela del humanismo del Renacimiento fue la *revolución científica* iniciada en el siglo XVI por Copérnico, Galileo, Kepler, Vesalius y Bruno; y continuada en el Barroco por Bacon, Harvey, Janssen, Boyle, Huygens, Napier, Pascal, Newton, Leibnitz y otros. Se apreciaba la racionalidad, la regularidad, la simetría y el orden del universo y de sus criaturas, y se trataba de armonizar esa lógica con la fe. Newton trataba de reconciliarlas para entender la complejidad del universo frente a la simpleza bíblica de la Creación, y eso lo hacía buscando leyes generales que explicaran tal complejidad. Pero no todo era orden en el universo, seguía habiendo eventos impredecibles y caóticos (*Apolo* vs. *Dioniso*, diría Camille Paglia).

Para algunos pensadores, si la complejidad y el caos eran también producto de Dios, eso les provocaba disonancia cognitiva con el concepto de orden. ¿Por qué, si el universo era un reloj diseñado por un «gran relojero», no llovía por ejemplo los martes y los viernes, siempre a la misma hora y cantidad? ¿Cuál podía ser el plan divino detrás de lluvias irregulares, con sequías y diluvios? ¿Por qué tenía que ser ese «diseño inteligente» tan complejo y caótico? Todavía no se había pensado en que hay mucho de aleatorio en las «leyes naturales» y tampoco en el concepto de la entropía, la tendencia natural a desordenarse y degradarse de los sistemas físicos, la justificación del caos. Ese afán por la racionalidad y la simetría se manifestó artísticamente en la música de Bach, en los geométricos jardines de Versalles y en el dominio de la luz de los grandes maestros holandeses, italianos y españoles.

La situación de la mujer

La bifurcación administrativa y doctrinal del cristianismo occidental ensanchó la aún vigente y evidente brecha ética, idiosincrática, cultural y artística entre el Norte y el Sur de

Europa[40]. Sin embargo, tanto en las comarcas que permanecieron católicas como en las regiones que se plegaron a la Reforma, nada cambió para la mujer. El efecto de la religión cristiana siguió siendo entonces negativo para la mujer; continuó restringiéndola al ámbito doméstico y haciéndola arriesgar su vida en una peligrosa seguidilla de embarazos.

Las mujeres «reformadas» fueron en su mayoría objetos pasivos; muy pocas fueron protagonistas (de la elite, como siempre) y estas de forma modesta. El impacto fue ambiguo. Por un lado, se cerraron conventos y prostíbulos, irónicamente cercenando las dos oportunidades económicas de la mujer de liberarse del yugo de un hombre. Sobre todo, el cierre de conventos eliminó una razonable oportunidad educativa para las mujeres.

---

[40] Tenemos claros estereotipos de contraste entre los europeos del Norte y los del Sur. Somos conscientes de que las generalizaciones son reduccionistas y temerarias, y que uno debe hablar de individuos y no de estereotipos; pero, indudablemente, las generalizaciones proveen un telón de fondo cultural. Como dijo el famoso filósofo y epistemólogo argentino Mario Bunge, *«Los individuos no se mueven como partículas en el vacío. Más bien, son como burbujas de aire en un líquido: poseen algunos de sus atributos en virtud de ser componentes de un sistema social».* Y parafraseando a Sethi y Steidlemeier de Harvard *«… no hay individuo o institución cuyas aspiraciones y comportamiento no estén gobernados por el giróscopo interno de los valores y la cultura de su sociedad».* Si son indulgentes, permítanme entonces que perpetre dos generalizaciones groseras:
– La cultura septentrional «protestante» tiende a ser más flemática, disciplinada, estoica, trabajadora, frugal, individualista, con un concepto de equidad por mérito y protectora de la independencia de su burocracia
– La cultura meridional «católica» tiende a ser más pasional, indisciplinada, epicúrea, perezosa, pródiga, colectivista, con un concepto de equidad distributiva y con una burocracia clientelista.

Si bien se abogaba por que todas las mujeres fueran educadas para poder leer la Biblia en su idioma vernáculo, la formación intelectual de la mujer protestante se limitaba a la indispensable para ese cometido y para la administración del hogar. Eran adoctrinadas para ser hacendosas, decentes, modestas y sumisas. Y si bien se cerraron los prostíbulos, sobrevivió como siempre la prostitución, pero en condiciones de calle más precarias y abiertas al abuso físico.

Mientras que las mujeres católicas reaccionaron como clase a la Reforma, defendiendo a veces más vigorosamente que los varones sus conventos y su deseo de celibato, las protestantes reaccionaron individualmente, no como grupo o clase, siguiendo dócilmente en su gran mayoría la decisión de su padre o su marido en convertir o no a la familia al protestantismo.

Excepto en las clases nobles que seguían casándose por conveniencia política, se sacralizó la familia y el hogar como templo familiar y foro principal de la expresión religiosa femenina. Por un lado, el protestantismo jerarquizó a las mujeres haciéndolas también parte del «sacerdocio de todos los creyentes», pero no ordenó pastoras ni les dio posiciones de liderazgo en el movimiento. Su «lugar sacerdotal» estaba en el hogar, atendiendo y obedeciendo a su marido y educando a los hijos en la fe. La mujer del pastor se volvió, eso sí, la coadministradora de su parroquia, atendiendo el hogar y también el funcionamiento del templo y la ayuda a los necesitados, la administración de escuelas, hospitales y orfanatos.

Si bien Lutero y Calvino se inspiraron en la igualdad de los primeros cristianos y en aplanar la jerarquía social, las definiciones doctrinales y de conducta eran para ellos mucho más urgentes que atender cuestiones de justicia social o de género. La Reforma mantuvo por omisión entonces el statu quo de las relaciones entre los sexos porque valorizaba la estabilidad y el orden, y ese orden tenía como piedra fundamental la familia patriarcal. La mujer protestante continuó entonces sometida legal y espiritualmente al hombre, al igual que la católica.

La persecución de las «brujas» continuó también durante el Barroco, y no solamente a manos de la Inquisición católica. La Reforma no trajo cambio alguno, ya que esa perversa práctica de violencia de género siguió bajo el protestantismo.

En 1617 la isla de Vardø en el norte de Noruega fue azotada por una tormenta terrible que sorprendió a más de 40 de los hombres en el mar, muriendo ahogados todos ellos. Las mujeres sobrevivieron en tierra y, faltando los hombres hábiles, adoptaron los roles laborales pesqueros y agrarios de sus maridos para poder sobrevivir. Tomaron también el liderazgo, convirtiendo a Vardø en la «isla de las mujeres».

En 1620 se promulgó en la unión de Dinamarca-Noruega una nueva ley contra la brujería. Investigadores especializados escoceses, alemanes y daneses (un paralelo a la Inquisición católica) llegaron en 1621 a la isla y torturaron a un par de mujeres, quienes confesaron que invitadas por Satán concurrían a sus aquelarres volando por el aire, que las mujeres habían provocado la tormenta de 1617 con un encantamiento y que tuvieron relaciones sexuales con demonios mientras sus maridos se ahogaban. Bajo tortura delataron a otras y 11 fueron quemadas en la hoguera. No obstante, todas las mujeres de la isla siguieron sospechadas de brujería. Otras 17 fueron ejecutadas durante los juicios de 1651-53 y otras 18 en 1662-63. En total, entre 1601 y 1663 unas 90 mujeres fueron ejecutadas por brujería en esa región.

El pueblo de Salem en la colonia protestante americana de Massachussets vivió un episodio similar de psicosis colectiva. Como resultado de sus juicios a las brujas de 1692-93 trescientas cincuenta mujeres fueron encarceladas y diecinueve fueron ejecutadas. Contaban los testigos que primero las «brujas» se transformaban en animales y los obligaban a copular, luego se volvían a convertir en mujeres y los obligaban a hacerlo de nuevo.

El neoplatonismo renacentista de Bembo y de Castiglione sobrevivía en el barroco encarnado en Margarita de Navarra y en **Catherine de Rambouillet**, pero solo en las ciudadelas elitistas. En el siglo XVII Mme. Rambouillet, una apasionada de las artes, la literatura, la historia y que hablaba varios idiomas, organizó el primer salón literario *para mujeres* jóvenes y nobles en su *hôtel* (palacete) de Paris.

Continuó la misoginia de la Iglesia. En el barroco latinoamericano, el caso de sor **Juana Inés de la Cruz** (1648-95) merece mención. Fue una filósofa, escritora, autora teatral, poeta y compositora criolla de Nueva España (hoy México), y uno de los máximos exponentes del Siglo de Oro español.

Niña prodigio, se encerraba a leer en la biblioteca de su abuelo, algo que les estaba prohibido a las niñas. A los tres años se enseñó a leer y escribir en latín, aplicaba las matemáticas a los cinco, escribía poesía desde los ocho, y a los 13 años dominaba la lógica griega y ya enseñaba latín. Aprendió y escribió poesía también en *nahuatl*, la lengua de los aztecas.

A los 16 años trató de ingresar a la universidad disfrazada de varón, pero fue rechazada y debió seguir siendo autodidacta. Entró como dama de compañía a la corte virreinal, donde fue alentada y exhibida con orgullo ante los visitantes. Muy hermosa, rechazó varias propuestas matrimoniales. Para protegerse de ese asedio y de la inevitable pérdida de libertad intelectual que conllevaría su sometimiento matrimonial, ingresó a un convento donde alcanzó el rango de administradora. Amasó allí una de las mayores bibliotecas de su era, con más de cuatro mil volúmenes (una verdadera hazaña en esa época), incluyendo los clásicos paganos y obras de filosofía objetadas por la Iglesia.

Proto-feminista, escribió defendiendo el derecho de la mujer a recibir una educación formal y a la autoridad intelectual de poder publicar en su propio nombre. Argumentó que las mujeres educadas podrían educar a otras mujeres y así evitar situaciones incómodas de la intimidad entre maestro y alumna, como la de Abelardo y Eloísa. Criticó también la estructura patriarcal de la Iglesia. Auspiciada por el mecenazgo de la familia virreinal, sus escritos, tanto sacros como profanos, fueron publicados en España.

Tales atrevimientos provocaron la indignación de su confesor jesuita, del obispo de Puebla y del arzobispo de México. Mediante una conspiración misógina en su contra fue amenazada con censura. Como penitencia se le ordenó dejar de escribir y, con innecesaria crueldad, también a deshacerse de su querida biblioteca y de sus instrumentos musicales y científicos. Es decir, «la pusieron en su lugar», y ella escribió en el libro del convento su famosa frase *«Yo, la peor de todas»*.

Falleció contagiada al cuidar a religiosas afectadas por fiebre tifoidea. Nunca fue honrada por la Iglesia. Viene al tema su famoso verso: *«hombres necios que acusáis a la mujer sin razón...»*.

Matrimonio y familia

Tras la Reforma en tierras protestantes, como el matrimonio había dejado de ser un sacramento, floreció el matrimonio civil. Como dijimos, se desalentaba el celibato sacerdotal y monacal, alentando el matrimonio para todos.

Mientras tanto, del lado de la Contrarreforma, el Concilio de Trento que ya mencionamos declaró que era anatema afirmar (como dijeran Erasmo y varios teólogos protestantes) que *«...es mejor y más feliz estar casado que permanecer virgen y célibe»*. Como dijo el cardenal Bellarmino en su catecismo, *«... el matrimonio es humano y natural, la virginidad es divina y sobrenatural»*. Es decir, la puesta en práctica finalmente estricta del celibato sacerdotal fue quizá una reacción antitética a la posición de la Reforma al respecto.

En el Norte, el divorcio migró gradualmente de la causal exclusiva de adulterio para hacerse más accesible. Si bien el divorcio era aún raro a ambos lados de la grieta, siempre hubo un cierto dinamismo respecto de la estabilidad matrimonial debido a las relativamente altas mortandades de los hombres en las guerras, de las mujeres en los partos, y de ambos debido a infecciones y enfermedades. Aproximadamente un tercio de los matrimonios eran segundas o posteriores nupcias; era monogamia sacramentada, pero en serie.

La moralidad sexual

Tanto en el Norte como en el Sur, bajo una apariencia de revitalizada moralidad, la naturaleza humana triunfaba incólume. La brutalidad y la crueldad indiscriminadas (masacres, pillaje, violaciones, torturas) en la puja entre «cristianos» católicos y protestantes, provocaban escepticismo en relación con el *Credo* entre los mejor educados.

Las clases medias burguesas siguieron fieles a su religión (católica o protestante), asistían al templo, cumplían en recibir los sacramentos prescriptos o aceptados, pero seguían sucumbiendo ocasionalmente, como siempre, a las tentaciones de la carne. La eliminación de la autoridad sacerdotal en el Norte tuvo un efecto inicial no intencionado de relajación de las costumbres en las clases bajas, pero fue rápidamente corregido por comités laicos de moralidad. La prostitución fue prohibida y reprimida en comarcas luteranas y calvinistas.

En esta era de regreso a la moralidad, los cuernos ya no eran tan tolerables como antes. El príncipe Carlo Gesualdo, gran compositor de madrigales, sospechando ser engañado fingió salir de viaje y pudo así sorprender *in flagrante delicto* en su propio lecho matrimonial a su esposa María d'Avalos con el duque Fabrizio Carafa. Al mejor estilo napolitano, los mató a ambos e hizo arrastrar los dos cadáveres desnudos y mutilados a la calle, para que todos los vieran. Como era un noble que había actuado en defensa de su honor, fue sobreseído. Evadiendo venganzas de las dos familias afectadas y agobiado por la culpa, se autoimpuso como penitencia que varios jóvenes fornidos lo visitaran a diario y le dieran una paliza. Luego decidió abandonar sus nuevos hobbies de asesinato y de masoquismo y, afortunadamente para la historia de la música, se dedicó con ahínco a la composición de innovadores madrigales.

Catalina de Medici fue fiel a su Enrique II de Francia, pero no hesitaba en entrenar mujeres bonitas para seducir a sus enemigos políticos. Su frustrada consuegra Jean d'Albret, como buena hija de Margarita de Navarra, mantuvo la buena conducta moral hugonota y criticaba la corrupción de la corte católica de Catalina, quizás uno de los motivos por los que fue asesinada.

Enrique III pasó de preferir *mignonettes* a preferir *mignons*. Enrique IV en cambio fue disciplinadamente heterosexual y alentó a que su amante Gabrielle d'Estrées fuese pintada desnuda. Fue él quien estableció el cargo semioficial en la corte francesa de *maîtresse-en-titre* (amante real principal) con derecho a sus propios aposentos en palacio.

En Francia el adulterio era una realidad de la vida y parece que lo sigue siendo. Un bígamo de facto célebre fue el citado Enrique II con Catalina de Medici y Diana de Poitiers. Tal estilo de bigamia era tolerable para Erasmo, Lutero y el papa Clemente VII, porque era preferible al divorcio.

Llamativamente, el índice de bastardía parece haber sido menor en el Norte tras la Reforma, indicando quizá que las reglas protestantes de represión al sexo extramatrimonial eran más efectivas o que la actividad sexual estaba correlacionada con el clima. Pero de alguna manera los jóvenes tenían que llenar el vacío sexual entre la pubertad y el matrimonio.

Como desde siempre, el coito vaginal penetrativo tenía un alto riesgo de concepción y los métodos anticonceptivos seguían siendo muy rudimentarios e ineficaces. A principios del siglo XVIII en las relaciones extramatrimoniales o en las prematrimoniales de las clases altas, la sexualidad de moda se manifestaba mayormente en largas sesiones de besos y caricias y, si había promesa matrimonial, en la masturbación mutua. De tal manera creían que se evitaba el pecado pleno de fornicación o el de adulterio. Se preservaba también la virginidad física a través de la integridad del himen, precondición indispensable para el matrimonio noble.

Las relaciones prematrimoniales entre parejas ya comprometidas eran más toleradas, pero limitadas. En tierras nórdicas y anglosajonas se permitía a los novios comprometidos a yacer en el mismo lecho, pero separados por una sábana (*bundling*) y sujetos a explícitos límites al contacto.

Al margen de la castidad vaginal prematrimonial demandada por ambas vertientes cristianas, las actividades sexuales alternativas fueron desde siempre la masturbación, las caricias «intensas», la felación, el coito anal y, por supuesto, el recurrir a las prostitutas. En Paris se reconocían tres categorías: la *chèvvre coiffée* (cabra con peinado) ejercía en la corte, la *petrel* (ave charlatana) entre la burguesía educada, y la *pierreuse* (pedregosa) vivía en sótanos de piedra y atendía a los pobres.

También estaba la perenne alternativa de la práctica homosexual masculina, que debía ser sumamente discreta. Como en cualquier era represiva, el varón homosexual debía ser lo suficientemente poco conspicuo como para camuflarse entre sus congéneres, pero con delicado equilibrio para poder ofrecer sutiles señales a los entendidos e interesados. Era un deporte riesgoso; la Inquisición española quemó entre herejes, judíos, marranos y moriscos a 150 «sodomitas» entre 1570 y 1630. Pero las evidencias de la práctica se encuentran en las correspondencias privadas, a veces llamativamente homoeróticas, entre «amigos íntimos».

El lesbianismo, siendo aún menos conspicuo, no era perseguido. Hasta en las confesiones arrancadas bajo tormento a las «brujas» sus orgías resultaban ser heterosexuales, seguramente para reafirmar el componente de perversión de la mujer hacia el hombre. Sin embargo, en Ginebra en 1658 se procesó a una mujer por ser flagrantemente lesbiana.

Espiando a la sexualidad por la mirilla del arte

Si usamos al arte como ventana a la era, es aparente que el Norte protestante abandonó los temas clásicos (salvo el católico Rubens, que representó la ideología de la Contrarreforma), redujo substancialmente la temática religiosa en sintonía con su iconoclastia, no estuvo más interesado en la belleza del cuerpo humano, y se volvió paisajista, costumbrista y moralizante.

En *Carta de Amor,* por Vermeer (Figura 39), la dama recibe una carta secreta de mano de su sirvienta y cómplice. Hay

varias claves simbólicas de que se trata de un amor prohibido: más que verla la estamos espiando desde un vestidor, la lira alude al amor carnal, el cuadro marítimo en la pared alude a la naturaleza tormentosa del amor, y la escoba y las pantuflas simbolizan la convivencia no matrimonial de la mujer de poca moral.

En *Mujer Bebiendo con dos Hombres*, de Pieter de Hooch (Figura 40) la sirvienta busca una excusa para no dejarla a solas con ellos, y el cuadro de la Educación de la Virgen que está sobre la chimenea le recuerda el valor de su virtud.

El Sur latino y católico continuó fuertemente religioso y aunque mantuvo algo de sensualidad, la atenuó haciéndola más sutil. Antes del Barroco pleno hubo un período de afectación manierista, con colores fuertes y cuerpos en *serpentinata* no exenta de sutil sensualidad.

El Barroco corrigió los excesos del manierismo. Todavía influenciado por el trauma de las guerras religiosas consecuentes a la Reforma y Contrarreforma, se volvió

mayoritariamente religioso, austero y tenebrista, y como dijimos, fue un regreso a la moral y al pudor.

Hubo sin embargo notables excepciones, por ejemplo, la *Venus del Espejo* de Velázquez (Figura 41) que, a pesar de haber sido lograda con impecable buen gusto, es una de las obras más eróticas de todos los tiempos. *Venus* flirtea con nosotros a través del espejo sostenido por su hijo *Cupido*.

Bernini, nombrado caballero pontificio por su piedad y servicio a la Contrarreforma, tuvo un affaire con Constanza Bonucelli, la esposa de su aprendiz. Pero al enterarse de que ella también se acostaba con su hermano menor y segundo en el taller, Bernini persiguió a su hermano Luigi por toda Roma amenazándolo de muerte, y ordenó a un sirviente que desfigurara a Constanza con una navaja. Favorito del papa, Bernini fue absuelto, el sirviente fue preso y la desfigurada Constanza fue presa por adulterio (como siempre).

El *Éxtasis de Santa Teresa* (Figura 42) de Bernini borroneó las líneas entre *sacer* (sagrado) y *profanus*, dolor y placer, *ágape* y *eros*, éxtasis espiritual y orgasmo sexual.

Escribió Teresa de Ávila en su autobiografía, *El Libro de la Vida*, que en una visión se le apareció un ángel con un largo dardo de oro en su mano, en cuya punta había fuego. Se lo clavó repetidas veces en su corazón y en sus entrañas, provocándole un dolor ardiente tan intenso que la hizo gemir, hasta que el dolor se volvió tan dulce que no quería que se lo sacara…

La Iglesia lo llama «milagro de transverberación» (penetración al corazón). Me interesaría conocer la interpretación de los psicoanalistas freudianos.

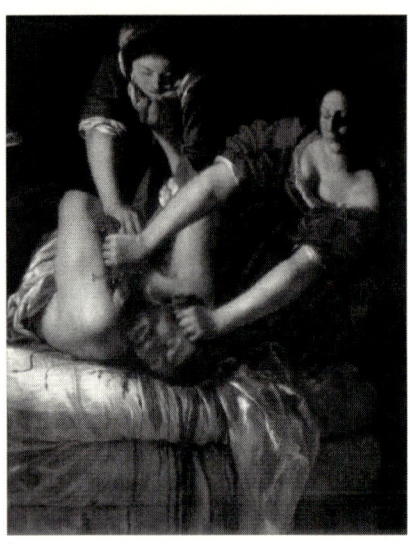

Vemos también *Judith y Holofernes* (Figura 43), por **Artemisia Gentileschi** (1593-1564), uno de los principales artistas de comienzos del siglo XVII y una de las primeras pintoras rescatada por la memoria popular. Fue la primera mujer incorporada a la *Accademia delle Arti del Disegno* (dibujo) en Florencia.

El cuadro nos parece un alegato proto-feminista. Es mucho más violento y truculento que las interpretaciones anteriores, y Artemisia catárticamente le presta su rostro a Judith (Artemisia había sido violada por su maestro, un amigo de su padre).

Recientemente incorporado a la London National Gallery, vemos su *Autorretrato como Santa Catalina de Alejandría* (Figura 44).

Al margen, y como botón de muestra del sexismo de críticos y de compradores, este cuadro que adquirió recientemente dicho museo por casi cinco millones de dólares es el más reciente entre veintiún cuadros de pintoras, entre una colección de 2.300 obras (menos del 1%).

*

La Reforma y Contrarreforma no cambiaron en nada la situación de la mujer. Tanto en el Norte protestante como en el Sur católico, hubo una regresión a la sobria pacatería.

Como siempre ocurre cuando hay represión, la reacción rebelde era solo cuestión de tiempo. Pasemos a estudiar la Ilustración y veamos si por fin la «igualdad» alcanzaría también a las mujeres, o no.

12. De Ilustrada a Revolucionaria

> *«Fortalezcamos la mente femenina extendiéndola, y será el fin de la obediencia ciega»*
>
> Mary Wollstonecraft

Ilustración y razón

Como es sabido, los contextos extremos provocan reacciones pendulares también extremas. Tras una Contrarreforma tan reaccionaria, tenían que resucitar eventualmente los principios racionalistas y liberales del helenismo y del humanismo. Aunque el oscurantismo medieval había durado un milenio, este segundo renacimiento se demoró solo un par de siglos, y el segundo humanismo vino más secularizado que cristiano.

Una secuela del humanismo del Renacimiento fue la *revolución científica* iniciada en el siglo XVI por Copérnico, Galileo, Kepler, Vesalius y Bruno; y continuada por Bacon, Harvey, Janssen, Boyle, Huygens, Napier, Pascal, Newton, Leibnitz y otros. Luego, a pesar de la disrupción represora de la Contrarreforma, como corolario de la *revolución científica* del Barroco le siguió una *revolución filosófica* en el siglo XVIII: la *Ilustración* o *«era de la razón»*. Se encuadra entre 1715 (muerte de Luis XIV) y 1789 (Revolución francesa), y dominó el mundo de las ideas en Europa durante ese siglo. Fue la era de los filósofos Descartes, Hobbes, Locke, Hume, Spinoza, Voltaire, Rousseau, Montesquieu, Hutcheson, Smith, Wollstonecraft y Kant, entre otros.

Si bien la intelectualidad se había enfocado en la ciencia y en la filosofía, ahora también se extendía ese afán racionalista a la estructura política, económica y social, en manos de los empiristas Hobbes, Locke y Hume, y en las de Rousseau, Montesquieu, Wollstonecraft, Kant, Hutcheson y Smith. Todas las personas se volvieron importantes, no solamente la aristocracia noble y el clero. La vida en esta tierra era tan importante como la vida en el *más allá* postulada por la religión. De allí los derechos a la vida, a la libertad *y a la búsqueda de la felicidad,* característicamente consagrados en la Declaración de la Independencia de los EE. UU.

Este fenómeno intelectual marca también el despertar político de una segunda clase alta, alcanzada mediante una movilidad social lograda por esfuerzo propio, y de una nueva clase media, ambas burguesas. La fuente de riqueza dejó de ser la tierra heredada (oligarquía aristocrática) para pasar a ser la acumulación de dinero por mercaderes e industriales (oligarquía burguesa y plutocrática).

Estas clases también demandaron, por ejemplo, arte y música. Los artistas dejaron de ser empleados o contratistas de mecenas a quienes debían complacer y empezaron a vender sus obras, creando un mercado y ganando independencia creativa. El arte y la música perdieron complejidad técnica, apreciada por la aristocracia y los *connoisseurs,* para volverse más accesibles al público en general. Pasamos, por ejemplo, de la polifonía ordenada, complicada, barroca y elitista (destinada a los entendidos, de la aristocracia) de Bach, a la homofonía melódica clásica, de apariencia engañosamente simple, de Haydn, Mozart y Beethoven (destinada a todos).

Junto con los nuevos textos científicos, las nuevas ideas filosóficas, políticas, económicas (fue el fin del mercantilismo y el nacer del liberalismo) y sociales, incluyendo elogios a los pensadores de la Reforma y desafíos a los dogmas de la Iglesia católica, fueron ampliamente difundidas por Voltaire, una luminaria de ese momento, deísta y antirreligioso (exalumno jesuita, los acusó de angurria de poder y de pedofilia), y por los *encyclopédistes* furiosamente anticlericales, Diderot y d'Alembert.

Esa nueva ideología «liberal» alimentó tres revoluciones: la independista de los Estados Unidos en 1776, la Revolución francesa en 1789 y la primera revolución industrial (1760-1840), además de inspirar los movimientos independistas en toda América Latina, comenzando por Haití de Francia en 1791 y varias colonias españolas en Hispanoamérica a partir de 1808.

Irónicamente, este afán racionalista creó una nueva subjetividad. Para el cristianismo, el ser humano era concebido corrupto por el pecado original y solamente el Hijo de Dios podía redimirlo; mientras que la Ilustración (particularmente Rousseau), concebía al humano como naturalmente bueno y era su medio el que lo corrompía. Esa buena naturaleza inherente al ser humano podía ser contenida por la moral y la ética (no necesariamente religiosas) y moldeada por el Estado, mediante la educación y el buen diseño de las instituciones. Con raíces en el humanismo *cristiano* del Renacimiento, nace así el humanismo *secular* de la Ilustración.

Este cuestionaba además la *autoridad* monárquica y eclesial de la «gran cadena del ser». De ser investida hasta entonces por *Dios* a la corona o a la mitra, la autoridad ahora provenía de la *razón*. El *«ser supremo»* (el Creador de los deístas) era el *espíritu de la razón*. Basados en la razón se postularon ideales de gobierno constitucional (fuera monarquía o república), propiedad, progreso, tolerancia, libertad, fraternidad, igualdad y secularismo (laicismo, anticlericalismo, cuestionamiento de dogmas y milagros y separación Iglesia-Estado). Aclaremos que ese liberalismo originario no implicaba indefectiblemente ni democracia ni república; era para estas condición necesaria, pero no suficiente.

El cambio en la fuente de *autoridad* implicaba un cambio en la *política*. Inglaterra había logrado ese cambio pacíficamente mediante la monarquía parlamentaria establecida en el 1688 por la incruenta *Glorious Revolution*, llevada a cabo por los aristócratas aliados a los burgueses. A partir de 1714, el Ejecutivo pasó a ser el primer ministro, asentando la aristocracia en la Cámara de los Lores y la democracia en la Cámara de los Comunes, y la corona fue pasando gradualmente a ser un símbolo nacional y de continuidad; el primer ministro era el fusible.

Los Estados Unidos luego adoptaron un sistema similar, pero republicano, democrático y presidencialista en vez de monárquico y parlamentario, equilibrando al Ejecutivo con un Senado y una Cámara de Representantes, siendo electivos todos los cargos. Empezando con una pizarra limpia, esos burgueses y agricultores lograron diseñar su Estado según los valores de la Ilustración y reeditar el ideal de equilibrio de la república romana que tanto admirara Polibio. *«Los gobernantes derivan sus poderes del consentimiento de los gobernados»*, dijo Thomas Jefferson.

En cambio, los monarcas de Prusia, Rusia y Austria mantuvieron su poder político absoluto, pero prudentemente, incorporaron en diverso grado algunas ideas filosóficas de la Ilustración, como que sus decisiones debían estar guiadas por la *razón*. El monarca era quien debía reformar la sociedad, desde arriba y sin perder el control. Los monarcas ilustrados fueron paternalistas (*«...todo por el pueblo, pero sin el pueblo»*), llamándose su estilo *«despotismo ilustrado»*. Incorporaron el racionalismo, pero le ganaron de mano a la plena soberanía popular reclamada por los radicales enciclopedistas.

Se consolidó de esta manera el *Estado moderno*, secularizado primero por la Paz de Westfalia (fin de la Guerra de los Treinta Años del siglo XVII), que reafirmó la soberanía política y religiosa de los príncipes, y por la Ilustración en el siglo XVIII dio un paso más allá, al separar el Estado de la persona del soberano. El Estado pasó entonces, de estar encarnado en el monarca (*«el Estado soy yo»* – Luis XIV), a ser la construcción de un *contrato social* entre ciudadanos y gobernantes (*«yo soy el primer sirviente del Estado»* – Federico II el Grande de Prusia; *«el deber del soberano es lograr el bien del Estado»* – Catalina la Grande de Rusia; y *«el despotismo debe ser limitado»* – José II de Austria.

Mujeres despóticas, pero ilustradas

María Teresa archiduquesa de Austria (1740-1780) fue uno de sus más venerados monarcas (Figura 45). Fue también soberana de Hungría, Croacia, Bohemia, Transilvania, Mantua, Milán, Parma, la Toscana, Lorena, partes de la actual Polonia, y por matrimonio, emperatriz consorte del Sacro Imperio Romano Germánico.

Su ascenso al trono provocó la Guerra de la Sucesión Austríaca, siendo su principal enemigo Federico II «el Grande» de Prusia, quien malinterpretó femineidad por debilidad. Aunque perdió Silesia, María Teresa mantuvo el control del resto del imperio Habsburgo y luego trató infructuosamente de reconquistar Silesia durante la Guerra de los Siete años.

Casada con el emperador Francisco I, tuvieron dieciséis hijos y usó a los diez que llegaron a la adultez como peones dinásticos: entre ellos María Antonieta (la esposa de Luis XVI), reina de Francia; María Carolina, reina de Nápoles y Sicilia;

María Amalia, duquesa de Parma, y dos emperadores: José II y Leopoldo II.

Introdujo reformas institucionales, médicas, educativas, militares, comerciales y agrícolas. Del lado negativo, rechazaba el pluralismo religioso y persiguió a judíos y a protestantes. Tuvo una relación compleja con los jesuitas; primero fueron sus confesores, después los removió de la corte y finalmente les expropió sus bienes inmuebles.

Catalina II «la Grande» fue zarina durante treinta y cuatro años (1762-96). Princesa menor prusiana, Catalina (Figura 46) continuó la labor de Pedro I «el Grande» y de su hija Isabel I de civilizar, modernizar y europeizar a Rusia. Entre los tres importaron instituciones de gobierno y jurídicas, ciencias y tecnología civil y militar, arte y educación.

Su reino es considerado la edad dorada de Rusia, y presidió sobre la extensión del imperio mediante la diplomacia y la conquista militar. Progresista, se ofreció a probar la nueva vacuna antivariólica, luego la aplicó a su hijo y finalmente a dos millones de sus súbditos.

La habían casado con el aparentemente enclenque e incompetente Pedro III[41], sucesor de su tía, la brillante Isabel I.

---

[41]   La «historia oficial» fue escrita por Catalina en sus memorias y es la que pinta a Pedro III como un tarambana incompetente e infantil que se la pasaba jugando a los soldaditos. Pero algunas de las medidas durante el reinado de Pedro incluyeron proclamar la libertad religiosa, abolir la policía secreta, quitar a los terratenientes el poder de vida o muerte sobre sus siervos, crear el primer banco del Estado ruso, estimular el mercantilismo y las exportaciones, confiscar propiedades a la Iglesia ortodoxa y polémicamente, hacer las paces con Prusia cuando parecía que Rusia

Catalina dio un golpe de estado apoyada por su amante Grigori Orlov, Pedro III fue recluido en un palacio y a los pocos días murió estrangulado (murió oficialmente por *«problemas hemorroidales»*) y, curiosamente, fue velado con bufanda…

Revolución

En cambio, en la Francia del siglo XVIII, la monarquía bajo Luis XV y su hijo Luis XVI fue frívola y mediocre comparada con las de Austria, Prusia y Rusia. Curiosamente, mantuvo su carácter totalmente absolutista *(«l'ancien régime»)*, rechazando de plano cualquier colegialidad en el poder … hasta que la olla de presión le explotó en la cara en 1789; una erupción liberal que desbordó sus cauces y terminó en una orgía de violencia.

La Revolución francesa se inspiró en cierta manera en la triunfante y creativa revolución en las colonias británicas que generaron a los Estados Unidos. Fue hecha por jóvenes burgueses y nobles ilustrados que inicialmente solo pretendían una monarquía constitucional. Sin embargo, en pánico por la guerra desatada por las potencias monárquicas para mantener el *statu quo* en Europa (y evitar el infeccioso contagio revolucionario), se hizo republicana.

Luis XVI fue en gran parte responsable del caos por haberse negado de plano a imponer las igualitarias y urgentes reformas económicas propuestas por su propio ministro de finanzas Turgot; Francia estaba en crisis y en bancarrota, crecía la desocupación y escaseaba el pan. Tampoco respetó las decisiones del Tercer Estado (la burguesía) devenido en Asamblea Nacional. Fingió ratificar con su firma el cambio de régimen a monarquía constitucional, pero fue sorprendido

---

ganaría la guerra. Sería lógico sospechar que con tanto liberalismo Pedro provocó la reacción del clero, la nobleza y los militares, los que le hicieron un golpe de estado y lo asesinaron.

huyendo hacia Austria para buscar en su familia política (el emperador José II) el apoyo militar necesario para restablecer su control absoluto, invadiendo su propio país. Eso era *traición del rey al Estado*, toda una novedad ilustrada

A diferencia de las revoluciones británica y americana, la francesa se degradó rápidamente de democracia a oclocracia, volviéndose descontrolada, tiránica, intolerante de la libertad religiosa, violenta y caótica. Para más contraste, mientras que la americana logró conciliar las ideas de la ilustración con la ética igualitaria puritana embebida en su ADN colonial, la francesa se volvió virulentamente anticristiana. Los americanos adoptaron la libertad de conciencia y no impusieron una religión oficial; los franceses nacionalizaron a la Iglesia católica y la trataron de destruir. Paradójicamente, la brutalidad de la Revolución fue un eco de la brutalidad de la religión que tanto criticó y se propuso eliminar.

Como sucede muy a menudo en nombre de *Dios* o de la *patria*, en nombre de la *libertad* también se cometieron grandes atrocidades. La Revolución lamentablemente respondió con la ejecución de la familia real[42] en pleno en 1793. Como es común

---

[42]   La pareja de Luis XVI y **María Antonieta** era muy despareja e impopular. Se habían casado cuanto ella apenas tenía 15 años y él 17, pero tardaron mucho en consumar y siete años en poder procrear. La única responsabilidad de una reina era engendrar hijos varones, pero ella se resistía a tener relaciones con él. Por tratarse de un asunto de Estado, la incompatibilidad sexual entre ambos era motivo de espionaje por mirillas, de adusta correspondencia con la corte de Viena, de conversación palaciega y de chisme de dominio público: resulta que el introvertido Luis estaría superdotado en ese departamento («*braquemart assez considerable*» – un «puñal» bastante considerable) mientras que la reina parecía frígida por tener una capacidad receptiva muy modesta («*l'étroitesse du chemin*» – un camino estrecho). Él era muy indolente y aburrido, un introvertido casi patológico (obsesionado con armar relojes) y ella era una frívola malcriada y cabeza hueca (su madre María Teresa de Austria la trataba públicamente

en muchas revoluciones (y a partidos políticos, como el jacobino) los idealistas la iniciaron, pero fueron copados por los fanáticamente radicales. Vino el *Terror* del Comité de Salud Pública (1793-94) del jacobino radical Maximilien Robespierre (*«no podemos hacer una tortilla sin romper los huevos»*), guillotinando primero a nobles y después a burgueses revolucionarios girondinos y moderados.

Este caos fue seguido por la reacción del Mes de Termidor que finalizó con el mismo Robespierre en la guillotina, y luego el Directorio (1795-1799) reestableciendo el orden con apremios ilegales y masacres de opositores en otra orgía de violencia represora. Como suele también ocurrir y ocurrió por ejemplo con la Revolución rusa de 1917 y parafraseando a Danton, la Revolución francesa, como Saturno, se devoró a sus propios hijos.

Paradójicamente ese torrente revolucionario desembocó en el régimen autocrático, militarista e imperialista de un joven y brillante oficial jacobino nacido en Córcega, Napoleón Bonaparte[43], cuya aventura imperial terminó desastrosamente.

---

de «incompetente»). Entre otros caprichos, no toleraba ver a mayores de 30 años en su presencia. Al margen, fue infiel desde los 18 años con el conde sueco Hans Axel von Fersen, el hombre a quien verdaderamente amó.

Se le atribuye popular pero falsamente el famoso *«qu'ils mangent de la brioche!»* (que coman bollos) cuando le comentaron que el pueblo no tenía pan. A pesar de ser la víctima ingenua de l'Affaire des Diamants, la opinión pública también la culpó debido a su imagen de vanidad y frivolidad. Sin embargo, al ser finalmente ejecutada en 1793 se comportó con admirable dignidad en el cadalso; dio un pisotón a su verdugo, luego se disculpó (era muy bien educada) y se sometió con entereza a la guillotina.

[43] Maestro de la propaganda y el simbolismo, tras hacer las paces entre Francia y la Iglesia, y mediante un plebiscito popular sospechosamente abrumador a su favor, Napoleón se hizo coronar emperador por el papa, pero en Notre-Dame de Paris en vez de Reims como tradicionalmente lo hacían los reyes de Francia. Famosamente, tomó la

Separando la paja del trigo, la Revolución francesa fue quizás el cruento y doloroso parto del mundo moderno. De derechos *corporativos* arbitrariamente asignados y *exclusivos* para distintos estamentos sociales, regiones o religiones, los ciudadanos pasaron a gozar de derechos *individuales y universales* (o casi, no para las mujeres). Se abolieron el sistema feudal, la esclavitud en las colonias, la exclusividad laboral de los gremios de artesanos, los títulos y privilegios por nacimiento, y se redujeron latifundios, todo en búsqueda de una sociedad más igualitaria.

Francia tenía en ese momento la mayor población de Europa, era la economía más importante del mundo, había sido el foco principal de la Ilustración y de la revolución científica,

---

corona de las manos de Pío VII y se la ciñó él mismo en las sienes, haciendo lo propio con la de su esposa, **Joséphine de Beauharnais**; muy claro el simbolismo.

Josefina, viuda de una víctima del Terror, era seis años mayor que Napoleón y era su concubina. El papa los conminó a casarse por la Iglesia. Mantenían un matrimonio apasionado pero peculiar, con abiertas infidelidades mutuas. Por su fracaso en engendrar herederos para establecer su dinastía (se sospechaba de las secuelas de un aborto en su juventud) Napoleón debió, muy a su pesar, deshacerse de ella.

Los matrimonios civil y religioso fueron convenientemente anulados (admirable pragmatismo eclesiástico en este caso) y Napoleón se casó por la Iglesia con **Marie Louise de Austria**, duquesa de Parma y sobrina nieta de la guillotinada María Antonieta (más simbolismo), haciendo así las paces con Austria, también al menos temporariamente.

María Luisa (de 18 años, veintidós menos que él) se sintió desolada, pero se resignó obedientemente al acuerdo. Sin embargo, al conocerlo en persona, el carisma y la gentileza de Napoleón la deslumbraron. Él tuvo un heredero con ella y otros cuatro hijos con sendas amantes (**Eléonore de la Plaigne, Maria Walewska, Emilie Kraus** y **Albine de Montholon**). Su hijo legítimo reinó durante dos semanas como Napoleón II en 1815, fue consolado como duque del Reichstadt por su familia austríaca y murió de tuberculosis y sin descendencia a los 21 años.

publicaba la mayor cantidad de libros, y el francés era la *lingua franca* de intelectuales, científicos, diplomáticos y aristócratas (p. ej., Federico el Grande hablaba francés y solamente hablaba el alemán con sus sirvientes). Debido al peso propio de Francia, la onda expansiva de la Revolución desbordó entonces sus fronteras y se volvió viral y global, inspirando movimientos emancipadores, democráticos y republicanos. Hasta ahora, las revoluciones habían estado limitadas a una nación. Por su mensaje sin fronteras, su metodología y su uso de la propaganda, la Revolución francesa tuvo las características de una religión secular global (como bien lo notara Tocqueville), al igual que más adelante lo fueran la rusa y la cubana.

Nos dejó como herencia: la libre determinación de los pueblos, la democracia (monárquica constitucional o republicana) con división de poderes, los derechos políticos como el sufragio universal, civiles como la propiedad y la igualdad ante la ley, y humanos como la abolición de la esclavitud, la tortura y la prisión arbitraria, además de la educación laica, la separación Iglesia-Estado, y las libertades de movimiento, culto o conciencia, y expresión.

Algunas de esas voces ya habían resonado en Europa. Recordemos que al principio de la igualdad ante la ley lo habíamos heredado de la *isonomía* de Atenas. En sentido aún más amplio, y paradójicamente, los ideales de *igualdad y justicia social*, que tanto reclamaban los secularistas, habían tenido su génesis también en los valores cristianos que nutrieron a Europa desde su triunfo en el Imperio romano, y que se reafirmaron con el humanismo cristiano del Renacimiento. El cristianismo, en su forma original, había introducido en Occidente el concepto de igualdad y hermandad en el culto entre ricos, pobres y esclavos, y hasta entre hombres y mujeres (hubo diaconisas). Además, como antecedente, el cristianismo se había inspirado en el proto-socialismo judío de *Amós*, *Elías* e *Isaías*.

La Revolución francesa fue la semilla de las revoluciones paneuropeas de 1848 y de todas las ideologías modernas, difundiendo su liberalismo, republicanismo y secularismo. Además de las emancipaciones coloniales latinoamericanas, inspiró indirectamente al romanticismo, al nacionalismo y al socialismo.

La situación de la mujer

El conocimiento anatómico de la revolución científica colocó al cuerpo del hombre y al de la mujer en un eje jerárquico, pero de variantes de una sola especie. El género entonces se correlacionaba con el sexo biológico, pero no era absolutamente determinado por este.

El sistema humoral que explicaba la fisiología de entonces (humores fríos o calientes, húmedos o secos) concluyó que en las mujeres predominaban los humores fríos y húmedos, mientras que en los hombres predominaban los calientes y secos. Pero en un continuo bidimensional, las diferencias entre los géneros eran solo diferencias de grado, y las distintas combinaciones humorales producían por ejemplo temperamentos «sanguíneos», «coléricos», «melancólicos» o «flemáticos», asignándolos a fluidos corporales.

Aunque las diferencias ontológicas entre los sexos diluían sus fronteras y aparecía hasta una relativa lógica biológica respecto de la homosexualidad, las diferencias sociológicas continuaron siendo binarias, impidiendo la igualdad de la mujer ante la ley y sus derechos políticos. Aparecieron *«el sexo opuesto»* y *«el sexo débil»*, resaltando esa construcción dicotómica de estereotipos:

- El hombre era genéricamente considerado inteligente, fuerte, valiente, determinado, agresivo y obstinado. Se esperaba que controlara la propiedad y a su esposa, a cambio de proveer sus necesidades materiales y las de sus hijos

- La mujer era genéricamente considerada débil, emotiva, pasiva, haragana y lujuriosa. Su rol era el de ama de casa e incubadora/cuidadora de niños.

Por ejemplo, un antecedente liberal como John Milton en su *Paraíso Perdido* pinta a Eva como vanidosa, vulnerable e intelectualmente inferior a Adán. Tiene un temperamento débil y la pone a la par de Satanás en su rebelión contra la jerarquía del orden preestablecido.

El lenguaje igualitario de derechos naturales e inherentes podría extenderse peligrosamente, según el punto de vista de esos «revolucionarios» tan conservadores. La nueva corriente igualitaria de pensamiento liberal con sus fundamentos biológicos provocó entonces resistencias políticas y sociales internas, al intentar extrapolarse a cuestiones de raza y de género. Se desmoronaba así el determinismo de la «gran cadena del ser», pero no en todos los frentes. El concepto de igualdad resultaba desestabilizante para un milenario orden social con inequidad de género. Se entendía que los derechos naturales debían estar acotados por las *«diferencias naturales»*. La mujer debía entonces ser definida cualitativamente distinta al hombre para mantenerla excluida del poder político. Rousseau, por ejemplo, en su *Emile* continuaba confinando a la mujer a sus roles de esposa y de madre.

Cuando el formidable manifiesto de la Ilustración, la Declaración de la Independencia de los EE. UU. de 1776, enunciaba que «... *todos los hombres son creados iguales y son dotados por su Creador de ciertos derechos inalienables, entre ellos la vida, la libertad y la búsqueda de la felicidad...»* se refería tácitamente a los masculinos caucásicos. Nadie sufría disonancias cognitivas respecto de la exclusión de los esclavos negros, de los indios … y de las mujeres.

Empero, algunas pensadoras comenzaron a cuestionar el determinismo de la *«gran cadena del ser»* también respecto de la mujer. Como las hermanas Beatrice e Isabella d'Este en al

Renacimiento italiano, las *salonnieres* de la clase alta ilustrada comenzaron a frecuentar y ser anfitrionas de salones literarios, cafés y sociedades de debate, y a escribir sobre y a tratar de hacerse oír en temas relacionados con la ideología, la religión, la justicia social y la sexualidad.

En complemento entonces con las mujeres revolucionarias radicales, hubo célebres *salonnieres* francesas de la clase alta como **Julie de Lespinasse, Louise d'Épinay, Anne-Louise Germaine Necker, Marie-Thérèse Rodet Geoffrin** y **Juliette Récamier**.

Mujeres revolucionarias

Lamentablemente, más allá de los debates iniciados por pensadores de la Ilustración sobre la igualdad y los derechos del hombre como Locke, Hume, Smith y Rousseau, y a pesar de las reconocidas capacidades intelectuales del Catalina de Rusia y de María Teresa de Austria, esos derechos no alcanzaron a la mujer. La Revolución no mejoró su situación sustancialmente y pasada esta, en la década siguiente el Código Napoleónico ratificó y mantuvo la subordinación femenina.

Hubo algunos intentos modestos. La Enciclopedia incluyó artículos de Louis de Jaucourt criticando los roles tradicionales de la mujer y su subordinación al hombre. Nicolas, marqués de Condorcet abogaba por que el derecho al sufragio les fuera extendido.

Activistas como **Pauline Léon, Claire Lacombe** y **Théroigne de Méricourt** fundaron la *Société des Citoyennes Républicaines Révolutionnaires*. Miles de mujeres marcharon a Versalles el 5 de octubre de 1789 y obligaron a Luis XVI y su familia a trasladarse a Paris. El énfasis no estaba en los derechos de la mujer sino en las consignas revolucionarias en general. En 1789 se presentó una *Pétition des Femmes* a la Asamblea, que ni siquiera fue discutida.

La radicalización de algunas mujeres revolucionarias asustó a sus mismos correligionarios y generó la reacción de las mujeres girondinas (aún católicas) y de las monárquicas; hubo batallas pugilísticas entre mujeres en las calles de Paris. Y comenzaron las violentas fricciones entre girondinos y jacobinos. Los jacobinos abolieron la *Société* y encarcelaron a sus líderes en 1793. Las girondinas **Marie-Jeanne Roland** y **Olympe de Gouges** fueron guillotinadas. La girondina **Charlotte Corday** asesinó en su bañera al gran orador propagandístico jacobino Jean-Paul Marat, y también fue guillotinada. Martirizado así Marat (e inmortalizado en un cuadro por David), el Terror se volvió aún más represivo.

Entre las monarquistas reconocemos a Mme. **Élizabeth-Louise Vigée Lebrun**, retratista profesional y amiga de María Antonieta. Logró huir del Terror. Vemos su autorretrato (Figura 47).

No tuvo igual suerte, **Jeanne Bécu (Madame du Barry)**, quien había sido la *maîtresse-en-titre* (favorita principal) de Luis XV. Era treinta y tres años menor que el rey, quien le dio el Petit Trianon (construido originalmente para Mme. Pompadour) como estancia. Retirada y rica, Jeanne ayudó financieramente a nobles que querían escapar de la Revolución. Acusada de traición, fue guillotinada.

Las proto-feministas

El feminismo es un fenómeno moderno, surgido como externalidad de la Ilustración. Inevitablemente quizá, la semilla de la igualdad germinó la del feminismo en Inglaterra a través

 de **Mary Wollstonecraft** (1759-97), autora en 1792 del fundacional *La Vindicación de los Derechos de la Mujer.*

Wollstonecraft (Figura 48) fue escritora, filósofa y proto-feminista. Escribió crónicas de viajes, libros infantiles, una historia de la Revolución francesa, y el citado libro seminal sobre los derechos de la mujer.

Esta escritora y activista argumentaba que los hombres y las mujeres eran seres igualmente racionales y que la mujer no era naturalmente inferior al hombre, sino que simplemente parecía serlo debido a la disparidad educativa entre ambos sexos. Ensalzaba también el derecho de la mujer al placer sexual.

Sufrió críticas y desprestigio; usaron para atacarla sus relaciones personales no convencionales. Considerándose liberada de cualquier yugo masculino tuvo varios amantes, incluyendo al pintor proto-surrealista Henri Füssli que era casado, el empresario y diplomático norteamericano Gilbert Imlay y el periodista y autor británico William Godwin, un pionero del anarquismo, por lo que fue difamada por asociación.

Se había casado por la Iglesia con Godwin en secreto para no escandalizar a los amigos progresistas de la pareja (Thomas Paine, William Wordsworth y William Blake, entre otros). Murió a los diez días de dar a luz a su segunda hija: Mary Shelley, la autora de *Frankenstein.*

Otras pensadoras y pioneras del feminismo británico fueron:

Mary Chudleigh (1656-1710) escribió *En Defensa de las Damas* y *Ensayos sobre Varios Temas*, donde recomendaba a las damas no casarse por dinero, estatus, interés o ambición.

Mary Astell (1666-1731) abogó por la igualdad de oportunidades educacionales. Publicó *Algunas Reflexiones sobre el Matrimonio* y *Propuesta Seria a las Damas para Avanzar en su Verdadero y Más Grande Interés*, con el pseudónimo «de una amante de su sexo».

Catherine Macaulay (1731-90) la primera historiadora política británica, republicana y anticlerical. Escribió *Cartas sobre Educación* abogando por la educación femenina.

Parece evidente, entonces, que el primer frente de batalla para liberar a la mujer era darle acceso a la misma educación que recibían los hombres.

Como dijimos, durante la Revolución francesa se ignoraron las demandas específicas a temas de género, pero surgió la semilla de lo que hoy se conoce como la *Primera Oleada* del feminismo francés, del cual formaron parte las ya mencionadas revolucionarias Pauline Léon, Clair Lacombe, Théroigine de Méricourt y Mary-Jeanne Roland. **Claude Dansart** fundó la *Société Fraternelle de l'un et l'autre Sexe.* Otras activistas famosas fueron:

Etta Palm d'Aëlders (1743-1799) fue una feminista holandesa muy notoria durante la Revolución Francesa. En la Convención Nacional de 1790 presentó su *Discurso sobre la Injusticia de las Leyes en Favor de los Hombres a Expensas de las Mujeres.* De regreso a Holanda, espiaba a los emigrados monárquicos.

Olympe de Gouges (1748-93) la militante girondina a quien ya mencionamos, fue autora teatral y activista por los derechos de la mujer y por la abolición de la esclavitud. Escribió la *Declaración de los Derechos de la Mujer y la Ciudadana* y desafió la autoridad masculina. El Terror «liberal» la guillotinó a los 45 años.

La moralidad sexual

Gracias a la liberalización del pensamiento que trajeron la Ilustración y su racionalismo, sobrevino el ingreso a la modernidad y, como efecto colateral, el regreso a cierta liberalidad sexual. El siglo XVIII fue el del cuerpo humano y el sexo. Mejoraron los conocimientos de anatomía y fisiología, lo que ayudó a reconstituir la sexualidad y la actividad sexual tanto heterosexual como homosexual, una hedonista liberalización de la libido. Volvieron el noble erotismo y su díscola hermanita bastarda, la pornografía.

Hubo también otro cambio de actitud hacia la relación entre fecundación y orgasmo. En la concepción aristotélica original las mujeres no producían la semilla y eran solamente «la maceta». Consecuentemente, la eyaculación femenina no era necesaria para la fecundación (lo que es médicamente correcto). En la Edad Media, en cambio, había dominado la teoría de Hipócrates y de Galeno de las dos semillas, y el orgasmo femenino se volvió también aparentemente necesario para la concepción, reconociéndose que el violento placer del orgasmo era común a ambos géneros. Tanto es así que, como mencionamos en esa época, si la mujer violada concebía, eso probaba que el sexo había sido consensual, porque obviamente «le había gustado».

El péndulo volvió a oscilar en el ilustrado siglo XVIII, y el orgasmo femenino fue otra vez devaluado por innecesario para la fecundación. La mujer fue tenida como sexualmente pasiva, capaz de amar emocionalmente, pero carente de necesidades sexuales; puro *ágape* y nada de *eros*.

En síntesis, el rol de la mujer era de víctima sexual y el del hombre, de victimario predatorio y sexualmente irresponsable. El sexo matrimonial se volvió casi exclusivamente penetrativo y vaginal, mecánico, desapasionado y destinado a la procreación. Era un derecho del marido y un deber de la esposa. La pasión quedó como consuelo de las pobres, como herramienta de seducción de las prostitutas y, en menor medida, de los homosexuales pasivos; ambos brindaban a los hombres el estímulo sensorial que no recibían en sus casas.

Como siempre, hubo excepciones. Carlos III de Borbón, aún príncipe heredero (22) en 1738 escribió a sus reales padres una curiosa carta relatando con admirable franqueza las hazañas sexuales de su noche de bodas con María Amalia de Sajonia (13) y de su vigorosa luna de miel. Relató con todo lujo de detalles explícitos que le costó un cuarto de hora «romper» a la niña (quien aún no había tenido su primer período) y de allí en más tener deliciosas relaciones con ella dos veces por día, cuidando con gran consideración de que ambos alcanzaran el orgasmo en simultáneo. La feliz pareja engendró 13 hijos (sobrevivieron 8). Carlos fue un esposo fiel y luego que muriera María Amalia los 35 años de tuberculosis, el monarca se mantuvo desconsolado, casto y no volvió a casarse.

Al contrario de la sexualidad no penetrativa (como la masturbación mutua) que comentamos en el capítulo anterior, el cambio notable ya hacia finales del siglo XVIII tras las revoluciones liberales fue un aumento notable del sexo penetrativo en las relaciones ilegítimas, no importando la clase social, pero con una incidencia notablemente mayor en Francia que en Inglaterra. Por ejemplo, en Paris ejercían unas cuarenta mil prostitutas (contra unas nueve mil en Londres), y el adulterio no creaba estigma alguno; al estilo renacentista florentino, manifestar celos al respecto era demostrar poca clase.

Tras la Revolución, se prohibió en Francia el matrimonio religioso y se legisló el divorcio por consentimiento mutuo en 1792. Florecieron entonces la promiscuidad, las enfermedades venéreas y los bastardos (44 mil en Francia en 1796). Un 24% de las novias se casaban visiblemente embarazadas. Abundaba la pornografía y Sade publicaba sus obscenas memorias; la pornografía era tan popular entre los adolescentes franceses, que hasta padres revolucionarios pugnaban por enviar a sus hijos a colegios religiosos. Napoleón debió restaurar algo de la disciplina moral, mejorando así su relación con la Iglesia (y más aún, al retornarle los bienes confiscados por la Revolución).

El más célebre libertino de la era en Inglaterra fue sir Francis Dashwood. Filántropo, noble y político británico, fue miembro de la Cámara de los Lores y *lord chancellor of the Exchequer* (ministro de finanzas). Fundó el *Hellfire Club*, donde la élite anglosajona practicaba el hedonismo, incluyendo orgías y hasta misas negras. Notemos que el abierto libertinaje extremo en la vida privada no interfería con la percepción de eficacia en la función pública.

Hubo célebres *ménages à trois* como el de William Cavendish, duque de Devonshire con su esposa lady Georgiana Cavendish y la mejor amiga de esta, lady Isabel Foster. Otro, el del almirante Horatio Nelson con lord y lady Hamilton. La variante no estaba circunscripta a Inglaterra. En Suecia se armó el del rey Gustavo III, su esposa Sofía Magdalena de Dinamarca y el barón Melchett, quien era el activo con ambos. Gracias a su generosa colaboración, pudo ser concebido el futuro Gustavo IV (otro ejemplo *low-tech* de fecundación asistida). En Alemania fue notorio el de la intelectual Dorothea von Rodde-Schlözer con su marido Matthäus Rodde y el filósofo francés Charles de Villers.

Dada la más acentuada dicotomía hombre-mujer, hasta el comportamiento homosexual (una constante biológica relativamente inmune a las presiones sociales; solamente se externaliza más o menos) experimentó cambios de conducta. De tener tres tipos de cuerpo (masculino, femenino y hermafrodita) y dos géneros (masculino y femenino), se migró conceptualmente a dos cuerpos (masculino y femenino) y tres géneros (masculino, femenino y «sodomita»).

La homosexualidad solapada era casi endémica en Inglaterra. Los «sodomitas» eran mayormente pasivos y acentuadamente afeminados. Se llamaban genéricamente *«molly»*. Durante 1724-26 funcionó la *Molly House*, un prostíbulo gay en el barrio Holborn de Londres. Como la homosexualidad era ilegal, los establecimientos de este tipo sufrían frecuentes redadas policiales. Se organizaban también en secreto ceremonias nupciales entre caballeros y sus *mollies* travestidas, un antecedente de nuestro «matrimonio gay».

El retorno a los clásicos llevó también a emular el modelo de la *agogé* (educación para varones) espartana. En los colegios secundarios *«public»* (en realidad privados y de elite) británicos, los menores eran regularmente sometidos por los alumnos mayores, sus superiores jerárquicos o por sus maestros o tutores. La carrera de oficial de la *Royal Navy* comenzaba como grumete apenas adolescente, en un barco lleno de hombres alejados de las mujeres por semanas o meses. Pero, como en Esparta, esa práctica pasiva debía acabar al alcanzar la madurez y la edad de ser oficiales y constituir una familia propia.

En Francia, en cambio, la homosexualidad era severamente penalizada, pero solamente en las clases bajas. El lesbianismo, en contraste, al no ser técnicamente ilegal no era punido. Sin embargo, era inusual que una mujer usara ropa masculina para seducir a otra mujer.

Vale la mención que en los EE. UU. se aprobó en 1803 la primera ley secular contra el aborto. El objetivo no era tanto para proteger a los nonatos como para evitar que abortaran las esclavas, porque dañaban la propiedad privada de sus amos. Ese mismo año se aprobó una ley contra el aborto en el Reino Unido (esta con motivos más racionales) como parte de una ley contra los asesinatos por disparo o puñalada, imponiendo como pena la muerte o el exilio a Australia. El Código Napoleónico de 1810 penaba el aborto con prisión.

Espiando a la sexualidad por la mirilla del arte

Vista desde nuestra cómoda perspectiva de *voyeurs,* es evidente el regreso a la sensualidad en esa era. En Francia, abandonando el pesimismo y el tenebrismo del Barroco, el Rococó fue un estilo secular mundano que trataba de reflejar solamente lo agradable, idílico, frívolo, exótico, opulento y refinado. No eludía el erotismo.

La apoteosis del Rococó como expresión del amor libre y

el erotismo fue alcanzada por las gráficas esculturas de Claude Michel «Clodion» como su *Ninfa y Sátiro* (Figura 49).

Tras la Revolución volvió algo de sobriedad burguesa, y la sensualidad se volvió menos explícita y más sugestiva, como podemos apreciar en el retrato de la *salonniere* **Mme. Juliette Récamier**, por Gérard (Figura 50). Es una belleza clásica francesa y emana una sensualidad sutil, desde la mirada, pasando por el hombro descubierto, el lenguaje corporal de entrega de sus brazos, hasta los delicados pies desnudos.

Mientras tanto, en Inglaterra, sin llegar al erotismo explícito, se celebraba la libertad sexual de algunas mujeres famosas.

George Romney usó a **lady Hamilton** (Figura 51) como su musa y modelo hasta la obsesión; la pintó sesenta veces. Nacida en la pobreza como Amy Lyon, trabajó de mucama. Luego, con el *nom de guerre* (seudónimo) Emma Hart fue bailarina exótica (desnuda sobre la mesa del comedor, en fiestas de caballeros), modelo de arte, y meretriz.

Acabó siendo la esposa de lord William Hamilton; viajaron a Europa para tapar un escándalo (un embarazo no deseado por sir Harry Fetherstonhaugh, o por Charles Greville, sobrino de Hamilton).

En Nápoles se incorporó en un *ménage à trois* el almirante lord Nelson, quien le dio dos hijos más porque lord Hamilton era estéril. Como en muchos otros casos, ser cantante o actriz famosa, hasta en el caso extremo de Emma Hart, era el boleto de entrada para ser ascendida a la nobleza por vía matrimonial.

Mientras tanto, en pleno Romanticismo alemán Philipp Runge pintó *Nosotros Tres* (Figura 52), que muestra al artista con su esposa Pauline y su hermano Daniel. Los tres nos miran intensamente. Si bien Pauline abraza a su marido, este en pose defensiva no le corresponde, y la otra mano de Pauline se

entrelaza con la de su cuñado, sugiriendo un triángulo amoroso. ¿Por qué los pinta así Philipp? ¿Aprueba, o acusa?

*

La «igualdad» de la Revolución francesa nunca permeó a la de género. En las clases altas de la Europa previctoriana, especialmente en Inglaterra y Francia, reinaban la frivolidad y la farándula artística, pero las mujeres de las clases media y baja seguían sometidas.

Con la revolución industrial y la ascensión al trono de la reina Victoria, y gracias quizá a su consorte alemán Alberto, se impondría un nuevo y estricto código social de conducta que sacaría a Inglaterra de la «degradación moral» bajo el reino de varios de sus divertidos antepasados Hannover. La nueva era daría su idiosincrasia al Imperio británico, incluyendo un barniz de modestia sexual no exenta de hipocresía. Pero pese a consagrar a una poderosa reina, la condición de la mujer fue entonces de mal en peor.

13. De Industrial a Victoriana

> *«El matrimonio no es un divertimento sino un acto solemne y, generalmente, uno triste»*
>
> Reina Victoria

Dos grandes cambios afectaron al siglo XIX: uno social, provocado por las sombrías externalidades colaterales de la revolución industrial y la alienación de la vida industrial-urbana, y uno político, causado por las recurrentes guerras y el fracaso de las revoluciones burguesas liberales de 1820, 1830 y 1848.

El cambio social fue secuela de la primera revolución industrial, un producto de la Ilustración y de la revolución científica. Comenzó en Inglaterra en la segunda mitad del siglo XVIII, extendiéndose a Bélgica, Alemania, Francia y los EE. UU. y concluyendo hacia 1840.

La revolución industrial

La primera revolución industrial fue la mayor transformación tecnológica, económica y social desde que nos volvimos agricultores sedentarios en el Neolítico. El ser humano conquistó finalmente el planeta entero, pasando de una economía mayormente rural y agraria, a una mayormente urbana, industrializada y mecanizada.

Desafectados de la agricultura por la mecanización y la consolidación en latifundios, los campesinos pobres migraron a las ciudades para trabajar en las fábricas, conformando una nueva clase social, el *proletariado*. El progreso social no siguió el paso del progreso industrial y el proletariado fue explotado por la burguesía dueña de los nuevos medios de producción. Esa alta burguesía vio crecer su poder en detrimento del de la nobleza; la aristocracia terrateniente estaba siendo reemplazada en el poder económico y político por la plutocracia industrial, comercial y banquera[44].

---

[44] El liberalismo ideológico había terminado con los gremios exclusivos de artesanos por obstaculizar la libre competencia laboral. El incipiente sindicalismo fabril era resistido y reprimido por igual motivo. La competencia de mano de obra disponible hacía entonces que los salarios fueran ínfimos (con suerte a nivel de subsistencia) y la explotación, inhumana.

Las mujeres recibían la mitad del jornal de un hombre y los niños y niñas, un décimo. En Inglaterra el trabajo infantil tenía un significativo peso económico. A principios del siglo XIX trabajaba un millón de niños (conformando el 15% de la fuerza laboral), de los cuales 350 mil tenían 10 años o menos de edad. En 1789 en la textil Cromford del pionero industrial Richard Arkwright, dos tercios de los 1.150 trabajadores eran niños. Los niños también trabajaban en minas y en fábricas textiles entre 12-14 horas diarias, seis días por semana, con paradas cortas para almorzar y cenar (Figuras 53 y 54). Si se quedaban dormidos por extenuación, o no se esforzaban lo suficiente por mejorar su productividad, les gritaban y los azotaban. Las niñas y también los niños podían ser abusados sexualmente.

Obviamente, no recibían educación alguna.

Las minas y las fábricas carecían de las más elementales normas de seguridad y los accidentes fatales o incapacitantes (y económicamente calamitosos) eran habituales. Para limpiar chimeneas o para empujar carros en minas usaban niños de ambos sexos de 4-7 años para que cupieran dentro de las galerías más chicas. Respiraban polvo de carbón y gases tóxicos, desarrollando tuberculosis, silicosis, daño cerebral y cáncer de

El cambio político fue consecuencia también de las tensiones entre la nobleza, la nueva plutocracia industrial empoderada como alta burguesía, la creciente clase media, el proletariado y el campesinado, conscientes estos dos últimos de las injusticias a las que eran sometidos y despertando políticamente en consecuencia.

Los experimentos de monarquías liberales constitucionales y cuasi democráticas y sus espasmos revolucionarios, paradójicamente terminaron con un reverdecer del autoritarismo monárquico conservador en Francia (Napoleón III), Alemania (Bismark), Austria (Metternich) y Rusia (Nicolás I y Alejandro III). En cambio, en Gran Bretaña se consolidó la monarquía constitucional y en los EE. UU., su república.

Por la *ley de las consecuencias no intencionales*, las acentuadas diferencias económicas generaron epifanías y tensiones que originaron nuevas ideologías políticas contrarias al capitalismo liberal, como la Doctrina Social de la Iglesia y el marxismo, canalizado por la vía del sindicalismo, el socialismo, el comunismo y el anarquismo.

Imperio y era victoriana

Veamos el contexto británico. Fue una época de desarrollo tecnológico e industrial, y de una de gran expansión militar imperial, pero también de grandes paradojas y contradicciones.

Empecemos por lo positivo. Es indudable el éxito de su imperio, que llegó a ser el más grande de la historia al ocupar la cuarta parte de la masa terrestre, *«donde nunca se pone el sol»*. Eso se logró mediante su supremacía naval mercante y militar.

---

pulmón o de huesos. El peso excesivo que debían llevar en las minas les provocaba deformidades físicas.

Domésticamente, el Reino Unido fue evolucionando gradualmente de monarquía parlamentaria a democrática. Antes de 1832 podían votar solamente los terratenientes (menos del 3% de la población). Nadie tenía derecho al voto en las populosas ciudades industriales como Leeds, Birmingham y Manchester, mientras que dos distritos electorales prácticamente deshabitados mandaban dos representantes (conservadores) cada uno a la Cámara de los Comunes. Como se especificaba «personas propietarias», *algunas mujeres ricas (muy pocas) podían votar.* En la reforma de 1832 se corrigió la corrupción electoral de los Comunes (compra de votos, distritos electorales casi deshabitados con bancas, etc.), se instaló el voto secreto y universal, *pero se excluyó explícitamente a las mujeres* reemplazando en el texto «personas» por «*personas masculinas*». Se extendió la franquicia de acceso al Parlamento primero a los católicos, luego a los judíos y por último a los ateos (*pero tampoco a las mujeres*). Todos los cambios fueron pacíficos, sin las revoluciones y los violentos disturbios que asolaron regularmente al continente a lo largo del siglo XIX, sobre todo a Francia.

Ahora veamos lo aún más cuestionable. La revolución industrial generó una inmensa riqueza, pero a costas del proletariado y multiplicando la brecha entre ricos y pobres. En la era victoriana inglesa se acentuaron el esnobismo y la estricta estratificación de clase (como tan bien lo ilustraron en la serie *Downton Abbey*). Eso provocó inmovilidad social, hasta la paradoja que la aristocracia despreciaba a los mismos industriales y comerciantes que habían fraguado ese milagro económico. Los aristócratas veían con malos ojos a la «gente de trabajo», incluyendo también a los profesionales burgueses de las leyes, la medicina y la ingeniería.

Los hijos varones mayores, herederos únicos de los títulos y los bienes de la aristocracia, se dedicaban a «supervisar» (ni siquiera ejercer) la administración de las rentas de sus campos; los menores, a ser oficiales del ejército o de la marina, parlamentarios o clérigos anglicanos (podían así vivir cómodamente del diezmo, sin esforzarse demasiado). Al contrario de los EE. UU., más igualitarios por diseño, el hijo del emprendedor industrial británico no quería trabajar en la empresa de su padre, heredarla y así conservarla en la familia. El dinero de su padre le abría posibilidades educativas en Eaton, Harrow o Rugby, y luego en Oxford o Cambridge, donde se codeaba con los aristócratas y aprendía que seguir los pasos de su padre no permitiría su ascenso social. Mejor era vender la fábrica, volverse terrateniente (*landed gentry,* un escalón por debajo del noble) y vivir de rentas «como la gente respetable». Valdría la pena mencionar que esa cultura de aristocracia agraria se trasplantó a las pampas argentinas de la *belle époque.*

Era más noble el ocio creativo de quien vive de rentas que el trabajo pago, mejor ser *amateur* que *professional* (palabra que tenía un sentido hasta peyorativo), mejor dedicarse a un tema por interés intelectual como un caballero que por retribución monetaria para acumular más riqueza o, peor, ganarse la vida (como yo con este libro, pareciera que soy todo un *gentleman*).

Tras el desmadre de sus antepasados Hannover, la reina Victoria impuso una nueva moral social, quizá por influencia del correctísimo Albert, y su idealizado ejemplo cundió por Occidente. Pero en gran medida, resultó ser una hipócrita pátina de mojigatería en apariencia. Esa civilidad cristiana exaltada de superioridad británica racista convivía con el cinismo utilitario y el pragmatismo moral más implacables.

Como trágico ejemplo, en las Guerras del Opio contra China se usó brutalmente la fuerza militar para que el gobierno chino *«se abriera al libre comercio».* En realidad, era para que no impidiera la venta de opio de la India traficado por los británicos a la población china (un excelente mercado de adictos, por lo numerosa), para equilibrar así la balanza comercial de sus compras de seda y té.

Otra mancha fue no querer intervenir a tiempo en la hambruna de la papa en Irlanda, su colonia más antigua. Por dogmatismo ideológico (*laissez faire*), negligencia, parsimonia gubernamental y discriminación religiosa, hubo más de un millón de muertos por inanición y casi dos millones de emigrantes.

Paradójicamente, pese a su origen ideológico liberal (el libre comercio estaría implícito), el Imperio se volvió conservador, sufrió una regresión al mercantilismo y reguló el comercio con, de y entre sus colonias con un proteccionismo extremo. Eso impidió la competencia y la necesidad de innovación en las fábricas británicas. Se quedaron estancadas en sus tempranos logros tecnológicos de la revolución industrial previos a 1840 (como observara azorado el norteamericano Carnegie), gradualmente perdiendo de allí en más terreno y competitividad frente a los emergentes EE. UU. y Alemania. Al margen, dicho proteccionismo impidió que Irlanda pudiera importar alimentos más baratos para mitigar el hambre, agravando su situación.

Es cierto que los británicos dejaron atrás en sus colonias una buena infraestructura civil y una efectiva cultura burocrática. No obstante, otras manchas en la historia colonial británica durante la era victoriana fueron las masacres indiscriminadas para aplastar rebeliones en la India, y también las de los bóeres (descendientes de colonos holandeses) y las de los belicosos zulúes en Sudáfrica. Las medidas represivas eran ejemplificadoras y brutales, de auténtico *terrorismo de Estado*. Contra los bóeres los ingleses inventaron en los albores del siglo XX (1899-1902) el campo de concentración para civiles incluyendo mujeres y niños (causando la muerte de 25% de los prisioneros, incluyendo la mayoría de los niños), metodología de triste protagonismo pocas décadas más tarde en los EE. UU.

(usado preventivamente contra civiles de la etnia japonesa) y en Alemania (para exterminio a escala industrial de judíos y de opositores). Otra mancha, fue la aniquilación total de la población aborigen de Tasmania durante la Guerra Negra, un auténtico genocidio.

Característico del *zeitgeist* (espíritu de la época) de los británicos, Rudyard Kipling sostenía que la obligación del anglosajón, por ser de *«una raza y cultura evidentemente superiores»*, era civilizar a *«pueblos inferiores»* que no lo lograrían por sí mismos. Lo escribió en un poema titulado *The White Man's Burden* (La Carga del Hombre Blanco). El pueblo anglosajón era *el pueblo elegido* (por Dios, o por selección natural darwiniana si uno era irreligioso) para dominar el mundo; era su *destino manifiesto*. Es decir, detrás del imperialismo habría quizás un móvil idealista, torcidamente cristiano, filantrópico y moralizante, un mito energizante obviamente no exento de jingoísmo (patrioterismo y nacionalismo militarista y expansionista), de racismo y de *hybris*, conviviendo con el móvil de dominio y explotación.

La inmoralidad sexual solapada, el utilitarismo doméstico e imperial más despiadado y la brutalidad colonial, son evidencias de la hipócrita duplicidad de la tan mentada moral victoriana, la de esos caballeros cristianos, civilizados, cultos, elegantes y de refinados modales. Claro que no fueron los únicos «cristianos» occidentales que actuaron brutalmente: se destacaron también tristemente en eso españoles, portugueses, franceses, belgas (quizá los más crueles bajo Leopoldo II, primo hermano de Victoria), holandeses, alemanes, italianos, estadounidenses... Le preguntaron a Gandhi qué opinaba de nuestra civilización occidental. Agudamente respondió: *«Creo que sería una buena idea»*.

La situación de la mujer

Habíamos visto ya que el humanismo y su hijo el Renacimiento, no habían mejorado en nada la condición de la mujer respecto de la Edad Media. Aunque dijimos que la semilla de la igualdad sembrada por la Ilustración fue un germen también del feminismo en Inglaterra y en Francia, lo cierto es que con su hija la revolución industrial, la condición de la mujer tampoco mejoró factualmente respecto de la Edad Media y del Renacimiento. Es más, la condición de la mujer empeoró durante la era victoriana. En Inglaterra, por ejemplo, la única mujer emancipada era la reina; el resto debía estar legalmente subordinada a un hombre.

Las damas eran educadas para la administración de un hogar complejo con mucha servidumbre y socializadas para ser sumisas con sus maridos. Se mentalizaba a la mujer para considerarse constitucionalmente inferior al hombre física, mental y emocionalmente, ideología pregonada desde los púlpitos por estar apoyada indiscutiblemente en las Escrituras y en las tradiciones eclesiales.

Los cerebros médicos de la época sostenían, por ejemplo, que el estudio terciario, el trabajo o el deporte, provocaban en la mujer «esterilidad, histeria, y pérdida de la inocencia». Con similar rigor científico, en el *British Medical Journal* de 1878, un egregio miembro de la *British Medical Association* sostenía: «*Es un hecho indisputable que la carne se pudre si la toca una mujer que está menstruando*».

Las publicaciones para mujeres (escritas por mujeres) reforzaban esos paradigmas de culto a la feminidad: «*En cualquier situación en que la vida coloca a una mujer desde su cuna hasta su tumba, se requiere de ella espíritu de obediencia y sumisión, blandura de temperamento y humildad de mente*» (*The Young Lady's Book*); «*Una esposa debe ocuparse solamente de los temas domésticos... espera a que tu marido te* comunique los temas que le preocupan a él… no le des tu consejo a menos que te lo pida» (*Lady's Token*). Es evidente que ser independiente y tener opiniones propias era considerado poco femenino, tanto por los hombres como por la mayoría de las mujeres. Paradójicamente, la misma reina Victoria, pese a su arrolladora personalidad, aparentemente vigorosa sexualidad e indudable capacidad en el desempeño de sus funciones, se oponía terminantemente a que las mujeres pudieran votar, precisamente por compartir ese paradigma de inferioridad de género.

La experiencia de ser mujer inglesa variaba con la clase social. Las *aristócratas* al llegar a edad (18 años) eran presentadas formalmente a la Reina. Las que ya ostentaban un título nobiliario suficiente la besaban en la mejilla, mientras que el resto le besaba la mano. Así comenzaba la *London Season* (la temporada social londinense) en que las *debutantes* frecuentaban una serie de bailes de gala bien chaperonados, donde tenían oportunidades de elegir o ser elegidas para cumplir su única aspiración en la vida: casarse. Usualmente, la hija menor estaba destinada a acompañar y cuidar a sus padres en su vejez, por lo que se la privaba de casarse y formar una familia.

En esta época el matrimonio comenzó a invadir la esfera emocional y romántica. Aunque había oportunidad para el enamoramiento, primaba también el sentido práctico de complementar fortuna con posición social.

Al casarse, el hombre se hacía dueño absoluto de los bienes de la mujer. Eran comunes entonces los matrimonios por conveniencia: las herederas ricas recibían muchas propuestas matrimoniales y el rico industrial o comerciante deseaba de yerno al hijo de algún aristócrata empobrecido, intercambiando riqueza por ascenso social y título nobiliario para su hija y eventuales nietos, a lo Brontë. Por ejemplo, la madre de sir Winston Churchill fue Jennie Jerome, una rica y bella norteamericana de Nueva York, y su padre un lord descendiente de los duques de Malborough, pero venido a menos.

El derecho de propiedad del hombre sobre los bienes de su esposa se extendía a su persona. Podía violarla (sexo no consentido) y ejercer violencia física contra ella, siempre que no la matara. El divorcio era excepcional salvo en caso de adulterio femenino, solo para la clase alta, y hasta 1857 era bajo jurisdicción eclesiástica; se analizaba caso por caso y requería un acta parlamentaria posterior.

La legalización del divorcio se logró finalmente, a pesar de una petición en su contra firmada por diez mil clérigos. Persistía obviamente el doble standard. El adulterio femenino era causal automática de divorcio, pero el masculino era per se causa insuficiente; debía ser acompañado de incesto, crueldad, bigamia o abandono.

Al igual que los varones de su clase social, las mujeres aristocráticas no debían trabajar, aunque hubo excepciones, como la misma reina Victoria y Florence Nightingale. Las solteronas de familias aristocráticas venidas a menos y que necesitaban tener un ingreso, podían al menos trabajar de institutrices en casas de otros aristócratas. Como eran de la misma clase, solían vivir en el mismo piso y compartían la mesa con sus empleadores, no con la servidumbre.

Las *mujeres de la clase media* que habían recibido alguna educación y querían o no tenían más remedio que trabajar, podían hacerlo de enfermeras, maestras, secretarias, bibliotecarias o, si eran de clase media-baja, de dependientes de tienda. Algunas se dedicaron a ser escritoras o artistas, como las que enseguida mencionaremos. Otras lucharon gallardamente contra esos prejuicios para ser aceptadas en universidades y estudiar medicina o leyes. Al estudiar o trabajar se volvían independientes y perdían valor en el mercado matrimonial por considerarse menos sumisas.

Las educadas y más bellas podían también aspirar a convertirse en amantes fijas (*kept woman*, mantenida) y ser muy bien «cuidadas» por un generoso caballero. Ser bailarina, cantante o actriz, brindaba una buena oportunidad al respecto.

Las *mujeres de la clase baja* llevaban en general una vida miserable. Las que trabajaban dentro de las galerías de las minas lo hacían semidesnudas a la par de los hombres para soportar el calor (Figura 55). Las que trabajaban en la superficie debían palear carbón y acarrear peso. Las que trabajaban en fábricas eran algo más afortunadas, pero compartían con los hombres un sistema extenuante, opresivo, insalubre y peligroso. Por ejemplo, las que fabricaban fósforos sufrían de necrosis de huesos y deformaciones. Todas trabajaban entre 12-14 horas diarias, seis días por semana, recibían la mitad del jornal de un hombre (la décima parte si eran aún niñas), y estaban expuestas al abuso físico y sexual en su ambiente laboral.

Los domingos había poca iglesia y mucho alcohol y promiscuidad, las válvulas de escape de una vida muy desgraciada. El celo de los predicadores evangelistas por mejorar las condiciones de vida de las mineras y obreras era motivado mayormente por su preocupación por su salud espiritual, y no por las condiciones laborales o de salud física per se.

Otras chicas urbanas trabajaban de lavanderas. Iban a buscar la ropa a las casas de sus clientes, buscaban baldes de agua, calentaban el agua si podían, blanqueaban y lavaban a mano con jabones abrasivos, escurrían la ropa, la tendían, almidonaban y planchaban a carbón, y entregaban a domicilio; todo por monedas.

Los sirvientes ocupaban el escalafón más afortunado de la clase baja. La cantidad de sirvientes era indicativa de la calidad social de los hogares de la clase alta y media-alta. En un hogar pudiente tenían mayordomo y ama de llaves (quienes ejercían funciones gerenciales), cochero, niñeras, valet para cada varón adulto, doncellas para cada mujer de la casa, lacayos, otras mucamas en varias funciones (una encargada de encender chimeneas, por ejemplo), cocineras y sus ayudantes.

Había más de un millón de mujeres trabajando de empleadas domésticas. Las niñas comenzaban su empleo a entre los 10 y los 13 años, tras recibir una módica alfabetización. No les estaba permitido tener novio, por lo que la única oportunidad de flirteo era recibir en la puerta de servicio a los jóvenes repartidores que venían al domicilio. Eran desalentadas de visitar a sus familias, que usualmente vivían lejos. Normalmente se empleaba a chicas de la misma denominación religiosa que sus patrones y se les obligaba a ir a la iglesia los domingos con ellos, pero, muy cristianamente, debían ubicarse en su sector segregado del templo.

Era un trabajo muy duro. Debían fregar pisos, lustrar la platería, lavar la ropa, encender fuegos y subir y bajar varios pisos por las escaleras llevando peso (bolsas de carbón para las chimeneas, baldes de agua caliente para los baños, etc.). Eran comunes los daños a espaldas y a rodillas, y las quemaduras.

Vivían sin embargo en condiciones habitacionales apropiadas y estaban bien alimentadas. Como les daban casa y comida (una oferta muy atractiva para la época), no recibían más salario que un puñado de libras en todo el año.

Como eran tantos los sirvientes, frecuentemente no se los llamaba por su nombre de pila sino por su apellido, o por el apodo genérico usual para su función específica en la casa; perdían hasta su identidad. No se les toleraba familiaridad alguna con sus patrones, ni tampoco con sus superiores en la también estratificada jerarquía del servicio.

El permanente tema de moda en las tertulias de las damas era quejarse de sus sirvientes; temían que les robaran, por ejemplo. Una prueba, sugerida en un libro de consejos para señoras dueñas de casa, era poner unas monedas bajo la alfombra; si las chicas las recogían y no las entregaban eran ladronas; si no las encontraban, era porque no limpiaban. En ambos casos las despedían.

Las sirvientas eran azotadas correctivamente y eran vulnerables a los avances sexuales de sus colegas masculinos, del patrón, o de sus hormonales varoncitos adolescentes. Si quedaban embarazadas, eran sumariamente despedidas y abandonadas a su suerte. Ser despedida sin una carta de recomendación muy favorable la inhabilitaba para conseguir otro trabajo similar, cayendo probablemente sin otro remedio en la prostitución o en el crimen.

Mujeres de la era victoriana

Claro que hablamos de «era victoriana» por la marca indeleble de la competente monarca inglesa. **Victoria Hannover** (Figura 56) ascendió al trono a los 18 años en 1837, tras morir sin descendencia su tío William IV y no tener primos varones Hannover vivos (legítimos). Tuvo conflictos con su sobreprotectora madre y su «asesor» (amante), que pretendían manipularla, para al fin lograr emanciparse y ejercer su autoridad.

A los 21 años se casó muy enamorada con su primo hermano por el lado materno, Albert von Saxe-Coburg-Gotha (de un principado menor alemán, entre muchos). Albert era guapo, galante, honorable, leal, trabajador, equilibrado, metódico, sobrio y frugal. Puso orden en la caótica y muy dispendiosa administración de la casa real y, pese a ser alemán, por su demostrada capacidad y lealtad fue eventualmente

aceptado en el pequeño e íntimo círculo político que rodeaba a la reina, el *Privy Council*. Ayudó quizá que además fuera un eximio jinete, tirador y esgrimista, como todo buen príncipe.

Victoria y Albert trabajaban en equipo compartiendo la oficina, escritorio contra escritorio. Es decir, detrás de una gran reina hubo un sólido príncipe consorte y también sobresalientes primeros ministros (Melbourne, Peel, Disraeli y Gladstone). Tuvieron un matrimonio aparentemente apasionado y feliz que produjo nueve hijos, y parece ser que fueron mutuamente fieles.

La muerte prematura de Albert deprimió profundamente a Victoria (nunca se sacó el luto, desde los 42 años hasta su propia muerte a los 81, y llenó Londres de memoriales dedicados a Albert). Sin embargo, buscó consuelo emocional y físico en su sirviente escocés John Brown (las malas lenguas, incluyendo sus propias hijas, llamaban a la reina de *«Mrs. Brown»*).

Muerto Brown y nuevamente devastada, aparentemente también tuvo una relación (platónica o maternal, improbablemente sexual) con su sirviente urdu Abdul Karim *«el Munshi»*, más de cuatro décadas menor que ella y con quien pasaba mucho tiempo a solas. Quizá por ser de tez oscura y musulmán, despertaba celos y prejuicios racistas en la corte. Al morir Victoria, Abdul fue pensionado y repatriado a la India, y la correspondencia entre ambos fue quemada personalmente por el hijo mayor de Victoria.

Fue enterrada vestida de blanco y con su velo de novia. El médico y sus asistentes colocaron dentro del ataúd una prenda de cama de Albert a un lado, y una foto y un rizo de los cabellos de John Brown en su otra mano, disimulados bajo un ramito de flores. Esas sensibilidades amorosas, más que ilustrar la dualidad de la moral victoriana, demostrarían en este caso la humanidad de una reina quizás idolatrada por sus súbditos. Esos rumores fueron, irónicamente, la inspiración de la marca de la sensual lencería de *Victoria's Secret*.

El reinado de sesenta y tres años de Victoria trajo estabilidad y reconstituyó el prestigio de la monarquía, tan empañado por sus antecesores Hannover. No casualmente, el Reino Unido continuó siendo monárquico (y sigue así) mientras que la mayor parte de Europa se volvía republicana.

Otra mujer trabajadora fue **Florence Nightingale** (1820-1910), enfermera, escritora y educadora. Británica nacida en Florencia de una familia de clase alta, a los 24 años sintió un *«llamado de Dios»* a dedicarse a la enfermería, un desafío al ideal de la era, que era ser esposa y madre. Sufrió fuertes

presiones de su madre y de su hermana para que desistiera de su rebeldía. Hasta rechazó una oferta matrimonial para no distraerse de su cometido.

Florence (Figura 57) entendía que su liberación empezaba por la educación y seguía por el trabajo, y con su fuerza de carácter logró que sus padres le permitieran hacerlo. Su hermana mayor Parthenope, frustrada por su falta de oportunidades y celosa del éxito de su hermana, se convirtió en una «histérica crónica».

Desde estudiante, Florence se destacó en matemáticas y en estadística aplicada a la epidemiología, por lo que fue admitida a la *Royal Statistical Society*. Durante la Guerra de Crimea (1853-56) llevó treinta y ocho voluntarias al escenario bélico y revolucionó las condiciones sanitarias y el tratamiento de los heridos, brindando igual atención a soldados rasos que a oficiales. Gracias a sus esfuerzos disminuyó notablemente la mortalidad.

A su regreso fundó en 1860 la primera escuela de enfermería profesional. Fue condecorada por la reina Victoria, e inspiró la creación de la Cruz Roja en Ginebra. Quienes hoy se gradúan de enfermeros universitarios hacen el Juramento Nightingale, similar en espíritu al hipocrático.

Otras mujeres lograron celebridad, a veces póstuma, dedicándose a las letras. La hija de Mary Wollstonecraft fue, como, dijimos **Mary Shelley**, una figura del Romanticismo. Su novela gótica *Frankenstein* tuvo éxito editorial pese a que los críticos no aprobaban su mensaje político. Fue la primera obra moderna de ciencia ficción y era una metáfora del Prometeo contemporáneo, el conflicto entre humanidad y naturaleza, y de los horrores de la fase temprana de la revolución industrial. A su muerte era recordada como «la esposa de Percy Bysshe Shelley» (poeta romántico y filósofo) o «la hija de William Godwin y Mary Wollstonecraft».

Elizabeth Barrett Browning es considerada la más grande poeta inglesa. Fue una activista en favor de la abolición de la esclavitud y del trabajo infantil. Fue una entusiasta defensora de Mary Wollstonecraft, y se convirtió en una pensadora y escritora referente del pensamiento feminista.

Ada Lovelace, hija de Lord Byron, fue matemática, informática y escritora. Creó el primer algoritmo a ser procesado por una máquina, la «analítica» de Charles Babbage, por lo que es considerada la primera persona programadora de computadoras.

Mary Ann Evans publicaba bajo el seudónimo **George Eliot**. Escribió *Middlemarch* y otras seis novelas destacadas por su realismo y su profundidad psicológica. Publicaba como hombre para ser tomada en serio, y para evitar el escándalo por su relación con el filósofo y crítico literario George Henry Lewes, quien era casado.

Las precoces hermanas **Charlotte**, **Emily** y **Anne Brontë** se enfocaron en escribir poemas y novelas de temática femenina tradicional, al estilo costumbrista de **Jane Austen** (*Sensatez y Sentimientos, Orgullo y Prejuicio, Emma* - publicadas anónimamente casi dos generaciones antes). Las Brontë publicaron bajo pseudónimos masculinos obras que se han vuelto clásicos de la literatura inglesa, como *Jane Eyre* y *Cumbres Borrascosas*. Haciendo eco se la disonancia social de la época, la temática trataba frecuentemente sobre quién se casaba con quién, sus diferencias de clase y fortuna, si era o no moral el intercambio de dinero por posición social, y cuál era el rol del amor verdadero. Esa temática literaria da indicios de las pautas sociales y de la condición de la mujer de la época. Sin embargo, enlazado al melodrama hay sutil comentario social sobre la religión y sobre la condición de la mujer[45].

Mientras tanto, en los Estados Unidos. **Louisa May Alcott** (1832-88) fue abolicionista, sufragista e hija de padres sufragistas. Publicó *Mujercitas*, donde sutilmente subvertía las enseñanzas patriarcales. Bajo el seudónimo A. M. Barnard, escribió también una serie de novelas en las que tocaba temas tabúes como el adulterio y el incesto.

---

[45] En *Jane Eyre*, por ejemplo, Jane rechaza la oferta matrimonial de Rochester cuando él es la figura dominante, pero decide casarse con él cuando está ciego y dependiente.

Emily Dickinson (1830-86) fue una apasionada poeta que comparte ese panteón en los EE. UU. con Edgar Allan Poe, Ralph Waldo Emerson y Walt Whitman. Recluida (muy tímida y restringida socialmente por su familia) y perenne soltera, tuvo una amistad «profunda y confidente» con su cuñada Susan Huntington. Su poesía poco convencional, innovadora, desinhibida y hasta subversiva, es considerada una temprana voz feminista.

Teresa Carreño (1853-1917) fue una pianista, cantante y compositora venezolana de renombre mundial, a pesar de lo inusual que era que una mujer de su época se dedicara profesionalmente al arte musical. Dio su primer concierto en el Irving de Nueva York a los nueve años, y más tarde tocó en la Casa Blanca para Abraham Lincoln. Con sus cuatro matrimonios, causó escándalo en la sociedad caraqueña.

Varias mujeres se destacaron en las luchas por la independencia sudamericana y su consolidación, como la colombiana **Policarpa Salvatierra**, la ecuatoriana **Manuela Sáenz** (amante de Simón Bolívar), la peruana **Rosa Campuzano** (amante de José de San Martín), la boliviana **Juana Azurduy** y la catarinense **Anita de Jesús Ribeiro**, quien casada a los 15 años y separada de su marido por malos tratos, a los 16 se volvió la compañera de vida de Giuseppe Garibaldi.

Las feministas

Además de la citada **Elizabeth Barrett Browning**, otras referentes feministas anglosajonas, herederas de Mary Wollstonecraft en la era victoriana, fueron las siguientes:

Emily Davies extrapoló la idea del derecho a la educación femenina al derecho al sufragio, y escribió varios libros sobre la mujer trabajadora y la franquicia del voto. **Elizabeth Garrett** fue la primera médica británica, inspirada por **Elizabeth Blackwell**, la primera en los EE. UU. Davies y Garrett hicieron campaña para que Cambridge admitiera y otorgara títulos a mujeres (Oxford era demasiado hostil). La campaña chocó con una virulenta oposición editorial contra la *«absurda propuesta de carreras universitarias para las potenciales esposas de ingleses».*

La pedagoga y artista **Barbara Bodichon**, prima hermana de Florence Nightingale, era activista por el derecho a la propiedad y por el voto para las mujeres. Le daba personalidad femenina a Dios y la llamaba *Madre Infinita de todos nosotros.* Fundó en Londres el *Women's Suffrage Committee* y recolectó 1.500 firmas de mujeres. Al poco tiempo, se establecieron sociedades similares en Manchester, Edimburgo y Dublín. Pasaron a ser conocidas como las *sufragettes* (sufragistas).

En 1868 los grupos regionales se amalgamaron en la *National Society for Women's Suffrage (NSWS)*, pero no pudieron superar las diferencias de clase e ideológicas entre mujeres conservadoras y liberales. Se subsanaron en 1897 cuando **Millicent Fawcett**, hermana de Elizabeth Garrett que fue intelectual, escritora y sindicalista y cofundadora del Newnham College para mujeres en Cambridge, fundó la *National Union of Women's Suffrage Societies (NUWSS).* Otra *suffragette* famosa de la segunda mitad del siglo XIX fue **Frances Power Cobbe**.

Josephine Butler fue una activista feminista por la educación, y también buscaba el bienestar y defendía los derechos de las prostitutas. Si bien era una evangelista muy religiosa y abominaba el pecado, culpaba al sistema y a los hombres de explotar a las mujeres. Luchó por la derogación de la Ley de Enfermedades Contagiosas, por la cual cualquier mujer (pobre), hasta meramente sospechada de ser prostituta, podía ser examinada ginecológicamente contra su voluntad, y encerrada para evitar las endémicas enfermedades venéreas de los soldados británicos.

En los EE. UU. **Susan B. Anthony** (1820-1906) fue escritora, feminista, abolicionista, sufragista y defensora de los DD.HH. (Figura 58). Fue arrestada, juzgada y condenada a una multa por haber votado en 1872, pero se negó a pagarla y no sufrió consecuencias.

En 1869 junto con la sufragista y abolicionista **Elizabeth Cady Stanton** fundaron la *National Woman Suffrage Association* (NWSA). En 1872 presentó al Congreso una enmienda constitucional dando el derecho al voto, que no fue aprobada hasta 1920. En 1881 ambas publicaron la *Historia del Sufragio Femenino.*

Victoria Claffin Woodhull fue otra líder del movimiento sufragista y una defensora de la clase trabajadora. En 1872 fue la primera mujer en presentar su candidatura para la presidencia de los EE. UU, pero nadie la tomó seriamente. Junto con su hermana Tennessee fue también la primera mujer en operar una firma financiera en Wall Street y la primera en fundar un periódico. Proponía el amor libre y sostenía que el sexo heterosexual u homosexual entre adultos consintientes era una forma natural y aceptable de expresión humana. La mujer debía tener libertad para casarse, divorciarse y tener hijos, sin la interferencia del gobierno.

Sojouner Truth, nacida esclava, luchó contra la discriminación racial y sexual y siendo la primera mujer negra en ganar un juicio en los EE. UU.; pudo liberar y recuperar a su hijo de la esclavitud.

Mientras tanto en Francia la restauración borbónica, fuertemente apoyada por la Iglesia, había restablecido la prohibición del divorcio en 1816. Notorias feministas incluyen a **Claire Démar** (publicó *Llamamiento de una Mujer al Pueblo* *para la Emancipación de la Mujer* en 1833). Durante la *Commune*, la inmigrante rusa socialista **Elisabeth Dmitrieff** fundó la *Union des Femmes* con la anarquista y feminista **Natalie Lemel.** Lemel y la anarquista **Louise Michel** (*«la virgen roja de Montmartre»*) fueron deportadas a Nueva Caledonia. **Victorie Léodile Béra** («**André Léo**») y **Paule Mink** eran también republicanas, socialistas y miembro de la *Union.*

La *Union* abogaba por la igualdad de género y de salario, el derecho al divorcio y a la educación secular y profesional de las mujeres. Demandaban también la supresión de las distinciones legales entre esposa y concubina, entre hijos legítimos e ilegítimos, la abolición de la prostitución y el cierre de los prostíbulos.

También feminista, pero en la vereda ideológica opuesta estaba **George Sand** (Amantine Aurore Lucile Dupin, baronesa de Dudevant), famosa escritora romántica francesa. Emparentada a los Bourbon y a las casas reales de Dinamarca, Polonia y Alemania, fue formada por su abuela quien, pese a ser aristócrata, era laicista y seguidora de Voltaire, y se esforzó en dotar a su nieta de una sólida cultura y de un ideario republicano.

Sand fue uno de los autores más famosos del romanticismo francés y alcanzó la fama a los 27 años con su novela *Indiana.* Usando su seudónimo masculino, escribió sobre la infelicidad matrimonial y los derechos de las mujeres. Fue una de las primeras en plantear la distinción entre el sexo biológico y el género. Por razones prácticas (comodidad, menor costo, no ser esclava de la moda), pero también para subvertir los estereotipos dominantes, Sand decidió vestirse de hombre sin pedir el debido permiso a las autoridades (era requerido, pero ella aprovechaba sus prerrogativas de aristócrata). Curiosamente, el simple hecho de vestirse así le daba acceso a la esfera de los hombres. Fumar en público como un hombre, agregaba al escándalo.

No hay evidencia de que fuera lesbiana o bisexual. Victor Hugo le tenía un gran respeto y dijo que no era su lugar decidir si su amiga era mujer u hombre. Se divorció de su marido, el barón de Dudevant y se ocupó esporádicamente de sus hijos. Además de Victor Hugo, sus amigos fueron Sandeau, Liszt, Chopin, Delacroix, de Balzac, de Musset, Verne, y Flauvert. Con algunos de ellos las relaciones fueron más personales; estuvo relacionada románticamente, por ejemplo, con Sandeau, de Musset y Chopin.

Ideológicamente, si bien en su juventud se inclinó por el lado de los pobres y de las clases obreras, más tarde tomó el lado de la burguesía republicana, se opuso tenazmente a la oclocracia de la *Commune* y fue crítica del socialismo de la *Union des Femmes*. Fue miembro del gobierno provisional de 1848 y apoyó el golpe de Luis-Napoleón Bonaparte (también un amigo personal) en 1851. No todas las feministas originales fueron de izquierda, como pudimos observar con las feministas británicas, norteamericanas y con George Sand.

En España, **Concepción Arenal Ponte** estudió derecho disfrazada de hombre y denunció como activista la condición de la mujer en el siglo XIX. **Emilia Pardo** denunció la desigualdad educativa entre hombres y mujeres.

La moralidad sexual

Volvamos a la Inglaterra victoriana. Las damitas debían ser vírgenes, por supuesto, y la pérdida prematrimonial de la virginidad era considerada una catástrofe social. Las novias eran absolutamente ignorantes sobre el sexo, porque el tema era tabú y era de muy mal gusto incluirlo en la conversación, hasta con sus propias madres. En la noche de bodas recién se enteraban del tipo de «sacrificio» que se esperaba de ellas, y la experiencia solía ser traumática.

Era de muy mal gusto escribir sobre sentimientos pasionales; se usaba en cambio una comunicación críptica a través del regalo de flores. Los *bouquets* hacían las veces de mensajes cifrados que permitían expresar deseos y sentimientos que sería inapropiado verbalizar. Las rosas rojas significaban amor apasionado mientras que las mimosas o las blancas indicaban respeto a la virtud y la castidad de la destinataria, las amarillas devoción platónica, etc. Si la mujer se colocaba el ramito cerca del corazón, señalaba que el interés era correspondido.

La ausencia de métodos anticonceptivos efectivos (y más gravemente, los prejuicios religiosos contra los mismos) y la alta mortandad infantil, hacían que las señoras tuvieran entre 10-15 partos, con el consiguiente riesgo mortal compuesto. Los médicos solían, por ejemplo, pasar de disecar cadáveres o de atender a pacientes infectados a atender partos, sin lavarse las manos. Como indicio, mientras que las primas de seguros de vida de los hombres aumentaban con la edad (como es habitual aún hoy), las de las mujeres decrecían dramáticamente al llegar a la edad de la menopausia.

Muchas adolescentes pobres convivían con muchachos de su misma condición y el matrimonio era frecuentemente consecuencia de un embarazo. La parroquia se ocupaba de presionar al joven para que asumiera su responsabilidad.

De lo peor que le podía pasar a una mujer, era ser abandonada a su suerte como madre soltera. En caso de ser fruto de una relación con un hombre de las clases sociales superiores, ese abandono estaba casi garantizado. Eran comunes entonces el extremadamente riesgoso aborto «casero» en las peores condiciones sanitarias, y el infanticidio. La justicia era laxa con la infanticida, a quien se le daba el beneficio de la duda; el bebé bien podría haber muerto naturalmente, en vez de proactivamente sofocado por la madre.

La alternativa obvia para la mujer pobre pero emprendedora era la prostitución, con suerte, en un prostíbulo organizado y regulado. Peor, era ser prostituta de sórdida esquina y callejón, con mayor riesgo de que el cliente las golpeara o no les pagara, o de ser explotadas por un violento rufián. Así y todo, una prostituta de esquina ganaba varios múltiplos de lo que ganaba una lavandera.

Para el caballero menos pudiente, la prostituta era una alternativa más económica y menos complicada que mantener una amante. Había cientos de prostíbulos en Londres. Por ejemplo, en su persecución del tristemente célebre asesino en serie de prostitutas, Jack «el Destripador», Scotland Yard decidió investigar todos los prostíbulos dentro del muy pequeño radio de acción del asesino (el barrio de Whitechapel); debieron visitar 62 establecimientos.

Naturalmente entonces, la prostitución era endémica en las grandes ciudades y era considerada un devastador problema que había pasado de ser simplemente moral-religioso, a socioeconómico. Sucedía también que las prostitutas y las amantes eran libres en distinto grado de la autoridad masculina y podían lograr su independencia económica y ayudar a sus familias, negando así el mandato social de que las esposas, hijas, empleadas y sirvientas debían estar sujetas a dicha autoridad y a la tutela económica de los hombres.

En la imaginación popular, la mujer que ejercitaba su sexualidad extramatrimonialmente (la adúltera, pasando por la soltera no virgen y hasta la prostituta callejera - genéricamente *fallen women*, mujeres caídas) servía de contraste al ama de casa ideal (*angel in the house*, ángel en la casa), a salvo de la polución y la corrupción de la calle, que hasta cosía fundas para cubrir pudorosamente las patas desnudas del piano. El arquetipo de esposa era sexualmente pasiva y desapasionada; el foco estaba en la reproducción.

El apetito sexual era incompatible con la distinción intelectual. La actividad sexual robaba inteligencia y fuerza vital al hombre, que idealmente debía evitar la fornicación, la masturbación y hasta las eyaculaciones nocturnas, y racionar el sexo matrimonial.

Las damas de la clase alta y media-alta debían elevarse por sobre la pasión que podía dominar a la mujeres pobres e ignorantes. El rol de la mujer en el lecho matrimonial era recostarse, desvestirse lo necesario o lo demandado por su marido, abrir las piernas, mirar a un costado, y en lo posible pensar en Dios o en el Imperio (una tía abuela mía rezaba en voz alta el Rosario durante su sacrificio marital … y resultó notoriamente cornuda).

El marido «considerado» era admirado, porque no demandaba de su esposa el coito frecuente («su derecho»), lo que al margen disminuía un poco el riesgo de que su esposa muriera en un parto. A veces, la reticencia o el rechazo de la esposa alentaba al hombre a buscar alivio por otro lado y «pecar», reforzando el perenne doble estándar.

En la psiquis colectiva la prostituta, el homosexual, el libertino y el masturbador solitario eran subversivos, por ser los sujetos que constituían la mayor amenaza a la reproducción, la moral y el orden social, porque dirigían la sexualidad fuera del seno familiar y/o de su función reproductiva.

Como siempre, hubo excepciones. Henry Spencer Ashbee bajo el pseudónimo de Walter escribió *My Secret Life* (Mi Vida Secreta) relatando sus experiencias sexuales (el *Fifty Shades of Gray* - Cincuenta Sombras de Gray, pero victoriano y mucho más obsceno), y fue ávido coleccionista de literatura erótica de otros autores. El mamotreto creó tal escándalo y fue tan tristemente célebre que un editor de Nueva York fue arrestado en 1932, y el libro no pudo ser publicado sin censura en los EE. UU. hasta 1966. Un editor fue encarcelado en

Inglaterra en 1969 por imprimirlo, y recién salió a la venta irrestricta en 1995.

La paradoja es que, si bien era de mal gusto hablar de sexo, la obsesión por la virtud y contra la prostitución se volvió un tema de investigación y discusión. Alarmadas por la extensión del problema, las autoridades comenzaron a combatirlo institucionalmente internando en tétricos asilos «Magdalena» a prostitutas y también a *fallen women* (cualquier mujer que tuviera relaciones sexuales fuera del matrimonio, y cuya familia quisiera «enderezar»), donde eran explotadas laboralmente y abusadas física y mentalmente por religiosas.

Aunque científicamente se reconocía un «tercer sexo» o «sexo invertido», la homosexualidad masculina era ilegal y fue ferozmente reprimida en la era victoriana. La obsesiva penalización de la homosexualidad robaba tiempo a la policía y a las Cortes para perseguir crímenes más serios.

Oscar Wilde se había casado con Florence Balcombe, quien lo engañó con Bram Stocker (el autor de *Drácula*). Se casó en segundas nupcias con Constance Lloyd y tuvieron dos hijos. Pero se separaron por el gran escándalo generado por la *«profunda amistad platónica»* de Wilde con lord Alfred Douglas. El marqués de Queensberry acusó a Wilde de *«gran indecencia y sodomía»* con su hijo. El juicio tuvo gran repercusión y propició el recrudecimiento de la homofobia hasta por fuera de Gran Bretaña. Wilde fue condenado a dos años de trabajos forzados y se volvió un ícono-mártir de la represión puritana en esa era. A su salida de la cárcel Wilde y Douglas se fueron a vivir juntos a Francia, para gran escándalo de ambas familias. Constance nunca más le dejó ver a sus hijos.

La homosexualidad entre mujeres, en cambio, si bien era considerada repulsiva y un *«vicio francés»*, no era reprimida. Atrajo empero la atención de autores e investigadores médicos. Fue en ese momento que los intelectuales se percataron de la historia de Safo de Lesbos y acuñaron el término *«lesbianismo»*.

Cobraron celebridad las parejas evidentes de lesbianas de la terrateniente y viajera **Anne Lister** «la primera lesbiana moderna», de las escritoras irlandesas **Edith Somerville** con su prima **Violet Martin** (escribían en equipo bajo el seudónimo de Martin Ross), y la actriz norteamericana emigrada a Londres **Charlotte Cushman** con la novelista **Geraldine Jewsburry** y con la pintora francesa **Rosa Bonherur**. Charlotte y Rosa se vestían de varones las dos.

Espiando a la sexualidad por la mirilla del arte

Volvamos a usar el arte como nuestra ventanita a la época. Hacia la mitad del siglo XIX hubo nuevos cambios, porque los jóvenes artistas reaccionaron contra el ya académico y anquilosado Romanticismo y contra el ambiente social post revolución industrial. Pero mientras que en Francia el postromanticismo sería progresista, con sentido social, materialista y hedonista buscando lo *profanus* y desembocaría en nuestro arte moderno por vía del Realismo y el Impresionismo, en Inglaterra la reacción fue curiosamente nostálgica, conservadora y buscando lo *sacer* (sagrado). Es decir, mientras que en Paris tomaban champagne y comían ostras, en Londres tomaban té y comían sándwiches de pepino.

En la Inglaterra victoriana, un grupo de jóvenes pintores amigos fundó la Hermandad Prerrafaelita. Denostaban al arte de su época personificado en Reynolds y su *Royal Academy,* y en las futuristas acuarelas borrosas de Turner. Menospreciaban los retratos de celebridades frívolas, y los románticos y bucólicos paisajes campestres. Para ellos, desde el manierismo final de Miguel Ángel y de las poses afectadas de Rafael adelante, se había corrompido el arte. Pretendían retornarlo al *Quattrocento* de Botticelli y de Leonardo, con su lujo de detalles, paleta de colores y composición compleja.

Esta vez, la transgresión juvenil fue entonces curiosamente reaccionaria. En línea con su reafirmación conservadora, volvieron a pintar temas clásicos, medievales, moralizantes y religiosos. No se preocuparon por las secuelas sociales de la revolución industrial, pero sí resonaron con la nueva moral victoriana. Se destacaron en ese movimiento William Morris, Dante Gabriel Rossetti, John Everett Millais y William Holdman Hunt.

Tomemos por ejemplo la moralina *El Despertar de la Conciencia* (1853) de Hunt (Figura 59). Una joven ve algo a través de la ventana que se refleja en el espejo, y se levanta repentinamente de la falda de su amante. Sabemos que son amantes porque el punto focal está en sus manos y no lleva anillo en la mano izquierda. Otros detalles simbólicos (el gato, el desorden, el cabello suelto, las alfombras y tapices en colores fuertes, y los muebles nuevos y brillantes de *nouveau-riche* la galera del caballero de visita sobre la mesa, etc.), nos dan indicios que se trata de un *nid d'amour* (nido de amor, bulín), y ella es una *kept woman* (mantenida). Quizá está teniendo una epifanía sobre su frágil condición y triste falta de futuro. La modelo fue la bella Annie Miller, la prometida de Hunt.

Como ejemplo de la hipocresía de la cultura de la época en Inglaterra, dentro de la *Brotherhood* se declamaba la moral victoriana, pero se era selectivo en su práctica:

- Rossetti tuvo un affaire con Jane Burden, la esposa de su amigo Morris
- Millais, con Elizabeth Sidall, la esposa de su amigo Rossetti
- Millais también le robó la esposa a su amigo John Ruskin, el filántropo, pensador social, pacifista y crítico de arte que apoyaba a los prerrafaelitas. Effie Gray y Ruskin anularon su matrimonio («nunca consumado»). Effie se casó con Millais, y tuvieron ocho hijos
- Hunt rompió su compromiso, porque Annie Miller lo engañó con el incansable Rossetti y también con el vizconde Ranelagh. Era cosa de todos contra todos.

Francia, en contraste, optó artísticamente por el Realismo y el Impresionismo, retornó a una mayor libertad sexual, con mujeres que afirmaban su sexualidad independiente, pero en un entorno de explotación de género.

Manet en *Bar en el Folies Bergère* (Figura 60) esboza una defensa de la mujer. La barista del famoso cabaret mira con desgano hacia un cliente, como mirando a través de él. La forma y el color de su ropa replica las botellas de champagne a la venta; ella es objetivada y también está a la venta. Nosotros, reflejados en el caballero en el espejo, somos parte de la clientela.

Manet parece también objetivar a la mujer en su *Déjeuner sur l'Herbe* (Figura 61) los dos hombres vestidos dialogan entre ellos y en presencia de dos mujeres desnudas y vulnerables; una nos observa con descaro.

Renoir, por su parte, estaba interesado más en el aspecto decorativo de la belleza de sus modelos que en reflejar sus personalidades. *Les Grandes Baigneuses* (Figura 62) se enfoca

en dos suculentas bellezas francesas. La del centro es su entonces novia y luego esposa Aline Charigot y la de la izquierda es la modelo y pintora (y su futura amante) Suzanne Valadon.

Degas fue, en cambio, un solterón empedernido, que al margen de su sensibilidad social por los explotados era paradójicamente misógino; comparaba dibujar mujeres con dibujar caballos y aludía despectivamente a sus bailarinas como «monitas». Sin embargo, fue mentor de la impresionista norteamericana Mary Cassatt.

Su escultura de *La Pequeña Bailarina de 14 Años* (Figura 63) está en descanso en la cuarta posición y tiene la expresión facial de una adolescente rebelde, harta de hacer sus repeticiones. La niña se llamaba Marie van Goethem. Están divididas las opiniones sobre si la hubiera abusado en la intimidad de su estudio, porque Degas no permitía que las relaciones con el sexo opuesto pudieran entorpecer su labor artística, y en segundo lugar se rumoreaba que era impotente.

Semejante abuso hubiera sido la norma en su época. A las bailarinas se las prostituía desde los 13 años con los augustos *mécènes des arts* y se las llamaba «ratas», porque era sabido que transmitían la sífilis.

Toulouse-Lautrec sufrió un mal muy deformante y creció muy poco. El *Salón de la Rue des Moulins* (Figura 64) es una escena en uno de los prostíbulos que solía frecuentar como pintor, voyeur y cliente. Dada su condición física, Henri tenía que pagar por una traza de amor.

Gauguin sería en nuestra época considerado un depredador sexual y practicante del estupro. Separado de su mujer tomó en París de amante a la adolescente asiática Annah «la javanesa». Ya divorciado, tomó dos esposas consecutivas en Tahití, una de 13 años (él con 44) y años más tarde, otra de 14.

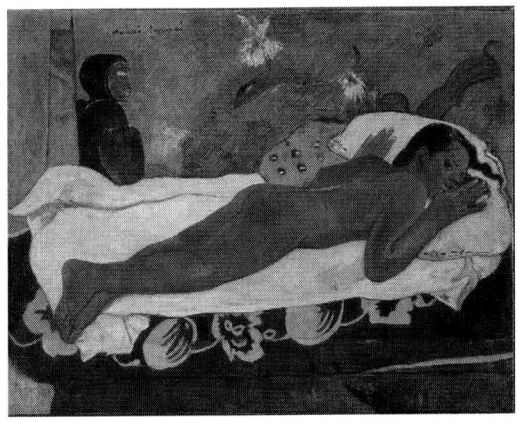

El Espíritu de los Muertos (Figura 65) muestra a su primera «esposa» tahitiana despertando asustada al ver a Gauguin entrar en la oscuridad. Ha sido siempre considerada una obra maestra de sugestión poética, misterio y simbolismo.

Las feministas francesas de hoy la detestan por ser *«una enciclopedia de racismo colonial, estupro y misoginia»*.

En *Desnudo de Mujer* (Figura 66) el español Sorolla muestra a su esposa Clotilde García del Castillo entre sábanas de seda color salmón. Evoca el erotismo de la Venus del Espejo,

de Velázquez. Sorolla, mujeriego empedernido, parece estar muy orgulloso del cuerpo de su mujer.

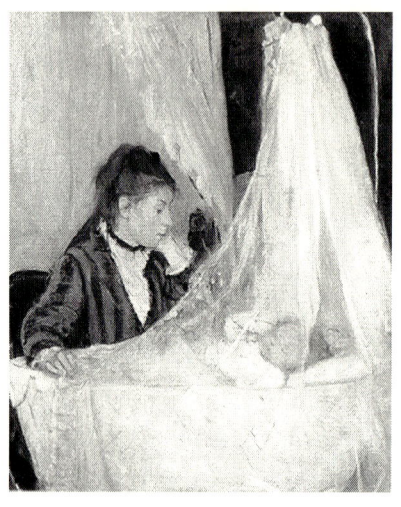

Hubo también pintoras impresionistas notables y con una actitud mucho más pudorosa. **Berthe Morisot** fue una figura fundacional del movimiento, admirada y considerada un par por sus colegas y amigos Manet, Monet, Renoir y Degas. Sin embargo, y quizá por la misoginia de críticos y compradores, no alcanzó igual fama. Estaba casada con el hermano de Manet, pero en una actitud inusitada para la época, continuó de casada pintando profesionalmente y firmando sus obras con su apellido de soltera. Vemos *La Cuna* (Figura 67).

Las otras dos «damas del Impresionismo» fueron **Marie Bracquemond** y **Mary Cassatt**. Bracquemond tuvo que dejar de pintar por los celos profesionales que le provocaba a su marido, por ser más exitosa que él.

Cassatt era feminista y voluntariamente soltera. Degas y ella formaron una curiosa sociedad (la feminista con el misógino). Pintó mayormente mujeres captadas en su vida social y privada. Vemos *El Té* de Cassatt (Figura 68).

Decir «impresionista femenina» debería sonar tan absurdo como decir «cubista masculino», pero es sintomático del sexismo que ha dominado hasta el arte. Por otro lado, estas mujeres tomaban pocos riesgos y pintaban temas casi exclusivamente «femeninos», la mujer captada en su rol tradicional, como señoras en actitudes maternales o tomando el té; feministas o no, seguían perpetuando el estereotipo. Era radical entonces la diferencia de perspectiva sobre la sexualidad entre los y las artistas.

*

Bajo una pátina de hipócrita moralidad, la mujer británica fue subyugada, sin importar su clase social. La mujer francesa gozó de mayor libertad sexual, pero para ser explotada.

La mujer en Occidente debió esperar hasta el siglo XX para ver mejorada gradualmente su situación. Hacia allá vamos.

14. Liberada

> «*Una mujer sin un hombre es como un pez sin una bicicleta*»
>
> Gloria Steinem

Los cambios del siglo XX

Sigmund Freud fue un puente entre la sexualidad del siglo XIX y la del siglo XX. Freud dividía a la mente en una oposición jerárquica entre consciente e inconsciente, cuerpo y espíritu, tensión y purgación. La conciencia y, en el extremo la civilización, eran la represión de los deseos inconscientes. La sexualidad fue conceptualizada por él con referencia a lo masculino: la mujer era un varón frustrado, el clítoris era un pene castrado, su independencia estaba acotada por su «envidia del pene». Asignaba la «histeria» (hoy un diagnóstico médico obsoleto) a la falta de satisfacción sexual femenina, y recomendaba la internación en un asilo psiquiátrico, o una histerectomía.

Es decir, Freud con su psicoanálisis y el concepto de *envidia del pene* (poniendo a la mujer en una posición de inferioridad inherente) y de *histeria* (inestabilidad emocional, otra condición de inferioridad; etimológicamente de *hystera* – útero) le dio una fundamentación pseudocientífica a la misoginia victoriana. Eso lo puso al tope de la lista de «enemigos» de la liberación femenina. Era imperativo refutarlo, *ad hominem* primero asignando su error al relativismo cultural («*un prisionero de su cultura»*). Más contundentemente, fue refutado señalando su falta de rigor científico como, por ejemplo, la falta de evidencia empírica fehaciente del complejo de castración.

Superada nuestra obsesión freudiana (un mal que aqueja a franceses y a argentinos), veamos lo que sucedió en estas últimas 12-14 décadas. Cambios sísmicos en la ciencia y la tecnología se correlacionaron con cambios de magnitud similar en la sociedad, la cultura, el arte, la moralidad sexual y la política de género. Es indudable que la evolución de la calidad de vida en este período (habitación, seguridad, agua potable, alimentación, salud, sanidad e higiene, longevidad, progreso material, educación, etc.) ha generalmente mejorado, si no lineal, sostenidamente con el tiempo. Pero eso no pasó sin convulsiones.

Hubo dos guerras globales terribles; el comunismo y su cruenta revolución; una cruenta guerra civil en España, el fascismo-nazismo y el Holocausto; la Guerra Fría con su amenaza de mutua destrucción y sus guerras por *proxy* (delegadas) en Asia, África y América Latina a través de la guerrilla revolucionaria y de su represión; el fin del colonialismo; el consumismo, el teléfono, el automóvil, el avión, las telecomunicaciones globales, el cine y la televisión; Fidel y el Che; los Beatles, los hippies, Woodstock y la droga; *l'imagination au pouvoir* en París del '68, los asesinatos de los dos Kennedy y de Martin Luther King; Mandela y la conciencia colectiva contra el racismo; la emancipación de la mujer y la revolución sexual; la conquista del espacio, la revolución digital, la PC e Internet, el terrorismo urbano y el religioso, la tecnología celular y la video-conferencia, las redes sociales virtuales y la oclocracia de la información,… etc. Fueron muchas revoluciones y eventos traumáticos, cambios culturales, y tecnologías disruptivas.

Cambió, sobre todo, la percepción del tiempo y de la distancia y, por ende, de la velocidad de la vida. Los viajes ya no demoran días o semanas y las noticias no tardan semanas en llegar. El arte medieval duró un milenio, el renacentista un par de siglos, y el impresionista décadas; Picasso en nuestra era atravesó como siete estilos en su vida creativa.

La historia, desde siempre fruto de la tensión entre la continuidad y el cambio, también se ha acelerado y los cambios culturales y sociales que demoraban primero milenios y luego siglos, ahora ocurren en décadas. También para la mujer.

Algunas mujeres notables del siglo pasado

Mencionemos primero a algunas pioneras que se rebelaron contra las convenciones y expectativas de género, superaron prejuicios y barreras, y que, si bien no fueron necesariamente activistas feministas, al menos las inspiraron.

Como este trabajo es introductorio, es necesariamente un ejercicio de exclusión. No es una lista exhaustiva y voy a perpetrar inevitablemente injustas omisiones, pero espero que resulte un muestrario ilustrativo de los desafíos y los triunfos de las mujeres de la era post victoriana:

Cecilia Grierson (1859-1934) fue la primera médica argentina (1889), docente (una de las «maestras de Sarmiento») y filántropa. Tuvo que luchar para lograr su título profesional habilitante, desempeñándose como ginecóloga-obstetra y publicando textos al respecto. Le impidieron ser cirujana, y nunca se le permitió ejercer una cátedra en la Facultad de Medicina de la Universidad de Buenos Aires, ser directora de hospital o siquiera jefa de sala; fue descalificada por las juntas de colegas (todos hombres) sistemática y automáticamente en virtud de su género. Fundó escuelas y fue pionera en el tratamiento de niños con discapacidades. Luchó por los derechos de la mujer participando en congresos internacionales, y logró cambios en el Código Civil que incluyeron importantes derechos para la mujer casada.

Marie Curie (1867-1934), polaca naturalizada francesa, fue una de las primeras mujeres profesionales de la investigación científica. Pionera en el campo de la radiactividad, fue la primera persona en recibir dos premios Nobel, uno en física y otro en química, y la primera mujer con un cargo de profesora en la Universidad de París. Casada con su colega Pierre Curie, tuvieron tres hijas.

Beatrice Hastings era el pseudónimo de Emily Haigh (1879-1943), escritora, poeta y crítica literaria. Sus obras fueron publicadas en el periódico socialista *The New Age*. Bisexual, fue amante de su editor, Alfred R. Orage, de la escritora Katherine Mansfield, del escritor Wyndham Lewis, y del pintor Amedeo Modigliani. Enferma de cáncer, se suicidó en 1943.

Virginia Woolf era el pseudónimo de Adeline Virginia Stephen (1882-1941), una escritora del *avant-garde* (vanguardia) en el modernismo anglosajón. Su ensayo *Una habitación propia* (1929) expone las dificultades profesionales que enfrentan las mujeres y es uno de los textos más citados por el movimiento feminista.

Eleanor Roosevelt (1884-1962) fue una de las mujeres más influyentes del siglo XX. Escritora, activista del sufragio, política y diplomática, fue una primera dama de los EE. UU. muy visible e influyente. Presidió la Comisión de Derechos Humanos de las Naciones Unidas, fue delegada a su Asamblea General, y tuvo un papel clave en la Declaración Universal de los Derechos Humanos en 1948. Su matrimonio con Franklin Roosevelt fue más una sociedad intelectual y política, que sexual. Lesbiana de closet, tuvo una intensa relación con la periodista Lorena Hickok, con quien intercambió tres mil cartas.

Alicia Moreau de Justo (1885-1986) fundó en 1902 el *Centro Socialista Feminista*, la *Unión Gremial Femenina* y junto a su padre, el *Ateneo Popular*. Hablaba seis idiomas. Fue secretaria de redacción de *Humanidad Nueva*, directora de *La Vanguardia* y fundadora y directora de *Nuestra Causa* (una revista feminista). En 1914 se recibió de médica con diploma de honor y ejerció como ginecóloga. Poco después se afilió al Partido Socialista Argentino y se casó con su fundador, Juan B. Justo (viudo con cinco hijos, con quien tuvo tres hijos más), trabajando también junto a Alfredo Palacios. Apoyó al bando republicano en España y fue asidua crítica del peronismo, al que juzgaba autoritario y fascista. Participó en la resistencia contra la dictadura militar argentina en la *Asamblea Permanente de los Derechos Humanos*.

Delmira Agustini (1886-1914) fue una poeta modernista uruguaya. Muy dominada por su madre, se mostraba dócil, pero expresaba su rebeldía mediante su poesía de encendido erotismo. Se casó en 1913 con Enrique Reyes y a los dos meses regresó a la casa de sus padres y comenzó a tener un affaire con el escritor argentino Manuel Ugarte, pero siguió visitando a su marido. Una vez obtenido el divorcio, Reyes la mató de dos tiros a la cabeza y se suicidó.

Gabriela Mistral (1889-1957) fue una poeta, pedagoga y diplomática chilena y una de las figuras más relevantes de la literatura latinoamericana. Fue la primera mujer iberoamericana y la segunda persona latinoamericana en recibir un Premio Nobel. Tuvo una relación con Romelio Ureta quien, al suicidarse, le inspiró *Sonetos de la Muerte*. Luego tuvo un affaire apasionado con el escritor Manuel Magallanes Moure, quien era casado. Aparentemente, mantuvo más adelante relaciones lesbianas de closet con su secretaria mexicana Palma Guillén y con la escritora estadounidense Doris Dana.

Alfonsina Storni (1892-1938) fue una escritora y poeta argentina vinculada al modernismo. Su prosa era feminista y su poesía dejó de lado el erotismo de Agostini para volverse más reflexiva. El tratamiento de su cáncer de mama le produjo una gran depresión. Consideraba al suicidio como una elección personal de libre albedrio e inspiró así su poema a su amante, el escritor Horacio Quiroga, quien se suicidó. Su propio suicidio, romantizado como su entrada lenta al mar, inspiró la canción *Alfonsina y el Mar* de Ariel Ramírez y Félix Luna, inmortalizada por Mercedes Sosa.

Amalia Earhart (1897-1937) fue la primera mujer en hacer un vuelo solitario sobre el Atlántico en 1932. A los 33 años se casó con su amigo, publicista y editor George Putnam, pero en una carta prenupcial le advirtió ella que no esperaba fidelidad de él porque él no debía esperarla de ella. Amalia usaba el cabello corto, se vestía también varonilmente, era abiertamente feminista, y se sospechaba que era poliamorosa, bisexual o lesbiana de closet. Siguió casada con Putman hasta su muerte y no tuvieron hijos. En 1937 intentó volar la vuelta al mundo con escalas, esta vez acompañada por un navegante. Cumplidas tres cuartas partes de la travesía, su avión desapareció en el Pacífico y nunca fue encontrado.

Golda Meir (1898-1978) fue política, diplomática la quinta primera ministra (la primera mujer) de Israel. Fue apodada la *«dama de hierro»* por su estilo de liderazgo y por su intransigencia. Durante su mandato ocurrió la Masacre de Munich en 1972, y ella ordenó a los servicios secretos israelíes la caza y eliminación (fue exitosa) de todos los terroristas palestinos participantes, donde estuvieran. También gestionó con destreza la crisis de la Guerra de Yom Kipur en 1973. Se casó y tuvo dos hijos.

Indira Gandhi (1917-84), fue la hija y heredera del héroe nacional Nehru, con quien participó en la lucha por la independencia de la India al lado del legendario Mahatma Gandhi (sin parentesco). Lograda la independencia en 1947, fue primera ministra de la India en dos períodos. Su política fue nacionalista y desarrollista. Se enfocó también en el control de la natalidad, incluyendo la esterilización forzada. Fue asesinada por dos de sus guardaespaldas de confianza, de la minoría sij. Se casó y tuvo dos hijos.

Eva María Duarte de Perón (1919-52) fue una carismática actriz y política argentina que se casó con Juan Domingo Perón, convirtiéndose en primera dama al ser él elegido presidente. Fue muy visible, activa, y asertiva en el gobierno y en las campañas políticas de su marido. En 1947 impulsó y consiguió la sanción del sufragio femenino, logrando también en 1949 la igualdad jurídica en el matrimonio y la patria potestad compartida, entre otras conquistas sociales y obras de beneficencia. Protegió a homosexuales perseguidos, como el bailarín español Miguel de Molina y el diseñador Paco Jamandreu. Fue propuesta como candidata a vicepresidente, pero debió renunciar por un cáncer de útero fulminante, antes de morir a los 33 años. Si bien muy discutible en su personalidad y accionar, su figura fue vilificada por su género y, ya legendaria, sigue siendo altamente polarizante en su país.

Margaret Thatcher (1925-2013) química y abogada, fue primera ministra del Reino Unido durante 1979-90, la primera mujer en ocupar ese cargo en su país y quien más duró en ese cargo en el siglo XX. El control estricto sobre su gabinete, su inflexibilidad con los sindicatos y su tenacidad, le valieron también el apodo de «*dama de hierro*». Su desempeño y liderazgo durante la Guerra de las Malvinas de 1982 facilitaron su reelección en 1983. Fue objetada por su relación de amistad y leal protección al tirano chileno Augusto Pinochet.

Susan Sontag (1933-2004) fue filósofa, novelista, poeta, ensayista, cineasta y docente. Bisexual, se casó a los 17 años con el sociólogo Phillip Rieff, de quien se divorció ocho años más tarde. Mantuvo luego relaciones con Harriett Sohmers, la dramaturga cubana María Irene Fornés, el poeta ruso Joseph Brodsky y la fotógrafa Annie Leibovitz.

Benazir Bhutto (1953-2007) fue la primera mujer en gobernar un país mayormente musulmán. Educada en Harvard y Oxford, fue socialista originalmente. Ejecutado su padre, fue encarcelada en varias ocasiones por la dictadura militar y debió exilarse a Inglaterra, donde, el thatcherismo en boga la convirtió en liberal y secularista. De regreso a Pakistán, fue elegida primer ministro en dos ocasiones, siempre en gran tensión con las fuerzas militares, conservadoras, tradicionalistas e islamistas que se oponían a sus reformas económicas y sociales, incluyendo a los derechos de la mujer. Tras un escándalo de corrupción que involucraba a su marido, se exiló en Dubai. De nuevo en Pakistán en 2007 para competir en las elecciones de 2008, fue asesinada en un acto político, sospechándose un complot conjunto de al-Qaeda, los talibanes, y/o la inteligencia militar pakistaní.

Otras entre las muchas dignas de mención son la jueza de la Corte Suprema de los EE. UU. **Ruth Bader Ginsburg**; la autora **Maya Angelou**; la pintora y poeta mexicana **Carmen Mondragón;** la escritora chilena **Isabel Allende** (hija de Salvador Allende); las tres hermanas dominicanas **Mirabal**, que por oponerse a la dictadura fueron asesinadas por orden de Trujillo; las **Abuelas de Plaza de Mayo**, que lucharon por la restitución de los nietos apropiados durante la dictadura militar argentina; y las **Damas de Blanco**, que similarmente luchan por la libertad de los presos políticos injustamente encarcelados por ser disidentes pacíficos de la dictadura militar cubana.

La Primera Oleada Feminista

Global, pero particularmente vigoroso en sus inicios en Gran Bretaña, Francia y los EE. UU., el movimiento feminista, siempre liderado por damas de la elite, luchó por establecer la igualdad de la Ilustración también para las mujeres. Luego de terminada la opresiva era victoriana, durante las tres primeras décadas del siglo XX continuó la *Primera Oleada Feminista.*

Logrados a los empujones la abolición de la esclavitud y el acceso de la mujer a la educación superior, la siguiente conquista fue la del voto. En 1900, el único país del mundo que permitía votar a las mujeres era Nueva Zelandia. El sufragio femenino pleno se obtuvo en Alemania en 1918, en los EE. UU. mediante la enmienda constitucional original de Susan B. Anthony en 1920, en Inglaterra en 1928, en España en 1931 (ese y otros derechos femeninos anulados luego por el dictador Franco), y en Francia recién en 1944. En Latinoamérica se logró, por ejemplo, en Brasil y Uruguay en 1932, en la Argentina en 1947, en México en 1953, en Colombia en 1957 y en Paraguay en 1961. Hoy las mujeres votan en todos los países en los que los hombres votan.

Dijimos que para 1897 en el Reino Unido **Millicent Fawcett** había fundado la *National Union of Women's Suffrage Societies (NUWSS)* para subsanar la grieta entre conservadoras y liberales. En 1903, las más belicosas **Emmeline Pankhurst** y sus dos hijas fundaron la *Women's Social and Political Union (WSPU),* mucho más radical y en sintonía con el anarquismo. Comenzaron con marchas y terminaron perpetrando actos de vandalismo, irrumpiendo discursos y provocando incendios con bombas molotov, por lo que eran arrestadas.

Eso era lo que buscaban, porque una vez en la cárcel comenzaban huelgas de hambre, las forzaban violentamente a recibir alimento y adquirían así el perfil de mártires ante la opinión pública. Se mostraban como débiles mujeres víctimas de la policía y la justicia masculinas, aumentando de esta manera la exposición mediática del movimiento. Pero la militancia de acción directa acabó siendo contraproducente y obnubiló el objetivo de conseguir el voto. Mientras tanto, las mujeres de la *NUWSS* continuaron con su paciente, pero infatigable labor de lobby pacífico.

Durante la Primera Guerra Mundial, las Pankhurst aplacaron a la *WSPU* porque consideraban que Alemania ofrecía un peligro mayor y más urgente que conseguir el sufragio. Por la demanda de soldados a ser mandados al frente en esa truculenta guerra de trincheras, muchas mujeres tuvieron que ocupar sus puestos laborales, con la venia de los sindicatos. Eso valorizó a las mujeres por su rol en la fabricación de bienes esenciales para la guerra.

En 1918 se extendió entonces en el Reino Unido el voto a las mujeres mayores de 30 años que fueran propietarias solteras o casadas con propietarios, y a las graduadas universitarias. En 1928 se extendió el voto a todas las mujeres mayores de 21 años, equiparándolas finalmente a los hombres.

En Francia el proceso fue menos violento, pero más lento. Mencionamos ya a su *Primera Oleada* que arrancó allí con la Revolución francesa. Continuó con las *suffragettes* en las décadas del siglo XX previas a la Segunda Guerra Mundial.

En 1900 **Olga Petit** se graduó como la primera abogada francesa. En 1909 la noble y feminista **Jeanne-Elizabeth Schmahl** fundó la *Union Française pour le Suffrage des Femmes*. Se abogaba por el sufragio, pero sin insistir en el acceso a funciones legislativas o gubernamentales. Recién en 1945 pudieron votar por primera vez.

En España, la abogada **Clara Campoamor Rodríguez** fue sufragista y fundó la *Unión Republicana Femenina* e impulsó el voto femenino, que se incluyó en la Constitución republicana de 1931, pero fue luego eliminado por Franco. **María Zambrano Alarcón**, discípula de Ortega y Gasset, fue filósofa y ensayista, y el feminismo español la considera un ícono. En el exilio durante el franquismo, recibió el premio Príncipe de Asturias en 1981 y fue la primera mujer galardonada con el premio Cervantes en 1988

En los Estados Unidos, ya conseguido el sufragio en 1920, **Alice Paul** y **Crsytal Eastman** introdujeron en 1923 una nueva propuesta de enmienda constitucional al Congreso, la *Equal Rights Amendment* (*ERA* – la enmienda constitucional de igualdad de derechos), que proponía garantizar dicha igualdad a todos los ciudadanos estadounidenses, sin importar su género. Buscaba acabar con las distinciones que había entre hombres y mujeres en lo relativo a la propiedad, el empleo y el divorcio, entre otras. La iniciativa fue apoyada por las mujeres de clase media, pero las trabajadoras, que pretendían protecciones especiales en cuanto a las condiciones laborales y la jornada de trabajo, se opusieron a ella. La igualdad absoluta no era tan deseable; siguieron el viejo adagio de: *«cuidado con lo que pides, porque te lo pueden dar»*.

En la Argentina, la ya citada **Alicia Moureau de Justo** elaboró en 1932 un proyecto de ley que establecía el sufragio femenino, pero que no fructificó. Ese derecho se alcanzaría recién en 1947 gracias a **Eva Perón**. En México, **Hermila Galindo** luchó por la educación laica, la sexual y el derecho de las mujeres a ejercer su sexualidad, y **Elvia Carrillo Puerto** consiguió hacer aprobar el sufragio femenino en 1953.

El período entre 1920 y 1960 produjo dos explosiones de crecimiento económico de posguerra e introdujo a muchas mujeres en la vida laboral. Una vez más, durante la Segunda Guerra proveyeron de mano de obra industrial mientras que sus maridos combatían. Terminada la guerra, quisieron seguir trabajando para mantener el doble ingreso el estándar de vida de clase media que habían alcanzado. Al trabajar, tomaron mayor conciencia de las desigualdades en el trato que les daba y en su estatus económico-social. Al aumentar la participación de las mujeres también en la educación superior, aquellas con educación universitaria que decidieron no trabajar y ser amas de casa, tomaron conciencia también de su falta de realización profesional y personal.

En la afluente era de posguerra, el rol de la mujer de la clase media estuvo bien ilustrado en la icónica serie de TV *Papá lo sabe todo*, con una madre ama de casa sensata y paciente, y por el *Show de Lucy,* con la esposa también en el rol doméstico maquinando y manipulando al pobre Ricky Ricardo, pero sin desafiar abiertamente su autoridad.

La Segunda Oleada Feminista

En 1949 en Francia, la filósofa existencialista **Simone de Beauvoir** (1908-86) publicó su seminal *El Segundo Sexo*, en el que comentaba el tratamiento de la mujer a través de la historia, inspirando así la *Segunda Oleada*.

En la sociedad de su época, la mujer brillante tenía que disimular serlo. Su libro provocó escándalo y Simone (Figura 69) fue acusada de díscola, resentida, insatisfecha, ninfómana y pornógrafa. Por supuesto, su libro fue prohibido por el Vaticano (el *Index* de la Contrarreforma fue eliminado recién en 1966). Simone sostuvo que la biología no marca el destino de la vida de la mujer, como tampoco la limita al matrimonio o la maternidad. Luchó por los derechos de la mujer, y por la despenalización del aborto y de las relaciones sexuales no tradicionales. Sostuvo que *«ninguna mujer ha vivido una vida exenta de convencionalismos y prejuicios»*.

Mantuvo una relación legendaria con Jean-Paul Sartre (*«un amor esencial y contingente»*), su compañero de la *Sorbonne*. Fue una sociedad a la vez sexual e intelectual. Como es usual en parejas de brillantes, Simone quedaba opacada detrás del gran filósofo. Ambos tenían otros amantes, a veces compartidos.

En los '60 en los EE. UU. los negros[46] lanzaron su *Civil Rights Movement* (movimiento por los derechos civiles) y

---

[46] *Permitan que use el término «negro» porque lo considero más sensato que el absurdo y condescendiente eufemismo de la corrección política «afroamericano». La abrumadora mayoría de los negros que habitan hoy nuestro continente americano son eso, negros americanos de muchas generaciones, y no africanos.*

lograron legislación contra la discriminación racial. Hacia mediados y fines de esa década, la rebelión estudiantil llevó a los jóvenes a cuestionar los valores sociales tradicionales, a protestar contra la Guerra de Vietnam, y a experimentar con las drogas y el «amor libre». Ese caldo de rebeldías alentó a las mujeres a volver a luchar por sus derechos, adoptando las mismas tácticas de concientización, protesta, manifestación y *lobby* político que los negros y los estudiantes.

De la misma manera que el abolicionismo del siglo XIX hizo que las mujeres tomaran conciencia de su poder y demandaran el sufragio, las luchas por los derechos civiles de siglo XX despertaron al feminismo de su letargo. Se lanzó así la *Segunda Oleada Feminista* también en los EE. UU. Fue la era de *I am Woman* de Hellen Reddy, que se volvió su himno. Desde el vamos, hubo diferencias internas en el movimiento, con tres líneas: la liberal, la radical y la lesbiana.

- Las *liberales*, representadas por **Bella Abzug**, **Betty Friedan** y **Gloria Steinem**, veían a las mujeres como individuos; llamaban a la concientización, pero no a la acción directa
- Las *radicales*, representadas por **Casey Hayden** y **Mary King**, las veían como un colectivo de clase y se alineaban con los movimientos revolucionarios de izquierda y su metodología de acción directa. Se quejaban de ser oprimidas por los hombres en sus propios movimientos políticos (relegadas a llenar sobres y tipear discursos, e imaginadas como tan liberadas, que se acostarían libremente con ellos)
- Las *lesbianas*, que habían participado desde la *Primera Oleada*, ahora encontraban mayores denominadores comunes de clase con el colectivo de liberación gay, que con el resto de las mujeres.

En 1966 se fundó la *National Organization of Women (NOW)*, mayormente por la rama liberal de Friedan y Steinem, que organizaba y enfocaba la temática feminista. Se les sumó

Coretta Scott King, la activista de derechos civiles y esposa de Martin Luther King. Fue la primera mujer invitada a hablar a los alumnos en el *Class Day* (un evento que forma parte de las ceremonias de graduación) de Harvard.

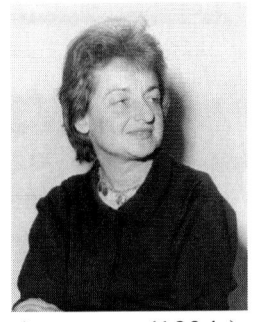

Betty Friedan (1921-2006) fue psicóloga social y líder feminista. Publicó *La Mística de la Femineidad* en 1963, una obra clave del pensamiento feminista, y fue la primera presidenta de *NOW*. Lideró marchas y lobby político, y criticó a las feministas radicales por extremistas (Figura 70).

Gloria Steinem (1934-), periodista y escritora, es considerada un ícono feminista de los '60-70 (Figura 71). Cofundó la revista *Ms.* y colaboró con las revistas *Esquire*, *Cosmopolitan*, *New York Magazine* y la red televisiva *NBC*. Célebremente, en 1963 se infiltró consiguiendo trabajo como «conejita» en el *Playboy Club* y publicó un *exposé* sobre la explotación sexual de sus circunstanciales colegas.

El tema de la *ERA* volvió al tapete en los '60-80, esta vez enfocado en la sexualidad, la familia, la custodia de los hijos tras el divorcio, la violencia doméstica, la violación externa o matrimonial, los derechos reproductivos, el ambiente laboral, y otras inequidades. La *ERA* fue aprobada por ambas cámaras en 1972 y fue sometida a su ratificación por los estados.

Cuando parecía que eso sucedería, la autora ultraconservadora **Phyllis Schlafly**, firme opositora al feminismo y al aborto, organizó una exitosa campaña en contra. Argumentaba que las mujeres podrían ser entonces conscriptas al ejército (existía la conscripción en ese momento), que desampararía a las amas de casa de recibir su pensión alimenticia en caso de divorcio, y que perderían la prioridad natural en la tenencia y custodia de los hijos. Las feministas obreras temieron perder sus protecciones especiales en el medio laboral y también se opusieron. Las sucesivas demoras lograron extinguir la legislación, vencidos sus plazos de ratificación por un mínimo de 38 estados.

Sin embargo, se lograron otras victorias, como la aprobación regulatoria de la píldora anticonceptiva (1960), la *Equal Pay Act* (1963 – igualdad salarial entre los sexos), el *Title VII* de la *Civil Rights Act* (1964) prohibiendo la discriminación laboral (1967), la prohibición de discriminar por sexo en los avisos de empleo (1968), el *Title X* sobre salud y planificación familiar (1970), el dictamen *Roe vs. Wade* de la Suprema Corte legalizando federalmente el aborto, también la igualdad educativa y del acceso al crédito (1974), el acceso de las mujeres a las academias militares (1975), y la prohibición de discriminar a las embarazadas (1978; antes comúnmente las despedían). Recién en 1993 se prohibió en todos los estados la violación matrimonial.

La *Equal Pay Act* tuvo la excelente intención de pagar igual salario por igual trabajo y responsabilidad, sin discriminar por sexo. La trampa contra esa norma ha sido desde entonces el aprovechar las diferencias autorizadas en base a la antigüedad y a un difuso concepto de mérito para pagarle menos a las mujeres que a los hombres, a igualdad de habilidades y de responsabilidad.

Las mujeres se apoyaron en la *Civil Rights Act* para pedir que se forzara mediante la *acción afirmativa* la igualdad de oportunidades laborales también para las mujeres. Eso provocó divergencias internas con las feministas negras, que argumentaban que los hombres negros pobres merecían más oportunidades que las mujeres blancas de clase media y alta.

Esta *Segunda Oleada* terminó en los EE. UU. en los '80 con divergencias internas en el movimiento respecto a la sexualidad, la pornografía y las condiciones laborales. El feminismo fue también acusado de ser un movimiento de mujeres blancas, intelectuales y elitistas de la clase alta, que no entendían la problemática de la mujer pobre, negra o hispana.

Bell Hooks (Gloria Jean Watkins) (1952-), académica negra, escribió *El Feminismo es para Todos*, una versión didáctica y simplificada de la intrincada teoría feminista, puesta al alcance de todos; su más famosa cita fue: *«imaginen vivir en un mundo sin dominación, donde hombres y mujeres son diferentes y ni siquiera siempre iguales, pero donde una visión de mutualidad es el ethos que da forma a nuestra interacción».*

Tras el opaco gobierno de Jimmy Carter hubo un renacer ideológico conservador (más económico que cultural), que llevó a la presidencia a Ronald Reagan y luego a George Bush (padre). Pero el resurgir político de la derecha conservadora incluyó una reacción contra el feminismo. El altisonante comentarista radial Rush Limbaugh popularizó el término *feminazi* para etiquetar a las feministas radicales, criticando su supuesto afán de poder y su misandria (odio al varón). Sin embargo, el término acabó siendo utilizado por los hombres más reaccionarios como epíteto hacia las feministas en general, fueran radicales o liberales.

Aparecieron también feministas conservadoras moderadas, que no veían al feminismo como una lucha de clase, no promovían el odio genérico al hombre ni querían renunciar a las ventajas de ser mujer, incluyendo a **Susan Faludi** y **Camille Paglia**.

Camille Paglia (1947-) es una intelectual estadounidense, profesora de humanidades en UArts (Filadelfia) y es considerada una «feminista postfeminista» (Figura 72).

Escribió *Sexual Personae* (relata la historia de la mujer desde Nefertiti a Emily Dickinson) *Vamps & Tramps,* y *Feminismo Pasado y Presente* (inspirado por la fallida candidatura presidencial de Hillary Clinton).

Mientras que en Francia de mayo de 1968 se luchaba por *l'imagination au pouvoir* (la imaginación al poder), se creaba el *Mouvement de Libération des Femmes* (MLF) por **Antoinette Fouque, Monique Wittig** y **Josinae Chanel**, luchando por la igualdad de derechos matrimoniales. Se logró el fin de la patria potestad paterna en 1970 y el derecho exclusivo del padre a administrar la propiedad de los hijos, el derecho a los anticonceptivos y al aborto (*Choisir* - elegir). Otras teóricas famosas del feminismo francés de esta época fueron **Héléne Cixous, Luce Irigary, Julia Kristeva** y **Bracha Ettinger**.

En Australia, **Germaine Greer** (1939-) lucha por la liberación sexual desde una postura positivista, porque la considera la llave de la liberación integral de la mujer. Escribió *El Eunuco Femenino*, donde expresaba que el poder del patriarcado había alienado a la mujer de su propia sexualidad. En ese aspecto, choca con las feministas que se oponen a la prostitución y a la pornografía.

En México la periodista **Esperanza Brito de Martí** bregó por la maternidad libre y voluntaria, la no discriminación y el derecho a la participación de la mujer en la vida social. Junto con la periodista argentina **Magdalena Ruiz Guiñazú** y otras mujeres, fue una reconocida activista de los DD.HH. en el hemisferio.

La Tercera Oleada Feminista

El efecto moderador de Paglia motorizó la *Tercera Oleada* de los '90, pero el movimiento fue atizado por el testimonio de acoso sexual de **Anita Hill** durante la nominación de Clarence Thomas a la Suprema Corte de los EE. UU. en 1991.

En los EE. UU. el feminismo continuó con su activismo por los derechos reproductivos, la equidad salarial, la acción afirmativa, contra la trata y la violencia de género, contra el acoso sexual y objetando el tratamiento de las víctimas de violación por la policía y el aparato judicial. Pero prefirió trabajar por el cambio desde el *establishment* político y legal, en vez de subvertirlo.

Naomi Wolf (1962-) tuvo gran impacto con su libro *El Mito de la Belleza*, a la que definió como una construcción social dictada por hombres y lamentablemente autoinfligida por las mismas mujeres. Su último libro se titula *Vagina: una Nueva Autobiografía*.

Aparecieron también corrientes marginales y teorías derivadas como el *positivismo sexual* (la libertad de la mujer empieza por su libertad sexual, al estilo de Greer), el *transfeminismo* (de mujeres transexuales) y el extraño *ecofeminismo vegetariano* (un concepto de transversalidad entre sexismo, racismo, clasismo y «*especieismo*» - la opresión humana sobre las especies animales).

El movimiento logró liberarse de su aura puramente intelectual (generalmente, solo las activistas y académicas feministas leían los libros escritos por otras académicas feministas) cuando sumaron sus voces figuras mediáticas como **Oprah Winfrey, Angelina Jolie** y **Madonna**.

Coincidió también con el tsunami de información y discusión facilitado por Internet; el debate desbordó entonces la «torre de marfil» académica e intelectual y se democratizó. Participaron también en el debate voces ultraconservadoras y afines a los valores tradicionales como **Laura Ingraham, Monica Crowley, Ann Coulter** y **Michelle Malkin** (todas fueron colaboradoras de *Fox News*).

En Francia apareció el feminismo posmoderno (había que desestabilizar todas las normas patriarcales) y el movimiento *Ni Putes ni Soumises* (ni putas ni sumisas). Su segunda característica era en reacción a la inmigración islámica y sus costumbres ancestrales de sumisión de la mujer por la ley *sharia*; el movimiento es acusado entonces de racismo e intolerancia religiosa y cultural.

La «pequeña» liberación doméstica

Desde siempre y hasta hace relativamente poco, la mujer se había hecho exclusiva o mayormente cargo del trabajo doméstico. Paradójicamente, una modesta parte de la liberación femenina durante el siglo XX se debe a la casi mágica tecnología, producto de la revolución industrial realizada por hombres.

En los países más ricos, el servicio doméstico «con cama adentro» es ya inexistente de la clase media-alta para abajo. Gracias a los artefactos domésticos (aspiradoras manuales y robóticas, lavarropas, secarropas, lavaplatos, horno de microondas, batidora, etc.), cada vez más al alcance de la clase media, las horas de trabajo doméstico promedio en los EE. UU. se han reducido un 73% según Stephen Pinker en su *Enlightment Now*, de 58 horas semanales en 1900 a 15,5 en 2011. El cuidado de la ropa en el hogar promedio ha pasado de 11,5 horas semanales en 1920 a 1,5 en 2014. No es que sea fundamental, pero tampoco es poco logro para la calidad de vida para la mujer y hoy día, también para el hombre común.

Espiando a la sexualidad por la mirilla del arte

Ya durante la transición del *fin de siècle* XIX triunfó como pintora Marie-Clémentine **«Suzanne» Valadon**. En contraste con las pintoras impresionistas aristocráticas, Suzanne era de clase baja, la bella y sensual hija de una lavandera y de un padre desconocido. A los 18 años fue madre de Maurice Utrillo, quien pudo haber sido hijo de los pintores Boissy, Puvis de Chavannes, Renoir, o hasta de Miguel Utrillo que lo reconoció como propio. La madre de Suzanne cuidaba del niño mientras ella se ganaba la vida como podía, como trapecista de circo y luego, como modelo de Renoir, Morisot, Toulouse-Lautrec y Degas.

Fue amante de Renoir y de Toulouse-Lautrec, quien la rebautizó como Suzanne. Fue también amante del compositor Erik Satie, a quien devastó con su abandono. Luego se casó con el banquero Paul Mousis y gozó de una cómoda y afluente vida burguesa, para luego abandonarlo todo por el joven pintor André Utter, amigo de su hijo Maurice. Se casó con Utter pero más tarde se divorció también de él.

Para *Arrojando la Red* (Figura 73) usa a su joven Utter de modelo. El varón es ahora el objeto sexual. Rebelde, asertiva en su sexualidad, fugaz en el amor y sin formación académica, aprendió  observando pintar a sus cuatro maestros. Luego pintó por cuatro décadas y fue la primera mujer admitida a la *Societé Nationale des Beaux-Arts*.

Sonia Delaunay había nacido en Ucrania y llegó a París a los 20 años para poder estudiar en la *Académie la Palette* en Montparnasse. A los 23 se casó con Wilhelm Uhde, un alemán dueño de una galería, quien le abrió los contactos del ambiente artístico parisino a cambio de usarla como pantalla para su homosexualidad velada. Al año, Sonia conoció en la galería a Delaunay y se hicieron amantes. Se divorció de Wilhelm y se casó con Robert. Aparte de la pintura, su arte se extendió al el diseño textil y la escenografía.

Su *Nu Jaune* (Figura 74) contrapone la piel brillante y cálida de la modelo contra un fondo frío, en un estilo *fauve*. Los contornos son enérgicos, con la intención primitivista del *cloisonnisme* de Gauguin. Sonia no trata de hacerla atractiva, sino que la representa con un rostro de máscara felina, entre aburrida y disgustada.

Georgia O'Keefe fue la pionera y «madre» del modernismo estadounidense, combinando abstracción con representación. Nacida en una granja, emigró a Nueva York y se casó con el fotógrafo y galerista Alfred Stieglitz. Vemos su *Iris Negra III* (Figura 75). Es una flor y es también la abstracción de una flor. Stieglitz interpretó freudianamente que las flores

que había pintado su futura esposa eran representaciones de vaginas.

Frida Kahlo se casó con Diego Rivera, veintiún años mayor que ella, cuando él ya era célebre y ella estudiante de arte. Sus dos matrimonios con Rivera fueron volátiles y tormentosos; él fue infiel incorregiblemente, hasta con la hermana menor de Frida. Su estilo era *folk naïf* sombrío y exploraba temas de identidad, género, raza y clase social, muchas veces con sello autorreferencial. Es una de las pintoras más icónicas de la historia del arte. *Las Dos Fridas* (Figura 76), pintado durante su

separación temporal de Rivera, con la Frida europea con su corazón roto y sangrante cayendo sobre la falda (referencia quizá también menstrual), y la Frida latina con su corazón íntegro.

Lola Mora fue una pintora y escultora argentina; de hecho, la primera escultora de América Latina.

Su obra más famosa es la *Fuente de las Nereidas* (Figura 77) que representa a ninfas marinas asistiendo al nacimiento de Venus. Fue realizada en mármol de carrara, al estilo de Bernini.

Provocó gran escándalo por los gloriosos desnudos neoclásicos que emergen triunfalmente y sin recato de las aguas. Para la pacata y parroquial sociedad porteña de principios del siglo XX, su obra era «licenciosa y libidinosa».

Estaba destinada originalmente a la Plaza de Mayo (donde está hoy la pirámide), pero la Curia vigorosamente la objetó por su cercanía a la catedral. Fue instalada entonces en Paseo Colón y Cangallo (actual Perón), pero ninguna mujer se acercó a la inauguración de «semejante impudicia». Bajo continua presión de «la gente decente», acabó escondida en la Costanera Sur (hoy Puerto Madero), desde donde aún hoy nos maravilla. Lola se casó con Luis Hernández Otero, diecisiete años menor que ella, lo que causó gran escándalo; la boda fue boicoteada por la familia del novio, quien tras cinco años la abandonó.

Leonor Fini, escritora y pintora autodidacta argentina, combinó su talento figurativo natural con influencias del surrealismo concentrado en París (De Chirico, Ernst, Picasso, Dalí), pero se asentó en el realismo mágico.

Casada y pronto divorciada, vivió con muchos amantes también intelectuales y con sus a veces veintitrés gatos. Feminista y orgullosamente bisexual, pintaba mujeres en actitudes poderosas.

Autorretrato con Escorpión (Figura 78), la muestra engañosamente femenina e invitante, pero predatoria y peligrosa. Es un rosa con espinas; merece etiqueta de advertencia. *La Guardiana del Huevo Negro* (Figura 79) sentada en un páramo, es una representación mítica y mística del poder divino de la mujer.

Natalia Goncharova fue una pintora, escultora, diseñadora y escenógrafa de *l'avant-garde* de Rusia. Vemos su *Autorretrato con Lirios* (Figura 80), en el que en vez de pintar

lirios blancos (símbolo religioso de la castidad), los lirios con los colores de la sexualidad saltan del lienzo como llamaradas.

Pintó también *Los Evangelistas* en forma de retablo de íconos ortodoxos, pero en estilo primitivista, con fisonomías campesinas, sus rollos aún en blanco y expresiones de preocupación por tenerlos que escribir. Esa obra causó gran escándalo porque fue considerada blasfema por mostrar a los evangelistas con sensibilidad moderna y, encima, porque pintar íconos era tradicionalmente una tarea exclusiva de hombres. La obra fue prohibida y Goncharova condenada por el Comité Eclesiástico de Censura como un «anticristo del arte».

Veamos ahora a la mujer desde la perspectiva de algunos pintores masculinos también del *fin de siècle* y del siglo XX:

Gustav Klimt (simbolismo y *art nouveau*) se caracterizaba por el erotismo de sus figuras femeninas. En *Judith con la cabeza de Holofernes* (Figura 81) deja entrever su temor a las mujeres. La heroína es la *femme fatale*, una vampiresa que destruye hombres. ¿Es fuego, es hielo, o ambos a la vez? ¿Le hizo el amor antes de matarlo? ¿Su expresión de placer lascivo, es post orgasmo, o post venganza?

Siguiendo con el *art nouveau*, vemos a *Salomé con la Cabeza de Juan el Bautista,* o *el Climax* de Aubrey Beardsley (Figura 82). Salomé contempla satisfecha la cabeza del Bautista, que consiguió con su danza lasciva para Herodes, tan cerca de su rostro como si la fuera a besar.

En su *Muerte de Marat* (Figura 83) Edvard Munch rehace el cuadro de David, pero esta vez expresionista y con fuerte contenido sexual.

De la política revolucionaria nos llevó a la política sexual. En esta versión Charlotte nos mira sin remordimiento, con la calma que brinda la convicción del fanático, y Marat es un ingenuo que se dejó seducir por su asesina.

Habrán notado quizá el paralelo entre las escenas del *Judith* de Klimt, el *Salomé* de Beardsley, y el *Marat* de Munch. Podrían ser interpretados como alegatos feministas de «mujeres empoderadas» o, alternativamente, como imágenes misóginas que tenemos los hombres sobre la mujer traicionera y peligrosa, reflejando nuestra antiquísima actitud hacia la mujer.

La obra seminal del cubismo es *Les Demoiselles d'Avigno*n de Picasso (Figura 84). Muestra a cinco prostitutas del lupanar en Carrer d'Avinyó en Barcelona. Las señoritas están en poses provocativas, no femeninas. La obra fue

considerada muy inmoral y hasta obscena por el público en general.

Picasso fue un depredador serial y abusivo de mujeres. Alimentaba su arte de su sangre, como un vampiro. Decía: *«hay dos clases de mujeres: diosas y felpudos».* Le gustaban las mujeres mucho menores que él. Primero fue amante de una modelo Madelaine, quien decidió abortar al quedar embarazada. Luego vino la pintora y modelo Fernande Olivier, de su misma edad, pero la engañó con Eva Gouel (cuatro años menor). Mientras Eva moría de tuberculosis la engañó con la bailarina de cabaret Gaby Depeyre (siete años menor), quien eligió casarse con otro. Entonces fue amante de la actriz y modelo La Pâquerette (quince años menor) y luego de la bisexual Irène Lagut (doce años menor), quien no quiso casarse con él.

Se casó entonces con la bailarina Olga Khokhlova (diez años menor, madre de Paulo). La dejó por Marie-Thérese Walter (veintiocho años menor, madre de Maya), a quien engañó con Dora Maar (veintiséis años menor, que se suicidó). Luego vino Francoise Gilot (cuarenta años menor, madre de Claude y Paloma, quien lo dejó por su affaire con Geneviève Laporte (cuarenta y cinco años menor). Gilot se casó con Jonas Salk, el de la vacuna contra la polio. Picasso se casó entonces con Jacqueline Roque (cuarenta y seis años menor, quien se suicidó), pero la engañó con Sylvette David (cincuenta y tres años menor que él). ¿Notan un patrón?

El dadaísta Duchamp, de quien se sospecha robó la idea del famoso mingitorio rebatido como fuente a una poeta dadá, la baronesa Elsa von Freytag-Loringhoven, realizó el collage *L.H.O.O.Q* (Figura 85).

Simplemente, tomó una Gioconda y le pintó bigotes y barbita. El título es una chanza, ya que esas letras pronunciadas en francés suenan como *«elle a chaud au cul»* (ella está caliente en el culo), una expresión vulgar sobre la mujer ninfómana. Duchamp bajó a la Mona Lisa de su pedestal, le puso un título obsceno y misógino, y le agregó fluidez de género, aludiendo a la homosexualidad de Leonardo.

La Rubia Desnuda de Modigliani (Figura 86 con su *chemise* cayendo más abajo que la de la *Venus de Milo*, también trae ecos del *Nacimiento de Venus* de Botticelli, obra que había visto durante su estadía de estudios en Florencia. Resuenan el cabello rubio, la cabeza inclinada y el *contrapposto* del cuerpo. Pero mientras que la Simonetta de Botticelli pudorosamente se cubre un pecho con la mano y sus genitales con su largo cabello

y tiene una expresión plácida, la rubia de Modigliani nos llama descaradamente la atención a su sexualidad recién descubierta por la camisa caída y nos confronta con una sonrisa desafiante. La obra causó escándalo en su exhibición en la galería de Berthe Weill.

Tras una vida licenciosa (incluyendo como dijimos un affaire con la autora bisexual Beatrice Hastings), Modigliani se enamoró a los 33 años de Jeanne Hebuterne de 18, cuya familia indignadamente cortó los lazos, y tuvieron una hijita.

Al año siguiente, tras otra noche de excesos, Modigliani murió de su meningitis en brazos de su amada. En su desesperación, Jeanne, a pesar de estar embarazada de nueve meses de su segundo niño, se arrojó por la ventana del quinto piso, matándose y matando al nonato.

A pesar de la ambigüedad también sexual de Dalí, el amor de su vida fue Gala (Elena Ivánovna Diákonova), una divorciada rusa que había mantenido un *ménage à trois* con Max Ernst y Paul Éluard. Dalí la amó locamente y estuvo a su lado por cincuenta y tres años. No fue un amor normal ni sano; fue tan surrealista como Dalí.

El Gran Masturbador (Figura 87) es la obra más controversial de Dalí, y refleja la transformación erótica que le produjo su amada Gala. La figura es la cabeza del artista durmiendo, del cual surge la visión onírica de su musa atraída por los estupendos e irresistibles genitales de Dalí (los hombres sabemos ser así de ilusos). En esta especie de autorretrato que

perturba, hay señales de sadomasoquismo en el anzuelo, los cortes sangrantes, las hormigas y la langosta que lo torturan. Dalí fue muy criticado por glorificar algo considerado muy vergonzante.

La técnica de las antropometrías de Yves Klein (Figuras 88 y 89) consistía en usar cuerpos femeninos desnudos pintados de azul como pinceles, imprimiendo contra el papel o arrastrando los cuerpos sobre este.

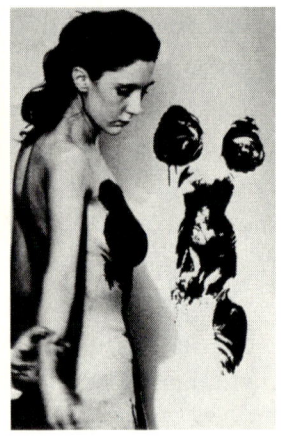

Esta manifestación artística se teatralizaba en público (con invitados selectos) en un *happening*, mientras tocaba una orquesta y se convidaba a los asistentes con cócteles azules. La música era la Sinfonía Monótona de Klein, una sola nota tocada durante veinte minutos, seguida de veinte minutos de silencio. En 1970, feministas denunciaron a Klein por esa *«explotación sexual que, al estrellar cuerpos femeninos desnudos sobre la tela, manifiesta la opresión y la violencia del patriarcado».*

Fernando Botero es un pintor y escultor figurativo cuyos sujetos son característicamente rotundos, parodiando el bienestar de las clases dominantes colombianas. Vemos una de sus muchas versiones de la *Mujer Gorda* (Figura 90). Botero declaró que no tenía un fetiche al respecto ni perseguía una visión misógina, sino que se enfocaba en explorar la volumetría y su sensualidad, para lo que el cuerpo femenino se brindaba especialmente.

*

La liberación femenina ha avanzado notablemente, pero aún falta camino por recorrer e inequidades que resolver. Veamos qué falta.

15. ¿Igualada?

> «*Las mujeres deben estar donde se toman las decisiones… No debería ser la excepción*»
>
> Ruth Bader Ginsburg

De vuelta en los EE. UU., tras los dos períodos de Bill Clinton, en 2000 ganó las elecciones George W. Bush, marcando un nuevo giro a la derecha. En el también pendular 2008 ganó las elecciones el demócrata Barack Obama, el primer presidente negro, provocando un giro al centro y una amarga reacción en la clase media y media-baja blanca, rural y derechista.

Hacia 2009 apareció un movimiento de tinte evangélico en lo religioso, *anti*-establishment, libertario en lo político-económico y ultraconservador en lo social, el *Tea Party*. Para 2010 controlaban el tradicionalmente moderado partido Republicano. Usaba eficazmente las redes sociales y pugnaba por retrotraer el fallo de *Roe vs. Wade* para ilegalizar el aborto.

Hoy: la Cuarta Oleada Feminista

A partir del 2010 estamos en lo que se denomina la *Cuarta Oleada*. Se enfoca en el empoderamiento femenino, en la equidad laboral (igual paga por igual trabajo) y en la «autonomía corporal» (no ser sujeta a la violación de la integridad corporal, ni física ni verbal).

Aparte de acercar al acoso sexual al plano de rechazo moral que provoca la violación, el feminismo norteamericano consiguió reabrir el debate de la *ERA* y logró la integración de mujeres militares en roles de combate en 2016.

Figuras progresistas moderadas como **Hillary Clinton** y **Michelle Obama** dan prestigio al feminismo con imagen y posturas concretas sobre el acceso profesional y político para la mujer. Figuras mediáticas como **Emma Watson** y **Beyoncé** le agregan visibilidad.

Tras otro giro pendular hacia la extrema derecha, y a pesar de múltiples acusaciones de inconducta sexual en su contra, en 2016 ganó las elecciones el disruptivo, mediático, populista y misógino Donald Trump (el del «*I grab them by the pussy*» - *Yo las cojo por el coño*). Supo capitalizar oportunistamente la versión local del desencanto global que sienten las clases medias y medias-bajas trabajadoras con el liberalismo, la inmigración, la globalización y la robotización.

Su movimiento de base copó totalmente el partido Republicano, y convergieron allí la derecha evangelista, conservadores católicos antiabortistas, grupos aislacionistas, nacionalistas y racistas, neonazis, negacionistas del cambio climático, fieles de las teorías conspirativas más ridículas e industriales proteccionistas. Mediante el nombramiento de jueces afines en la Corte Suprema y en los tribunales federales de apelación, se revitalizó la lucha contra el aborto, bajo implacable asalto legal en varios estados.

El #*MeToo* (yo también) es un fenómeno iniciado en los EE. UU. que se ha propagado por todo el planeta, contra la violación, la agresión o el abuso sexual y el acoso verbal, sobre todo en el ambiente laboral. Fue lanzado en *Myspace* en 2006 por **Tarana Burke**. Busca empoderar a las mujeres mediante la empatía y la fuerza de las muchas que han sufrido lo mismo. En muchos casos laborales, si bien se trataba de sexo quizá consensual, era posibilitado y estaba encuadrado por la diferencia de poder.

Fue un movimiento inicialmente de nicho, hasta que en 2017 las múltiples denuncias contra el productor de Hollywood Harvey Weinstein se volvieron virales en las redes sociales, e hicieron denuncias muchas actrices famosas como Alyssa Milano, Gwyneth Paltrow, Ashley Judd, Jennifer Lawrence y Umma Thurman.

Además de Harvey Weinstein, cayeron o fueron fuertemente desprestigiados en los EE. UU. entre cientos de otros: Roger Ailes (fundador y CEO de *Fox News*); el famoso arquitecto Richard Meier; el economista Dominique Strauss-Kahn, los políticos Al Franken y Patrick Meehan; el pastor Bill Hybels; las figuras mediáticas Kevin Spacey, Louis C.K., Charlie Rose, Matt Lauer, Roman Polanski, y hasta la actriz Asia Argento.

A veces, se juzga con los estándares *de hoy* actitudes que estaban socialmente normalizadas hace varias décadas atrás. Entiendo que el castigo ejemplarizante quizá haga pensar dos veces a otros potenciales perpetradores. Pero lo que objeto, porque huele a totalitario, es que quizá se dejen de lado principios tan universales como la presunción de inocencia y el derecho de defensa; la acusación basta para el linchamiento mediático y la condena de muerte profesional y social. En tal sentido se han manifestado en contra de tal radicalización «jacobina» feministas pragmáticas francesas con trayectoria, como **Catherine Deneuve**, **Catherine Millet** y **Elisabeth Badinter**.

Impulsado por víctimas famosas, el *#MeToo* se volvió un fenómeno global, a veces bajo siglas locales, como *#BalanceTonPorc* en Francia. En la Argentina nació *#NiUnaMenos* y se extendió por varios países latinoamericanos. Su foco original era la violencia de género, incluyendo la perpetrada por extraños y la doméstica perpetrada por novios y maridos.

No creo que nadie menor de 80 años, sin un severo problema cognitivo o una pesada mochila cultural o emocional por una infancia traumática, discuta ya los derechos femeninos al voto, el divorcio sin causa, el acceso irrestricto a la educación universitaria, a la política y al trabajo profesional, a su propio control procreativo, y no comparta el repudio social a la violencia doméstica, la explotación y el abuso sexual. Sin embargo, hay temas puntuales que continúan en ardoroso debate entre mujeres en el último medio siglo, como el del aborto.

En la Argentina, por ejemplo, más allá de la perenne grieta entre el peronismo y la izquierda por un lado, y la clase media-alta urbana y rural en la Argentina por el otro, el debate sobre la despenalización del aborto ha abierto otra grieta algo transversal a las ideologías, con dos posturas fanáticamente irreconciliables entre los «pañuelos verdes» (radicalmente pro-aborto, buscando eliminar casi todas sus restricciones actuales) y los «pañuelos celestes» (radicalmente anti-aborto, tratando de hasta revertir las razonables excepciones permitidas desde hace muchas décadas por la ley vigente a la fecha de este escrito). Tal polarización y el temor a la «pendiente resbalosa» hacen difícil el consenso. Con el peronismo de regreso al poder, ganaron las «verdes».

Sin embargo, más allá de su transversalidad parcial, el movimiento abortista corre paralelo a la saga progresista que ha ido avanzando en América Latina respecto de los derechos humanos, el divorcio, la despenalización del cannabis, el anticlericalismo, la penalización de la pedofilia y la conquista del matrimonio homosexual. El movimiento «provida» corre paralelo al resurgir de la «nueva derecha» nacionalista, xenófoba, misógina y homófoba, que ha pasado a ser la mayor amenaza contra la herencia democrática y liberal de la Ilustración.

La «igualdad» de la mujer

A lo largo de este trabajo hemos mencionado a la *equidad* y a la *igualdad*. Equidad significa que cada uno reciba lo que merece o le corresponde, mientras que igualdad significa que cada uno reciba lo mismo. Como dijo Balzac, «*la igualdad puede que sea un derecho, pero no hay poder en la tierra que la convierta en un hecho*». Lamentablemente, tampoco es fácil lograr la equidad.

Empecemos por notar que *igualdad* carece de una buena definición y, como dijo Balzac, puede que sea una entelequia. Por ejemplo, un jugador profesional de fútbol y yo seguramente diferimos en destreza física, historial educativo y nivel de ingresos. Se trata en realidad de un abstracto, una aspiración inalcanzable, y que entra en conflicto con el concepto de *equidad,* con el de *libertad,* y hasta con la *biología*.

«*Liberté, Égalité, Fraternité*» fueron postulados en paquete por la Revolución francesa, pero hay una tensión inherente, o mejor dicho una contradicción intrínseca entre las dos primeras, que son insaciables y se pueden fagocitar entre sí. Esos derechos no son mutuamente gratuitos, como señalaba Giovanni Sartori. El mismo dilema se suscita cuando debemos elegir entre libertad y seguridad.

Edmund Burke, el *ilustrado* que curiosamente fue el padre del pensamiento conservador moderno, criticó duramente a la Revolución francesa justamente por la ingenuidad de su idealismo respecto de la igualdad. Pero no entendió quizá el punto; no se trataba de la igualdad explícita en todos los ámbitos, sino de la igualdad en el *poder* político y en los *derechos* (probablemente, otras ingenuas aspiraciones). O quizá para Burke hubiera sido más afortunado que los revolucionarios hubieran elegido *Équité*.

De los variados tipos de igualdad de derechos que son esenciales a la emancipación de la mujer (igualdad política, económica, jurídica, etc.) la más necesaria hoy día quizá sea la igualdad de oportunidades laborales, incluyendo la igualdad de remuneración a igualdad de esfuerzo, capacidades y responsabilidades. Eso respetaría los principios de equidad, libertad y meritocracia; pero implicaría, paradójicamente, igualdad de oportunidades para ser desiguales.

La igualación forzada de estados finales sin tener en cuenta el talento, la capacidad y el esfuerzo, es coartar la libertad y lleva a la mediocridad. ¿Igualar oportunidades es igualar los puntos de partida? Esa es quizá otra entelequia, ya que todos provenimos de medios familiares, educativos, culturales y económicos diferentes. Sin embargo, dentro de una misma familia, las oportunidades educativas para hijos e hijas deberían ser las mismas. Estas parten de actitudes conscientes e inconscientes de los padres, y dependen de las mochilas culturales que ellos llevan.

La equidad en el trabajo y en la política

No debería sorprendernos que las mujeres demanden más y mejores oportunidades laborales, porque el andamiaje demográfico de nuestra sociedad ha cambiado radicalmente. No sorprende que haya religiones que penalicen la homosexualidad, el divorcio, la contracepción y el aborto, y que fomenten la natalidad y la maternidad exclusiva, porque surgieron de un ambiente histórico-social agrícola, donde había alta mortandad infantil y baja expectativa de vida. Hasta bien entrado el siglo XX, el imperativo de la especie era reemplazar esas mermas en la población con unos 5-8 hijos por mujer. Esa situación de fondo hoy ha cambiado en el mundo desarrollado, donde la mujer ha dejado de ser una máquina procreadora y domadora de niños, y puede atender aspiraciones educativas y laborales.

Bajo un declamado homenaje a la diversidad, en el trabajo suele perdurar el *bullying* disfrazado de humor y, más llamativamente, el rol secundario de la mujer en el plantel gerencial y en la junta del directorio.

Me parecen irónicas las fotos de directorios corporativos, de asociaciones industriales o profesionales, o hasta de entidades filantrópicas que incluyen, parecería que como cuota, a una mujer y quizá a un negro en la foto; ... y si consiguen a una mujer negra, matan dos pájaros de un tiro. Uno podría transformarlo en un juego: «encontrar a la mujer». Para ser justos, eso ya sucede menos en Europa, que en América o en Asia.

Por ejemplo, hoy la fuerza laboral en los EE. UU. es un 47% femenina y hay más mujeres que hombres siguiendo estudios universitarios. Sin embargo, no alcanzan proporcionalmente los cargos y compensaciones más altos.

Puede ser que la desigualdad de salarios promedio se deba a que haya menos investigadoras científicas, ingenieras, cirujanas, abogadas comerciales y banqueras de inversiones, y más maestras, enfermeras y empleadas administrativas, lo que desfasaría justificablemente las compensaciones promedio entre hombres y mujeres. Es decir, las mujeres pueden acceder a empleos con baja remuneración y a posiciones técnicas y gerenciales medias, pero muy pocas a funciones ejecutivas o a las profesiones más lucrativas.

Como no hay diferencias genéricas de capacidad, deberíamos investigar entonces por qué no aspiran en igual proporción a las ocupaciones más lucrativas y «realizadoras», si es por elección propia (no están dispuestas a sacrificar aspectos de su maternidad) o si es por pautas culturales. También si hay equidad; si a igualdad de aptitud y esfuerzo ganan lo mismo que un hombre y tienen igual oportunidad de ascenso, o existe el famoso «techo de cristal».

Solamente el 4% de los CEOs de las empresas que figuran en la lista de *Fortune 500* son mujeres, 15% de la primera línea ejecutiva, 27% de las posiciones gerenciales y son 15% de los socios patrimoniales en firmas legales. En los EE. UU. las mujeres son el 30% de los médicos, pero solo el 10% en las cinco especialidades médicas mejor remuneradas. El 24% de los periodistas son mujeres. Solamente diez, entre ciento cincuenta cabezas de estado elegidas democráticamente son mujeres (7%) y lo son 25% de las parlamentarias. Hay entonces, a lo sumo, una cuarta parte del espacio público para la mitad de la población. Eso no tiene justificación.

Al margen, ¿por qué hay tan pocas jefas de Estado? Aristóteles encontraba irrisoria la idea de que una mujer pudiera serlo, y reflejó la actitud histórica de Occidente. Irónicamente, durante la pandemia del virus corona (Covid-19) en el 2020-21, varios de los países gobernados por mujeres estuvieron entre los que demostraron mejor performance en su respuesta a esa emergencia sanitaria, como **Tsai Ing-wen** de Taiwán, **Angela Merkel** de Alemania, **Jacinda Ardern** de Nueva Zelandia,

Mette Frederiksen de Dinamarca, **Sana Marin** de Finlandia, etc.

Sus reacciones a la emergencia generalmente se caracterizaron por su empatía, su claridad conceptual y de comunicación, su transparencia, y por haber tomado acción preventiva temprana y decisiva. Eso, en contraste con papelones de narcisismo, parsimonia, ignorancia e incompetencia como los de Donald Trump, Jair Bolsonaro, Boris Johnson, Nicolás Maduro, Alberto Fernández y Andrés López Obrador, entre otros.

Debe haber algo más que saber elegir o no los trabajos lucrativos o con poder. Se vincula entonces la falta de progreso femenino con la elección del *sendero* dentro de la carrera lucrativa que las mujeres prosigan. Pero esto se debe a las barreras formales e informales y a las *reglas del juego no escritas* que sería necesario eliminar.

En el trabajo se les recuerda a las mujeres que deben ser más asertivas, invertir más horas, etc., adecuándose al régimen de los hombres e imitándolos, en vez de diseñar un régimen para la otra mitad de la población mundial, de la que aún hoy se espera una mayor participación en las labores domésticas y en el cuidado y la crianza de los hijos. Es indudablemente un desafío muy grande para una pareja con hijos pequeños el tener dos carreras intensas y exitosas; uno de los dos tiene que ceder el rol de ser la fuente mayor de ingresos y aceptar ser el responsable primario de la crianza, o el acompañante desempleado si son transferidos a otro país.

Se ha argumentado que una buena separación pragmática y utilitaria de roles, debería basarse así: quien gane menos dinero de la pareja debería enfocarse más en las tareas domésticas, liberando al otro para que invierta mayor tiempo en maximizar el ingreso familiar. Se ha comprobado, sin embargo, que hasta en parejas en las cuales el hombre gana menos que la mujer, ella debe aún aportar la mayor parte del esfuerzo en las labores domésticas. Es decir, la mujer debe seguir ocupándose de lo doméstico además de invertir largas horas en su trabajo.

Anecdóticamente, durante mi ecléctica carrera profesional de ingeniero y de banquero de inversiones, recalé en dos bancos de inversión globales. Entre cientos de *managing directors* (directores ejecutivos) que trabajaban 12 horas diarias, muchos fines de semana y feriados, y viajaban por el mundo más de la mitad del tiempo, conocí a dos colegas brillantes, dedicadas y exitosas, ciertamente porque podían mantener el mismo ritmo.

El común denominador: ambos maridos habían asumido el rol doméstico, trabajando desde la casa en diseño gráfico, por ejemplo, y ocupándose de los hijos. Una de las citadas mujeres me confesó apesadumbrada que se había perdido la infancia de sus hijos, sus tareas, partidos, actos del colegio, etc. Fue para ella un precio muy caro.

Encima, hay mujeres exitosas que enfrentan resistencias internas en la firma y, a veces, de otras mujeres. Un ejecutivo asertivo es un líder, mientras que una ejecutiva asertiva es una «*bitch*» (bruja o literalmente, perra). Las mismas mujeres trabajadoras, víctimas de milenios de socialización patriarcal, parecen tener más respeto por la autoridad masculina que por la femenina. Las que triunfan, a veces lo logran distanciándose de las otras mujeres. No son entonces solamente los varones los que deban cambiar su actitud, sino que también deberían hacerlo las propias mujeres.

Algunas voces de izquierda achacan estas falencias al capitalismo, sin convenientemente recordar la composición genérica del politburó soviético, los efectos infanticidas sobre las niñas de la pasada política china de «un solo hijo», la violación actual del derecho de toda mujer china de controlar su propia procreación (no más de tres hijos), o las actuales composiciones de las dirigencias políticas en China, o en Cuba (hasta hace muy poco abrumadoramente de hombres ancianos y blancos, en una población con un 50% de mujeres y un 45% entre mulatos y negros).

Recordemos también que las feministas negras de los EE. UU. resentían el monopolio del movimiento en manos de norteamericanas «progresistas» de la elite intelectual y económica blanca. Es decir, la inequidad es transversal a las ideologías políticas y a las razas.

Se destacan en esta lucha por la igualdad laboral **Sheryl Sandberg,** COO de Facebook y autora de *Lean In,* la profesora de Princeton **Anne-Marie Slaughter**, y la periodista y autora **Michelle King**, inspirando a mujeres a aspirar a los más altos cargos ejecutivos.

El feminismo radical

Pero para algunas no bastará con alcanzar la equidad; parecen querer venganza. Lo que me parece innecesario, inoportuno y resulta contraproducente, es ese extremo fanático de las jacobinas del *RadFem*, muy pocas pero muy visibles, que las lleva a odiar o condenar indiscriminadamente a los hombres como clase, que hasta haya que matarnos a todos, que una relación consentida y posteriormente lamentada se transforma en una violación, que se llegue hasta a condenar cualquier modo de heterosexualidad equiparándola a la violación, que con sus cuerpos desnudos se dediquen a vandalizar o profanar iglesias, etc. ¿Es necesaria tanta agresividad, tanta misandria, tanta intolerancia y blasfemia gratuita? Ese *«neofeminismo guerrero»* le da mal nombre al feminismo y vindica a sus reaccionarios.

El foco de la causa se pierde y se desacredita también por culpa de banalidades como tratar de forzar un lenguaje *«inclusive»* o cambiar el final de los cuentos de *Blancanieves* y de la *Bella Durmiente¸* porque esos dos príncipes oligárquicos las besaron sin su consentimiento, etc. El lenguaje inclusivo no se manifiesta cambiando vocales o insertando símbolos, sino dejando de mostrar a las mujeres como apéndices de hombres o partes del mismo grupo vulnerable que los niños, adoptando simetría en el tratamiento sin hacer relevante a la femineidad en el contexto, desmontando estereotipos, usando sustantivos genéricos y pronombres neutros, etc.; todo eso es posible en perfecto castellano.

Las punteras del siglo XXI

Angela Merkel (1954-) es sin duda «la estadista» de lo que va del siglo y fue considerada por *Forbes* la mujer más poderosa del mundo por once años consecutivos. Canciller de Alemania desde 2005 al 2021 (Figura 91), ha presidido el G8 y el Consejo Europeo, la primera mujer en desempeñar ambos cargos. Como Golda Meir y Margaret Thatcher, es llamada también *«dama de hierro»* y tiene, como Thatcher, formación científica e ideología conservadora. Obtuvo un doctorado en física y química cuántica, y domina el inglés y el ruso. Tiene un retrato de Catalina la Grande en su despacho.

Casada dos veces, no tiene hijos. Soportó estoicamente y con gran clase el *bullying* del ex primer ministro italiano y grosero bufón Silvio Berlusconi (*«La Merkel es incogible»*), condenado por prostitución de menores y por fraude fiscal.

Michelle Bachelet (1951-), médica y política socialista, ha sido dos veces presidenta de Chile (Figura 92) y también directora ejecutiva de ONU Mujeres. Es actualmente la alta comisionada de la ONU para los DD.HH. Su padre, un general de la Fuerza Aérea de Chile fue asesinado, y Michelle y su madre fueron torturadas por la dictadura de Pinochet. Gobernó Chile con equilibrio y sin ansias de venganza, y permitió que el dictador muerto, asesino de su padre, fuera enterrado con honores militares. Siendo de «izquierda», no dudó en condenar las violaciones a los DD.HH. del régimen dictatorial de Maduro. De eso se trata ser moral según el imperativo categórico kantiano.

Veamos ahora a líderes jóvenes y muy jóvenes:

Jacinda Ardern (1980-) es la primera ministra de Nueva Zelanda (Figura 93). Hija de un policía y una cocinera en una familia mormona, comenzó a trabajar a los 14 años. Ha sido parlamentaria desde los 28, fue asesora de Tony Blair en el Reino Unido y presidenta de la Unión Internacional de Juventudes Socialistas. Se volvió la líder del partido Laborista y primera ministra

desde 2017. Renunció al mormonismo por su oposición al matrimonio gay, prohibió las armas automáticas y los rifles de asalto tras las masacres en dos mezquitas en Christchurch, y tuvo una hija con su pareja estando en funciones. Descolló por su pericia y empatía durante la pandemia del Covid-19.

Sanna Marin (1985-) vicepresidenta del Partido Socialdemócrata de Finlandia, parlamentaria, ministra de transporte y comunicaciones, fue elegida primera ministra de Finlandia en diciembre de 2019 (a los 34 años), siendo la persona más joven en ocupar el cargo (Figura 94).

Criada por su madre soltera y su pareja femenina, tiene una maestría en ciencias de la administración pública, y tiene un hijo con su compañero.

Merece una mención especial una muy joven mujer paquistaní que en pleno siglo XXI tiene que luchar por derechos que ya son dados por sentados en Occidente, como por ejemplo el acceso de mujeres a la educación, y que aún son esquivos en regiones islamistas fundamentalistas sin separación religión-Estado. **Malala Yousafzai** (1997-) ha sido la receptora más joven del Premio Nobel de la Paz (Figura 95). Hija de una pareja de educadores, en 2009 a los 11 años escribió un blog bajo seudónimo para la BBC, relatando su experiencia bajo la represión misógina de los talibanes que ocupaban su región. El *New York Times* hizo un documental sobre ella, y adquirió celebridad mundial mediante entrevistas y artículos.

En 2012, cuando regresaba a su casa en el micro escolar, operativos talibanes se subieron a este y le dispararon en la cabeza. Estuvo en condición crítica, pero sobrevivió y fue transferida a Inglaterra para su sanación completa y rehabilitación. Amenazada nuevamente por el terrorismo islámico, desde allí sigue luchando por los derechos educativos mientras continua su formación universitaria en filosofía, política y economía en Oxford.

La estadounidense **Jennifer Doudna** (1964-) y la francesa **Emmanuelle Charpentier** (1968-) (Figura 96) fueron galardonadas juntas el Premio Nobel de Química de 2020 por el desarrollo de un método de edición del ADN mediante «tijeras genéticas», abriendo así un mundo se posibilidades para la cura del cáncer y para el desarrollo de vacunas como las que inmunizan contra el Covid-19 y la malaria.

La ya mencionada **Michelle King** (1984-) es una experta global en género en organizaciones, encabeza la coalición para el cambio global de la mujer en la ONU y es asesora de la ONU en temas de mujeres adolescentes.

Australiana, casada y con dos hijos (Figura 97), vive en

Houston, es Directora de Inclusión de Netflix y escribe para *Forbes, Thrive, Time* y *Harvard Business Review*, tuvo un *TED Talk* y produce el podcast *The Fix*. Graduada como psicóloga, tiene posgrados en psicología industrial y organizacional, periodismo, un MBA (master en administración de empresas) y un Ph.D. (doctorado) en Organizaciones y Género.

En el «semillero» debo mencionar a la muy joven **Greta Thunberg** (2003-) (Figura 98), quien hoy encarna el activismo social juvenil. Ha sido postulada dos veces para el Premio Nobel de la Paz por sus esfuerzos para concientizar sobre el cambio climático y dar sentido de urgencia a los gobernantes al respecto. Sueca, muy precoz y articulada, comenzó en 2018 organizando huelgas y protestas estudiantiles y en 2019 pronunció un emotivo discurso en las Naciones Unidas. Provocó una respuesta condescendiente y paternalista de Donald Trump, que funcionó a su favor y supo responder con ironía.

¿Llegará el fin del sexismo?

La homofobia, el racismo, la explotación, el abuso infantil y la pedofilia, la tortura y el sexismo han decrecido notablemente desde albores del siglo XX hasta nuestros días. Eso sucede porque en nuestra cultura actual se han vuelto inaceptables. Si bien ocurren menos que antes, son más visibles porque hoy son noticia escandalosa, mientras que antes eran parte de la normalidad.

Aunque, como acabamos de ver, aún falta mucho por lograr, si comparamos con el pasado que acabamos de visitar, nunca en la historia la mujer ha estado tan bien como ahora;

salvo en retrógradas islas culturales, la condición de la mujer ha mejorado substantivamente en las últimas cinco décadas.

En Occidente, la violencia de género, el femicidio, el feminicidio (un crimen de odio, el asesinato por el simple hecho de ser mujer), el abuso y el acoso sexual, ahora salen en primera plana y más aún, se hacen virales en las redes sociales. «Violencia doméstica» y «violencia de género» son términos que no trascendían hasta hace relativamente poco. La policía, la justicia y los departamentos corporativos de Recursos Humanos, ya no pueden ignorarlos.

El acoso sexual desde una posición de poder, aunque fuera «chiste» o consensual, era casi la norma hasta hace apenas una generación. Hoy caen políticos y empresarios por lo que hicieron hace décadas bajo otro marco costumbrista y son medidos con el estándar más alto actual. Puede parecer injusto, pero quizás utilitariamente, parece que el castigo ejemplarizante de chivos expiatorios por crímenes de ayer funciona para proteger a las mujeres de hoy.

Reconocer que ha habido un progreso vigoroso no significa «misión cumplida». ¿Ha llegado la mujer a la meta? Por supuesto que no; aún falta camino por recorrer, barreras y prejuicios que derrumbar, sobre todo en el trabajo, en la economía y en la política.

Pero el feminismo sigue siendo mucho más amplio que eso. Quedan otros dilemas que resolver, como el del aborto. Sin embargo, el hecho que estos temas estén enraizados en la conciencia colectiva es prueba fehaciente de que las cosas han mejorado notablemente, porque lo que era antes aceptable, negligentemente permisible o ignorado, afortunadamente ya no lo es. Esto es el buen síntoma de que la liberación femenina está funcionando.

El cambio en la concientización y actitud es notable, y se está acelerando. Según encuestas del *Pew Research Center* citadas por Stephen Pinker:

- En 1987 el 50% de los estadounidenses pensaba que las mujeres debían regresar a sus roles tradicionales, el 45% no aprobaba a las parejas de blancos y negros y el 30% aprobaba que los consejos escolares despidieran a los maestros conocidos como homosexuales
- En apenas veinticinco años (una sola generación), esos índices habían descendido al 22%, 20% y 12%, respectivamente, menos de la mitad en los tres casos.

Estas estadísticas no prueban necesariamente la caída de los prejuicios, pero al menos prueban la caída de la voluntad de su aceptación o reconocimiento. Al margen, lo curioso y sugestivo es que, aún hoy, hay más rechazo social a la mujer profesional o en posiciones de liderazgo, que a matrimonios racialmente mixtos o a maestros homosexuales (hay más sexismo que racismo u homofobia). En los EE. UU. se ha logrado elegir un negro para presidente de la nación, pero no a una mujer todavía.

Indudablemente, hay también un factor generacional; a medida que los seres humanos van transitando la columna demográfica van cambiando la foto de las opiniones y las actitudes de cada etapa de la vida. Hay una metodología infalible de encuesta involuntaria: las búsquedas en Google son anónimas, pero al haber rescindido nuestra privacidad a cambio de videos gratis de gatitos, las búsquedas se pueden rastrear demográficamente. Sucede entonces que búsquedas racistas, homofóbicas o sexistas, como por ejemplo «*nigger jokes*», «*fag jokes*» o «*bitch jokes*» en los EE. UU. (algo así como chistes de «gronchos» o «morenitos», «putos» o «maricas», «yeguas» o «brujas»), se concentran notablemente en la tercera edad.

Yo, por cierto, me considero más tolerante, respetuoso y amplio de criterio que mi padre, pero bastante menos que mis hijos, y estos seguramente lo son menos de lo que lo serán mis nietos. La familia es el foro en el que los niños aprenden y normalizan actitudes y comportamientos, como el abuso verbal, la violencia de género y hasta a compartir o no el trabajo doméstico. Las nuevas generaciones educan mejor a sus hijos en estos y otros temas de equidad, tolerancia e inclusión.

*

Se ha avanzado muchísimo, pero quedan como materia pendientes lograr la equidad en al trabajo y en la política. Trataremos de recapitular y sacar conclusiones en el Epílogo.

Epílogo

A lo largo de este trabajo hemos observado que el sometimiento de la mujer comenzó con la agricultura y su consecuencia eventual, la civilización. Es entonces un hecho relativamente reciente en la larga existencia de la especie: digamos 120 siglos de agricultura, frente a unos 2.500 de existencia de la especie, un 5%.

Recapitulando

Entre cazadores y recolectoras (nuestro estado natural y el dominante cronológicamente) la diferenciación de roles fue necesaria, pero no fue condición suficiente para generar diferencias agudas de poder político o sometimiento sexual. Como la civilización es una construcción artificial para nuestra convivencia en grandes números, la inequidad sexual no es lo «natural», sino una corrupción de lo natural.

Uno de los mitos intersubjetivos que fueron indispensables como herramienta de cohesión para hacer posible la civilización, fue la religión organizada. Vimos también que la cultura reina en la conducta del hombre, y que hay una estrecha relación entre religión y cultura. Dijimos que la religión puede ser o el reflejo cultural o, más probablemente, la causa o directriz de las actitudes hacia el sexo y la mujer. Además, las subjetivas normas morales, religiosas y sus tabúes inconscientes fueron los precursores de las leyes formales. Se aprecia entonces una clara correlación entre la religión y el sometimiento de la mujer, y una correlación paralela entre sexismo y homofobia, porque también esta última intolerancia es generada por la inflexibilidad religiosa.

A medida que cambian las circunstancias tecnológicas, económicas, filosóficas y sociales, cambia gradualmente la lógica de la moral social, que se va adaptando a la nueva realidad. La religión se resiste heroicamente a cualquier cambio, y si se adapta lo hace tarde y solo parcialmente, porque se preocupa por conservar los viejos valores, no por crear valores nuevos.

El cóctel de propiedad privada, poder militar y político masculino estructuraron al patriarcado y a su religión organizada, lo que resultó desastroso para la mujer. La cultura bélica fue inherentemente machista. De la propiedad privada y su necesidad de mano de obra nacieron la esclavitud y su hermanito, el matrimonio. De la mujer como bien inalienable surgieron las obsesiones con la virginidad y la castidad (de la mujer solamente), que fueron entronizadas por la religión. Las diosas-madres originales fueron prontamente pensionadas y reemplazadas por un plantel ejecutivo de dioses masculinos.

Como el lenguaje mismo, la religión presenta procesos de *ramificación* de idiomas y dialectos (por ejemplo, del judaísmo al cristianismo y el islam; de una confesión cristiana única a catolicismo, varias ramas de protestantismo, varias ramas de ortodoxia, y mormonismo), y de simbiosis o *sincretismo* (del cristianismo como hibridación del judaísmo con el zoroastrismo y el politeísmo helenístico; del islam como síntesis de judaísmo con el paganismo arábico; del cristianismo con religiones originarias americanas y africanas, etc.). Esa polinización cruzada llevó a una *diversidad uniforme* (válgame el oxímoron), una suerte de inequidad sexual transversal, pero sujeta a diferencias de grado. Dichas diferencias se podrían adscribir, pero con excepciones, al hecho que la religión tuviera un rol solamente ceremonial, o también moralizante.

Repasando entonces la historia:

- Las mujeres en la **Mesopotamia** gozaban de una relativa liberalidad en cuanto a la propiedad, la profesión y algún escape sexual, lo que escandalizaba a los hebreos
- En **Egipto** no sufrían por la obsesión masculina con la virginidad y gozaban de derechos de propiedad, sexualidad y poder político que no han sido equiparados hasta el siglo pasado. Eso escandalizaba a los griegos, fascinaba a los romanos y provocaba encono en los primeros cristianos
- En la **Creta minoica** la mujer gozaba de inusitada equidad y libertad, y escapaba también de las obsesiones con la fertilidad, la virginidad y la castidad
- En la **Grecia micénica**, la condición femenina, aunque claramente subordinada y no tan liberal como la minoica, no fue aún tan lúgubre como la que sobrevino en la Atenas clásica
- En **Esparta**, pese a ser una sociedad militarista y extremadamente conservadora, la ausencia permanente de los hombres en el ejército liberaba a la mujer para administrar las propiedades familiares y su propia sexualidad, lo que escandalizaba a los atenienses
- La **Atenas clásica**, a pesar de su progresismo artístico, filosófico, democrático y de la justicia, marcó un récord histórico de misoginia, sometimiento y enclaustramiento de la mujer, comparable a las tradiciones islámicas más recalcitrantes de hoy
- En **Etruria** y en **Roma**, gozaron de mayores libertades que sus contemporáneas helenísticas. Si bien eran inferiores en la ley, no lo eran tanto en la costumbre
- En **Palestina**, las mujeres estaban subordinadas al hombre, y en sus Escrituras, las mujeres fueron siempre culpables de grandes calamidades. Sin embargo, las mujeres hebreas gozaban de gran respeto e influencia, no tanto como las egipcias, pero mucho más que las griegas

- El triunfo del **cristianismo** en Occidente, a pesar de su prédica igualitaria, fue una *mala nueva*, tanto para la cultura en general como para la mujer. Sintetizó sincréticamente lo peor del judaísmo y del helenismo al respecto. Reinó durante un primer milenio medieval con preciosos focos de luz, pero rodeados de caos, violencia, analfabetismo, oscurantismo y opresión

- El **humanismo renacentista** reivindicó nuestra herencia grecorromana al no ver mayor contradicción entre ese sistema de virtudes paganas y las cristianas, liberando así al pensamiento y al arte. Sin embargo, no resultó en progreso apreciable alguno para la mujer, excepto para unas muy pocas de la elite

- Con sus efectos colaterales de **Reforma** y su rigurosa respuesta, la **Contrarreforma**, volvieron un par de siglos de pacatería y represión intelectual, mayormente en el bando católico, pero también en el protestante. Empeoró la situación femenina bajo renovadas restricciones y cazas de «brujas».

- La **Ilustración** y su caótica **Revolución francesa** trajeron un nuevo renacimiento del humanismo, esta vez con tinte racionalista y secular. A pesar de producir grandes monarcas femeninas y notables activistas revolucionarias o proto-feministas y, si bien regresó el erotismo de la mano de la frivolidad y la farándula, la condición de la mujer común tampoco mejoró. Varias activistas por los derechos de la mujer acabaron en la guillotina jacobina. El ideal de la igualdad nunca permeó al género, pero plantó como externalidad las semillas del feminismo

- Durante la **revolución industrial** y su producto social la **era victoriana**, la condición de la mujer empeoró. Las mujeres campesinas y artesanas se unieron a la fuerza laboral proletaria, no para independizarse económicamente, sino para ser cruelmente explotadas en minas, talleres y fábricas.

Bajo una hipócrita pátina de moralina, hasta las mujeres de la clase alta fueron sometidas a sus maridos sin derecho alguno de propiedad. Las francesas fueron sometidas a otro yugo, la explotación sexual, lo que escandalizaba hipócritamente a los ingleses.

Sin embargo, el trabajo femenino fuera de la casa durante la revolución industrial, el acceso a la educación terciaria profesional, y el trabajo en fábricas reemplazando a los hombres que partían hacia las dos grandes guerras del siglo pasado, concientizaron a muchas mujeres de las injusticias a las que eran sometidas. De tímidos inicios durante la Ilustración y la era victoriana, buscaron primero el fin de la esclavitud racial y como su extensión lógica, también el fin de la esclavitud de género. Continuaron buscando la igualdad de oportunidades educativas, como primer paso para equilibrar la balanza. El **feminismo** hizo finalmente pie en los albores del siglo XX, consiguiendo primero el derecho al voto y, triunfante, fue por el divorcio, la libertad reproductiva, la equidad laboral y más.

¿Qué es el feminismo?

Camille Paglia se preguntaba qué es el «feminismo» (¿teoría, ideología o programa de acción?); si se puede o no exportar a culturas no occidentales; si cuando se le buscan antecedentes en autores medievales o renacentistas no se está extrapolando para atrás; quién es o no feminista y quién lo define; quién le confiere legitimidad y autenticidad; quién define lo que es correcto o incorrecto decir o pensar al respecto; si una feminista debe pertenecer a un grupo que conforme a una ideología dominante; si el feminismo es intrínseca e inherentemente de izquierda, o si puede haber un feminismo basado en principios conservadores o religiosos renovados. Son todas muy buenas preguntas.

Lo que parece indiscutible, es que su misión es expandir las libertades de una clase oprimida, y que nació en las democracias o monarquías constitucionales liberales de los EE. UU., el Reino Unido y Francia. El feminismo no nació en países fascistas o comunistas. Propongo entonces que el feminismo se nutre de raíces en la Ilustración racionalista, capitalista, liberal y secular; esta fue nutrida por el humanismo; este por el cristianismo hibridado con nuestra tradición clásica grecorromana, con sus inventos democráticos y republicanos y a pesar de sus imperfecciones (imperialismo, esclavitud y misoginia). No debemos olvidar tampoco que el feminismo nació en parte también del abolicionismo, y este del protestantismo cristiano. El concepto de la igualdad del humanismo secular de la Ilustración le provino del humanismo cristiano del Renacimiento y a este de los Evangelios, y a los Evangelios de las Escrituras y tradiciones judías.

Entonces, como nuestro propio sincretismo religioso y cultural, el feminismo es neta y puramente un producto *occidental y de la Ilustración liberal*. Nuestra historia cultural occidental y judeocristiana y liberal ha sido una melodía de contornos disjuntos y sincopados, pero es la melodía que compusimos, y su versión final tampoco está tan mal.

Hacia el fin de la discriminación

Las pautas culturales morales y de aceptación de conductas discriminatorias están cambiando a ritmo vertiginoso desde el siglo pasado, sobre todo en las últimas cinco décadas. Si bien falta camino por recorrer, ha habido un progreso notable, sintomático en la instalación y la vigencia de la problemática femenina en la psiquis occidental. El feminismo serio funciona y triunfa y deja atrás al «patriarcado».

Para terminar, la discriminación racial y la sexual se correlacionan con la demografía y perduran en los de mayor edad. Pecando quizá de complaciente o de optimista, creo que la copa está más llena que vacía. Creo que, eventual pero ineludiblemente, tanto el sexismo como el racismo y la homofobia se irán muriendo de asfixia gradualmente en Occidente, junto a los últimos estertores de los últimos dinosaurios: los hombres de mi generación.

Agradezco su compañía en este viaje por el tiempo y cierro repitiendo, a guisa de epigrama:

> *«Imaginen vivir en un mundo sin dominación, donde hombres y mujeres son diferentes y ni siquiera siempre iguales, pero donde una visión de mutualidad es el ethos que da forma a nuestra interacción»*
>
> Bell Hooks

Bibliografía y Fuentes

- Azzoni, Analissa. Vanderbilt University (2005): *Women and Property in Persian Egypt and Mesopotamia*. Center for Hellenic Studies, Harvard University
- Beard, Mary (2015): *SPQR, a History of Ancient Rome*. New York: W. W. Norton & Company
- Beard, Mary (2017): *Women and Power, a Manifesto*. New York: Liveright
- Beise, Claudette & Gralow, Eloísa (2017): *Katharina von Bora: Uma Mulher Forte, Corajosa e Empoderada do Movimiento da Reforma do Século XVI*. Reflexus, ano XI, n. 17
- Bird, R. (1999): *Cooperation and conflict: the behavioral ecology of the sexual division of labor*. Evolutionary Anthropology. 8.2: 65-75
- de Beauvoir, Simone (1949): *The Second Sex*. New York: Vintage Books
- Cartwright, Mark (2014): *The Role of Women in the Roman World*. Ancient History Encyclopedia, website
- Chrystal, Paul (2016): *In Bed with Ancient Greeks*. Stroud: Amberley Publishing
- Chrystal, Paul (2016): *In Bed with Romans*. Stroud: Amberley Publishing
- Coonz, Stephanie (2005): *Marriage and History: How Love Conquered Marriage*. Londres: Penguin Books
- Dahlberg, F. (1983): *Woman the Gatherer*. New Haven: Yale University Press. p. 120.
- Dawkins, Richard (1976): *The Selfish Gene*. Oxford: Oxford University Press
- Durant, Will (1935-1963): *The Story of Civilization*. Norwalk: The Easton Press
- Dyble, M. et al: (2015): *Sex equality can explain the unique social structure of hunter-gatherer bands*. Science Vol. 348, Issue 6236, pp. 796-98
- Fortey, Richard (1998): *Life: An Unauthorized Biography*. London: HarperCollins
- Garibaldi, Carlos (2019): *Introducción a la Historia del Arte de Occidente*. New York: BookBaby
- Geertz, Clifford (1973): *The Interpretation of Cultures*. New York: Basic Books

- Gies, Frances: (1989): *Marriage and the Family in the Middle Ages*. New York: Harper Perennial
- Harari, Yuval Noah (2015), Hebrew University of Jerusalem: *Sapiens, A Brief History of Humankind.* New York: HarperCollins
- Harvey, Karen (2002): *The Century of Sex? Body and Sexuality in the Long Eighteenth Century*. The Historical Journal Vol. 45, Issue 4, pp. 899-916, Cambridge University Press
- Herca, Juan (2009): *Una típica boda judía en tiempos de Jesús*. Creative Commons
- Hitchcock, Tim (1996): *Sex and gender: Redefining sex in eighteenth century England*. History Workshop Journal, Vol. 41, Issue 1, pp. 72-90, Oxford Academic website
- Hooks, Bell (2000): *Feminism is for Everybody*. Boston: South End Press
- Hovsepyan, Roman et al (2015): *Women's roles in contemporary hunting and gathering*. Eleventh Conference on Hunters and Gatherers, Vienna
- King, Michelle (2020): *The Fix: Overcoming the Invisible Barriers that are Holding Women Back at Work*. New York: Atria Books
- Kirckpatrick, Kate (2019): *Becoming Beauvoir: A Life*. New York: Bloomsbury Academic
- MacCulloch, Diarmaid (2003): *Reformation Time and Sexual Revolution*. New England Review Vol. 24, No. 4, pp.6-31, website
- Marcusso, Taylor (2019): *The Status of Women in Late Antiquity*. Inquiries Journal, website
- Mark, Joshua (2016): *Women in Ancient Egypt*. Ancient History Encyclopedia, website
- Marlowe, Frank: (2007): *Hunting and Gathering: The Human Sexual Division of Foraging Labor*. Cross-Cultural Research. 41.2 (2007): 170-95. Website
- Martin, Thomas (1996): *Ancient Greece.* New Haven: Yale University Press
- Martin, Thomas (1996): *Ancient Rome.* New Haven: Yale University Press
- Nakhai, Beth (2019): *Women in Israelite Religion*. MDPI Religions
- Nemet-Nejat, Karen (1999): *Women's Roles in Ancient Mesopotamia*. Westport: Greenwood Press
- Nixey, Catherine (2017): *The Darkening Age, the Christian Destruction of the Classical World*. London: Macmillan
- Nooan, Keith (2019): *The Social Status of Women in Ancient Egypt and Mesopotamia*. The Classroom, website

- Olsen, Barbara (1998): *Women, Children and Family in the Late Aegean Bronze Age*. World Archeology, Vol 29 No.3, Intimate Relations, pp. 380-92
- Oppenheimer, Stephen (2003): *The Real Eve*. New York: Carroll & Graf
- Owen, Linda (2005): *Distorting the Past. Gender and the Division of Labor in the European Upper Paleolithic*. Tübingen: Kerns Verlag
- Paglia, Camille (2008): *Feminism Past and Present: Ideology, Action and Reform*. Lecture at Harvard University
- Parra, José Miguel (2015): *La Vida Cotidiana en el Antiguo Egipto*. Madrid: La Esfera de los Libros
- Pinker, Steven (2018): *Enlightenment Now: The Case for Reason, Science, Humanism and Progress*. New York: Random House
- Piyong Liu (2014): *Evil Woman in the Ancient Egyptian Literature*. Inner Mongolia University for the Nationalities, Tongliao, China
- Rank, Scott (2019): *Mesopotamian Women and their Social Roles*. History on the Net, website
- Reilly, Kevin (1997): *The West and the World: A History of Civilization* to **1700**. Princeton: Markus Wiener
- Robins, Gay (1993): *Women in Ancient Egypt*. Cambridge: Harvard University Press
- Sagan, Carl (1980): *Cosmos*. New York: Random House
- Sandberg, Sheryl (2013): *Lean In: Women, Work and the Will to Lead*. New York: Random House
- Schepartz, Lynne et al (2017): *Mycenaean Hierarchy and Gender Roles*. Extract from *Bones of Complexity*, Gainsville: University Press of Florida
- Siuli, Shantanu (2015): *A Paramount Justification of Victorian Sex and Sexuality and the Concept of Prostitution in 19th Century London*. International Journal of English language, Literature and Humanities, Vol. 3, No. 9
- Stjerna, Kirsi (2008): *Women and the Reformation*. Hoboken: Wiley-Blackwell
- Taylor, Timothy (1996): *The Prehistory of Sex*. New York: Bantam Books
- Tyldesley, Joyce (1995): *Daughters of Isis*. New York: Penguin Random House
- Varios (2011): *Biblia de Jerusalén*. Collegeville: Liturgical Press
- Vivante, Bella (1999): *Women's Roles in Ancient Civilizations*. Santa Barbara: Greenwood

- Weingarten, Judith (2014): *The Women of Mycaean Pylos and Knossos*. Del *blogspot* de la autora
- Williams, Joan and Demsey, Rachel (2013): *The Rise of Executive Feminism*. Harvard Business Review
- Wise Bauer, Susan (2007): *The History of the Ancient World*. New York: W. W. Norton & Company
- Witcomb, Christopher (2000): *Minoan Snake Goddess*. Art History Resources (online)
- Yldirim, Kemal (2017): *Role of Women in Ancient Egypt and Mesopotamia*. Mauritius: Lambert Academic Publishing

Mis apuntes de cursos de nivel universitario tomados a través de *The Great Courses:*

- The Other Side of History - Robert Garland, Colgate University
- Human Prehistory and First Civilizations - Brian Fagan, University of California
- Foundations of Western Civilization - Thomas Noble, University of Notre Dame
- Between the Rivers, the History of Ancient Mesopotamia - Alexis Castor, Franklin & Marshall College
- The History of Ancient Egypt -Bob Brier, Long Island University
- Ancient Greek Civilization - Jeremy McInerney, University of Pennsylvania
- Alexander the Great and the Hellenistic Age - Jeremy McInerney, University of Pennsylvania
- Greece and Rome, an Integrated History - Robert Garland, Colgate University
- The History of Ancient Rome - Garrett Fagan, Pennsylvania State University
- Late Antiquity - Thomas Noble, University of Notre Dame
- The Medieval World - Dorsey Armstrong, Purdue University
- Early Middle Ages - Philip Daileader, William and Mary College
- High Middle Ages - Philip Daileader, William and Mary College
- Late Middle Ages - Philip Daileader, William and Mary College
- The Renaissance, the Reformation and the Rise of Nations - Andrew Fix, Lafayette College
- Italian Renaissance - Kenneth Barlett, University of Toronto
- The Foundations of Western Civilization II, The Modern World - Robert Bucholz, Loyola University
- Age of Henry VIII - Dale Hoak, William and Mary College

- Living the French Revolution and the Age of Napoleon - Suzanne Desan, University of Wisconsin
- The Long 19th Century, European History 1789-1917 - Robert Weiner, Lafayette University
- The Rise and Fall of the British Empire - Patrick Allitt, Emory University
- Victorian Britain - Patrick Allitt, Emory University
- The Great Ideas of Philosophy - Daniel Robinson, Oxford University and Georgetown University
- Exploring the Roots of Religion - John Hale, University of Louisville
- .... y una de las maravillas de nuestra era: Wikipedia ☺

Lista de Imágenes

Figura 1   *Reconstrucción facial de una «Eva»,* Stephen Oppenheimer, *The Real Eve*

Figura 2   *Venus de Willendorf* (28000-25000 AC), Naturhistorisches Museum, Viena. De Wikimedia Commons, foto de Don Hitchcock

Figura 3   *Disco de Enheduanna* (2350-2300 AC), Penn Museum, Philadelphia. De Wikimedia Commons, foto de Mefman00

Figura 4   *Nefertiti* (1352-32), Ägyptisches Museum - Altes Museum, Berlin. De Wikimedia Commons, foto de Zserghei

Figura 5   *Hatshepsut* (1473-58 AC), Metropolitan Museum of Art, New York. De Wikimedia Commons, recortada de foto de Postdif

Figura 6   *Potnia Diosa-Serpiente,* Museo Arqueológico de Heraklion, Wikimedia Commons, foto de C. Messier

Figura 7   *La Parisienne* (1350 AC), Museo Arqueológico de Heraklion

Figura 8   *Toreador, Fresco de la Taurocatapsia,* (1550 C) en el Palacio de Knossos, Museo Arqueológico de Heraklion. Foto de Britannica

Figura 9   *Mujer Micénica,* fresco. De Wikimedia Commons, foto de Yann Forget

Figura 10   *Joven Espartana Ejercitando,* Bronce. De Wikipedia Commons, foto de Putinovac

Figura 11   *Aspasia de Mileto,* copia romana de original helenístico, en Torre della Chiarrucia, Civitavecchia. De Wikipedia Commons, foto de Jastrow

Figura 12   *Afrodita de Knidos* (360 AC) por Praxíteles, the Art Institute of Chicago

Figura 13   *Detalle del Ánfora de Aquiles y Pentesilea* (540-30 AC) atribuida a Exequias como alfarero y pintor, Ancient History Encyclopedia, 2012

Figura 14   *Detalle de Metopa del sector Griegos vs. Amazonas,* British Museum, Londres

Figura 15   *Sarcófago de los Esposos* (siglo VI AC), Museo Nazionale Etrusco en Villa Giulia, Roma. De Wikimedia Commons, foto de Gerard M

Figura 16   *Niña Romana Leyendo*, bronce (siglo I AC), Colección
                 Caylus. De Wikimedia Commons, foto de Marie-Lan
                 Nguyen

Figura 17   *Cleopatra* (siglo I), Altes Museum, Berlin. De Wikimedia
                 Commons, foto de Louis le Grand

Figura 18   *Emperatriz Zoë* (Siglo XI), Hagia Sophia, Estambul

Figura 19   *Boda de Elonor de Aquitania y Luis VII*, detalle (siglo XIV),
                 Les Chroniques de Saint-Denis, Foto de Britannica

Figura 20   *Juana de Arco*, miniatura en pergamino (siglo XV)

Figura 21   *Isabel de Castilla* (siglo XV), Museo del Prado, Madrid

Figura 22   *Simonetta Vespucci*, por Botticelli (1478), Gemäldegalerie,
                 Berlín

Figura 23   *Simonetta Vespucci*, por di Cosimo (1490), Musée Condé,
                 Chantilly

Figura 24   *Cecilia Gallerani,* por Leonardo (1490), Museo Nacional de
                 Cracovia

Figura 25   *Beatrice d'Este*, por de Predis y Leonardo (1500),
                 Pinacoteca Ambrosiana, Milán

Figura 26   *Isabella d'Este*, por Tiziano (1535), Kunsthistorisches
                 Museum, Viena

Figura 27   *Lucrezia Borgia*, por Veneto (1520), Städel Museum,
                 Frankfurt

Figura 28   *Giulia Farnese*, por Raffaelo (1505), Galleria Borghese,
                 Roma

Figura 29   *Caterina Sforza*, por de Credi (1483), Pinacoteca Civica di
                 Forli

Figura 30   *Veronica Franco*, por Tintoretto (1570), Museo del Prado,
                 Madrid

Figura 31   *Laura di Noves*, por Giorgione (1506), Kunsthistorisches
                 Museum, Viena

Figura 32   *Louise de Savoie*, por Jean Clouet. (siglo XVI). De
                 Wikipedia Commons

Figura 33   *Nacimiento de Venus* (1482) por Sandro Botticelli, Galleria
                 degli Uffici, Florencia

Figura 34   *David* (1504) por Michelangelo, Galleria dell'Accademia,
                 Florencia

Figura 35   *Giovanni Arnolfini y su Esposa* (1434) por Jan van Eyck,
                 National Gallery, Londres

Figura 36   *Katharina von Bora* por Lucas Cranach el Mayor (1526),
                 Wartburg-Stiftung

Figura 37   *Marguerite de Navarre* por Jean Clouet (1527), Walker Art Gallery, Liverpool

Figura 38   *Elizabeth I Tudor* por Nicholas Hillard (~1575), Walker Art Gallery, Liverpool

Figura 39   *La Carta de Amor* (1669-70) por Vermeer, Rijksmuseum, Amsterdam

Figura 40   *Mujer Bebiendo con Dos Hombres* (1658) por Pieter de Hooch, National Gallery, Londres

Figura 41   *La Venus del Espejo* (1647-51) por Velázquez, National Gallery, Londres

Figura 42   *Éxtasis de Santa Teresa* (1645-52) por Bernini, Santa Maria della Vittoria, Roma. De artble.com

Figura 43   *Judith y Holofernes* (1620) por Artemisia Gentileschi, (1612), Museo Capodimonti, Nápoles

Figura 44   *Autorretrato como Santa Catalina de Siena* (1616) por Artemisia Gentileschi, National Gallery, Londres

Figura 45   *Marie Theresa de Austria* (1762) por Jean-Étienne Liotard, Albertina, Viena.

Figura 46   *Gran Duquesa Ekatarina antes de su Boda* (1745) por George Grooth, Hermitage, San Petersburgo

Figura 47   *Autorretrato con Sombrero* (1782) por Élizabeth-Louise Vigée Lebrun, National Gallery, Londres

Figura 48   *Mary Wollstonecraft* (1797) por John Opie, National Portrait Gallery, Londres

Figura 49   *Ninfa y Sátiro* (1780) por Claude Michel (Clodion), Nationalmuseum, Estocolmo

Figura 50   *Madamme Récamier* (1805) por Gérard, Musée Carnavalet - Histoire de Paris

Figura 51   *Lady Hamilton como Bacchante* (1785) por George Romney, Royal Collection Trust, Londres

Figura 52   *Nosotros Tres* (1804-05) por Otto Runge, destruido en Hamburguer Kunsthalle, Hamburgo

Figura 53   *Niña trabajando un telar.* De U.S. National Archives, foto de Lewis Hine

Figura 54   *Niños mineros.* De la página de la UAW

Figura 55   *Mujer trabajando en una mina,* dibujo. De Spartacus Educational

Figura 56   *La Reina Victoria* (1860) fotografiada por J. J. E. Mayall, Royal Collection, Londres

Figura 57   *Florence Nightingale* (1860) fotografiada por Henry Hering, National Portrait Gallery, Londres

Figura 58	*Susan B. Anthony* (1855), grabado por G.E. Periné & Co. usado en el libro *History of Woman Suffrage,* por Anthony y Elizabeth Cady Stanton, publicado en 1881
Figura 59	*El Despertar de la Conciencia* (1853) por William Hunt, Tate Britain, Londres
Figura 60	*Bar en el Folies Bergère* (1881-82) por Manet, Courtauld Gallery, Londres. De Wikimedia Commons, foto por Jean-Pierre Dalbéra
Figura 61	*Déjeneur sur l'Hebre* (1862-63) por Manet, Musée d'Orsay, Paris
Figura 62	*Les Grandes Baigneuses* (1884-87) por Renoir, Philadelphia Museum of Art
Figura 63	*La Pequeña Bailarina* (1881) por Degas, Metropolitan Museum of Art, New York
Figura 64	*El Salón de la Rue des Moulins* (1894) por Toulouse-Lautrec, Musée Toulouse-Lautrec, Albi
Figura 65	*El Espíritu de los Muertos* (1892) por Gauguin, Albright-Knox Museum, Buffalo
Figura 66	*Desnudo de Mujer* (1902) por Joaquín Sorolla, de colección privada
Figura 67	*La Cuna* (1872) por Berthe Morisot, Musée d'Orsay, Paris
Figura 68	*El Té* (1880) por Mary Cassat, Museum of Fine Arts, Boston
Figura 69	*Simone de Beauvoir* (1967), foto por Moshe Miller
Figura 70	*Betty Friedan* (1960). De US Library of Congress, foto por Fred Palumbo
Figura 71	*Gloria Steinem* (1975), por Jay Godwin, LBJ Library, Austin
Figura 72	*Camille Paglia* (2017), Fronteiras Braskem do Pensamento
Figura 73	*Arrojando la Red* (1914) por Suzanne Valadon, Musée National d'Art Moderne, Centre Pompidou, Paris
Figura 74	*Nu Jaune* (1908) por Sonia Delaunay, Musée des Beaux-Arts, Nantes. De Franceinfo
Figura 75	*Iris Negra III* (1962) por Georgia O'Keefe, the Metropolitan Museum of Art, New York
Figura 76	*Dos Fridas* (1939) por Frida Kahlo, Museo de Arte Moderno, México
Figura 77	*Las Nereidas* (1905) por Lola Mora, Costanera Sur, Buenos Aires. De Wikimedia Commons, foto por Gino López Turra
Figura 78	*Autorretrato con Escorpión* (1938) por Leonor Fini, colección privada. De Wikiart

Figura 79	*La Guardiana del Huevo Negro* (1955) por Leonor Fini, Colección FEMSA, México. De Wikiart
Figura 80	*Autorretrato con Lirios* (1907) por Natalia Goncharova, Galería Estatal Tretyakov, Moscú
Figura 81	*Judith* (1901) por Gustav Klimt, Österreichische Galerie Belvedere, Viena
Figura 82	*Salomé con la Cabeza de Juan el Bautista* (1893) por Aubrey Beardsley ilustraciones de Salomé, por Oscar Wilde
Figura 83	*La Muerte de Marat* (1907) por Edvard Munch, Munchmuseet, Oslo
Figura 84	*Les Demoiselles d'Avignon* (1907) por Picasso, the Museum of Modern Art, New York
Figura 85	*L.H.O.O.Q* (1919) por Marcel Duchamp, Musée National d'Art Moderne, Centre Pompidou, Paris
Figura 86	*Rubia Desnuda* (1917) por Modigliani, colección privada. De WikiArt
Figura 87	*El Gran Masturbador* (1929) por Dalí, Museo Nacional Centro de Arte Reina Sofía, Madrid
Figura 88	*Antropometrías* (1960), fotos de la producción de Yves Klein. De Arts Plastiques
Figura 89	*Happening* (1957), fotos de la producción de Yves Klein. De Arts Plastiques
Figura 90	*Mujer Gorda* (1990) por Fernando Botero, Mölndal
Figura 91	*Angela Merkel* (2017), foto por Tallinn Digital Summit
Figura 92	*Michelle Bachelet* (2014), Gobierno de Chile
Figura 93	*Jacinda Ardern* (2018) foto por Governor General website
Figura 94	*Sanna Marin* (2019), foto por Gobierno de Finlandia
Figura 95	*Malala Yousafzai* (2019), foto por Gobierno de Japón
Figura 96	*Jennifer Doudna y Emmanuelle Charpentier* (2020), foto de revista Nature, Alexander Heinel/Picture Alliance/DPA
Figura 97	*Michelle King (*2019), foto por London Speaker Bureau
Figura 98	*Greta Thunberg* (2019), foto por Parlamento Europeo

* * *